D0963451

MANIFIESTO MEXICANO:

CÓMO PERDIMOS EL RUMBO Y CÓMO RECUPERARLO

MANIFIESTO MEXICANO:

CÓMO PERDIMOS EL RUMBO Y CÓMO RECUPERARLO

DENISE DRESSER

Ilustraciones de Rapé

Manifiesto mexicano
Cómo perdimos el rumbo y cómo recuperarlo

Primera edición: junio, 2018

D. R. © 2018, Denise Dresser

D. R. © 2018, derechos de edición mundiales en lengua castellana:
Penguin Random House Grupo Editorial, S.A. de C.V.
Blvd. Miguel de Cervantes Saavedra núm. 301, 1er piso,
colonia Granada, delegación Miguel Hidalgo, C.P. 11520,
Ciudad de México

www.megustaleer.mx

D. R. © Penguin Random House / Amalia Ángeles, por el diseño de cubierta
D. R. © Paco Díaz, por la fotografía de la autora
D. R. © Rapé, por las ilustraciones de interiores

ISBN: 978-607-316-729-1

Impreso en México – *Printed in Mexico*

El papel utilizado para la impresión de este libro ha sido fabricado a partir de madera procedente
de bosques y plantaciones gestionadas con los más altos estándares ambientales, garantizando
una explotación de los recursos sostenible con el medio ambiente y beneficiosa para las personas.

Penguin
Random House
Grupo Editorial

Para mi madre, Geni Dresser,
por enseñarme que no puedes dejar huella
si caminas siempre de puntitas.

Para mis alumnos. Pasados, presentes y futuros.

ÍNDICE

PRÓLOGO

PROMESAS INCUMPLIDAS

Aquí, nosotros, mexicanos atorados en el largo proceso de desencuentros, rupturas, deslealtades y corrupción que fue minando la esperanza de dignificar y consolidar el régimen democrático del país. Tendríamos que bautizar los últimos años como el periodo del desencanto, escribe Mauricio Merino en *El futuro que no tuvimos*. Un periodo específico, determinado, cognoscible, comprendido entre el 1 de noviembre de 2003 y hoy. Un ciclo fechable que empieza con la ruptura de los pactos políticos que dieron origen al IFE autónomo y que termina con el regreso del PRI a Los Pinos: y lo que hizo estando ahí. Un ciclo de todo lo que hemos presenciado y padecido desde entonces.

Atrás quedaron los acuerdos sensatos y honestamente comprometidos con la construcción de un nuevo régimen democrático. Atrás quedó aquella "joya de la corona" que fue un IFE creíble, admirado, autónomo. Atrás quedaron los acuerdos que tenían como objetivo una repartición más justa y más ciudadana del poder. En su lugar quedaron las malas artes y los conflictos y las trampas y la polarización. La transición de un sistema de partido prácticamente único, a uno en el que los beneficiarios fueron otros partidos similares, con sus arcas repletas de dinero público. El encono de la sociedad producto de los pleitos incesantes entre la clase política. La sensación de que la democracia no ha servido para resolver los problemas del país sino para exacerbarlos. El sentimiento de desamparo ante la Casa Blanca, Odebrecht y OHL y Ayotzinapa y los Duarte y el espionaje gubernamental a periodistas y tantas vejaciones más.

Hace apenas unos años, el sentimiento compartido por muchos fue que México iba a la alza por el "reformismo modernizador" de Enrique Peña Nieto. Por la reforma educativa que empujaba. Por la reforma a las telecomunicaciones que impulsaba. Por la reforma energética que instrumentó. Por la reforma fiscal que logró. Por la apertura inusitada de Pemex. Por la imagen de profesionalismo que Peña Nieto cultivó y el cierre de filas que el "Pacto por México" indujo. Por "el momento de México" que los especialistas en imagen gestionaron. La percepción de éxito generó éxito, y Peña Nieto inicialmente cosechó el suyo con creces. Moviendo a México, proclamaban sus acólitos.

Y, en efecto, México se movió pero no en la dirección correcta. Ahora vivimos la angustia compartida ante la certidumbre de que la vida pública se ha corrompido –sin distinciones ni matices– entre partidos y gobernantes. La desilusión extendida ante el abandono de las promesas de profesionalización de la gestión pública y la partidización de las instituciones. Ante la prevalencia de la cuatitud, la amistad y las lealtades políticas en el nombramiento de funcionarios públicos. Ante el abierto rechazo de los gobiernos a abrir la información exigida por el INAI. Ante la opacidad que persiste en la fiscalización del dinero público a nivel federal, estatal o municipal. La repartición del botín partidario sin consecuencias, sin efectos, sin sanciones. He allí los plurinominales de todos los partidos para constatarlo. Los "moches" que han recibido tantos diputados y senadores para evidenciarlo. Las candidaturas de tantos señalados de corrupción para subrayarlo.

En el gobierno tenemos a personajes de todos los partidos que actúan como si vivieran en el Palacio de Buckingham. O en Versalles. O en Topkapi. O en la Alhambra. O en el Castillo de Windsor. Nuestros secretarios de Estado, nuestros magistrados, nuestros diputados y senadores se comportan como nobles, por cuyas venas corre la sangre azul de una casta divina. Los aristócratas, aparcados en grandiosas residencias, rodeados de servidumbre atenta a cada deseo; caminando en sus palacetes privilegiados donde nada los toca. Nada los perturba. Nada los inmuta. Lejos de la turba enojada que se manifiesta en las calles, molesta y con razón. Lejos de la irritación social que descalifican, y sin empatía, porque son totalmente insensibles, viven totalmente desconectados de la realidad de millones de mexicanos que miran el futuro con aprehensión.

Porque mientras la desigualdad crece, los consejeros del INE exigen los *IPhone 7* de 20 mil pesos para cada uno. Porque mientras la capacidad de compra disminuye, las prerrogativas para los partidos ascienden. Porque mientras el valor del peso cae, los bonos en el Congreso aumentan. Un trabajador que gana el salario mínimo sólo puede comprar 33 por ciento de la canasta básica, pero un magistrado que gana más de 200 mil pesos recibe 15 mil pesos en vales de gasolina. Un miembro de la clase media tiene que trabajar más para llenar su tanque de gasolina, pero los diputados acaban de gastar 6 millones de pesos para adquirir 27 autos nuevos. El PAN, el PRI, el PRD, el Partido Verde y Morena recibieron 4 mil millones de pesos en 2017.

Unos expoliados, otros privilegiados. Unos sacrificados, otros, beneficiados. Unos trabajando, otros gastando. 955 mil millones de pesos producto del excedente petrolero entre 2001 y 2012, destinados a prebendas electorales y transferencias presupuestales y prestaciones gubernamentales. 955 mil millones de pesos que nadie sabe a dónde fueron a parar, pero muchos lo suponen: a los gobernadores y las elecciones que compraron; a los líderes sindicales y las fortunas personales que acumularon; a las pensiones y la falta de productividad que taparon. Años de ineficiencias monopólicas en Pemex, años de subsidios injustificables a la gasolina, años de descontrol del gasto público, años de desperdiciar dinero en lugar de invertirlo.

Se tenía que mantener la paz social vía una estrategia clientelar, vendiendo petróleo para comprar votos. Había que perpetuar los privilegios de los príncipes mexicanos, usando el erario para asegurar prebendas. Casas Blancas y casas en Malinalco, aviones privados y sueldos desbordados, guaruras armados y *IPhones* garantizados. Enrique Peña Nieto increpó nuestra falta de comprensión, cuando comprendemos demasiado bien. Nos regañó cuando debimos regañarlo a él y a quienes lo acompañaron y lo habilitaron. Los miembros del equipo de Peña Nieto resultaron ser más corruptos que inteligentes. Más acostumbrados a esconder que a rendir cuentas. Más inhumanos que mexicanos.

Eso es lo que indigna, más allá de los datos y las cifras de quienes exigían que hiciéramos bien las cuentas y celebráramos lo que el peñaniestismo logró. La sensación de injusticia profunda, de agravio. 126 mil millones de pesos gastados por el gobierno del PRI en publicidad y comunicación social. Las "remuneraciones extraordinarias". Las compensaciones a funcionarios públicos por "vida cara" y operaciones encubiertas o confidenciales. Los 4 millones 400 mil pesos a una licitación para el mantenimiento y reparación de 121 vehículos que la Cámara de Diputados tiene a su disposición. Gastos superfluos. Gastos innecesarios. Gastos que deberían destinarse a escuelas y hospitales, pero acaban en moches o bonos. Aunque afuera en la calle, donde muchos pasan la noche sin dormir por lo sufrido, en los palacios sigue la fiesta, el despilfarro, los vales y los celulares, y los aguinaldos, el champán descorchado en los pasillos del Senado y la Cámara de Diputados. Un país donde algunos gozan la abundancia y otros padecen la austeridad, unos son totalmente exprimidos y otros son "totalmente palacio".

La economía sigue sin crecer lo que debería. La deuda de la desigualdad social sigue sin saldarse. Poco a poco tenemos conciencia de que los errores de gestión del gobierno no se han corregido. Las autoridades siguen asignando recursos crecientes a programas politizados, que en lugar de nivelar a la sociedad la hacen más desigual y generan mayores incentivos para la informalidad. Las autoridades siguen gastando el dinero público a manos llenas en medio de fallas, equivocaciones y actos de corrupción tan escandalosos como el de Javier Duarte, entre muchos otros. Estos problemas acumulados no han encontrado sanción ni solución. Los partidos se culpan unos a otros, se aprovechan electoralmente de los errores del contrario antes de corregir los suyos. No vemos soluciones de conjunto. No vemos la creación de un sistema completo para rendir cuentas o usar mejor el dinero público o responder a las necesidades de una ciudadanía crecientemente enardecida.

En el ámbito electoral tenemos una democracia sin garantes. Una semi-democracia con instituciones que no saben defenderla o no quieren hacerlo, ya sea por presiones, chantajes o falta de voluntad o cobardía. Ya sea por la reducción de su labor al escrutinio de actas, minimizando el mandato constitucional de asegurar la equidad y el piso parejo. Árbitros complacientes que terminan por avalar todo aquello por lo que fueron elegidos para impedir. La compra de votos, las tarjetas rosas, el uso electoral de programas sociales, el desvío de recursos públicos mediante tarjetas de débito y tanto más. Las mañas del PRI-gobierno que corren en contra del juego limpio. Los fauls que el árbitro concede, mientras el PRI ha dado tiro libre contra la democracia. Gol tras gol.

Pero más grave aún: en este periodo del deterioro democrático la inseguridad se ha implantado como rutina común. Muertos, heridos, torturados, desaparecidos, fosas con cadáveres de miles de desconocidos. La macabra puntualidad de la muerte en Estado de México y en Michoacán y en Tamaulipas y en Guerrero. El Estado muestra tanto su poder de fuego como su impotencia frente al crimen que ayudó históricamente a cobijar. Muestra que la corrupción de sus ramas más indispensables −las policías, las cortes, los Ministerios Públicos− se ha vuelto cosa de todos los días. Hoy queda claro que el desafío principal ya no es sólo salvar a la democracia sino salvar al Estado; rescatar su capacidad para garantizar la seguridad mínima que México necesita para sobrevivir.

Quien ha revisado las cifras sobre homicidios, secuestros, desapariciones o tortura en México lo sabe. Documento tras documento retrata a un país que las autoridades se niegan a mirar, enfrentar, reconocer. Existe una verdad que prefieren no escuchar. Ni de la CIDH, ni de la OEA, ni de la ONU, ni del Grupo Interdisciplinario de Expertos Independientes sobre Ayotzinapa. La verdad sobre la grave crisis de derechos humanos que vive México y que al no ser encarada, persistirá. La inseguridad. Las graves violaciones, en especial la desaparición forzada. Las ejecuciones extrajudiciales y la tortura. Los niveles críticos de impunidad y la atención insuficiente a las víctimas. Lo que día con día enfrentan los pobres, los migrantes, los desplazados internos, los indígenas, las mujeres, las minorías sexuales, los periodistas. Tantos a quienes se les hostiga, se les dispara, se les desaparece, se les silencia con impunidad.

Esto no es nuevo. Por eso la Comisión Interamericana de Derechos Humanos se refiere, en sus informes sobre México, a una "situación estructural", pues continúan los asesinatos y el número que el gobierno da de ellos no es confiable, lo comparte sin identificaciones individuales, sin un total de personas ejecutadas o desaparecidas. La verdad es alarmante y ojalá nos alarmáramos. Allí están las cifras y los testimonios sobre secuestros a manos de la delincuencia organizada. O las desapariciones forzadas a manos de agentes del Estado. El pasado presente. La impunidad de ayer –arrastrada desde 1968– viva hoy. Producto de gobiernos cómplices o ineptos o incapaces de llevar a cabo investigaciones confiables. Como la PGR y su "cadena de custodia" en Ayotzinapa. Como la PGR y su siembra de armas a adversarios políticos. Como la PGR y su resistencia a instrumentar las medidas cautelares que le son exigidas para proteger a periodistas o a testigos.

Esto obliga a los familiares a descubrir y remover en fosas por su cuenta. A ir de organización en organización en busca de información que no encuentran. A cargar carteles con las fotografías de sus desaparecidos, con la esperanza de que alguien –algún día– en el gobierno los escuche. A colar tierra en busca de las dentaduras de sus hijos. Los angustiados, los desconsolados, en búsqueda perpetua porque el Estado no cumple con su deber de investigar, documentar, apoyar, reparar. Porque el Estado parece odiar la fiabilidad y por ello se empeña en sub-registrar las cifras. Porque a pesar de las reformas importantes en derechos humanos, introducidas en México, persiste una profunda brecha entre el andamiaje legislativo y judicial, y la realidad de millones de mexicanos. Muchos descobijados, sin acceso a la justicia independiente, la justicia expedita, la justicia veraz, los números correctos, el recuento real. Un urgente acceso a la verdad, pues. Ya que la verdad puede doler, pero las mentiras matan.

La ruta del deterioro prosigue porque ninguno de quien está en el poder quiere abandonar el guion que les permite ejercerlo con impunidad. Porque los actores fundamentales siguen siendo los mismos. Porque el voto para el PRI fue un voto a favor del pasado. Porque el pacto de impunidad existe y persiste. Ese pacto que produce una "pinche justicia", como exclamara un defensor de derechos humanos en un exabrupto al cual muchos quisiéramos sumarnos al ver lo que pasa y no pasa en México. Javier Duarte y Guillermo Padrés y César Duarte y Tomás Yarrington y los otros miembros de una larga lista de expoliadores o defraudadores.

México se ha convertido en un país en donde –en palabras de Juan Villoro– "el carnaval coincide con el apocalipsis". Con un circo montado en torno a políticos que fueron presumidos como nuevos priistas y resultaron ser criminales tolerados. Con años de denuncias en Veracruz sobre la República rapaz que Duarte construyó ahí. Años de saber lo que el reportaje de *Animal Político* sobre las empresas fantasma del gobernador sólo documentó. Años en los cuales las instituciones básicas del Estado mexicano no levantaron un dedo para investigar, para vigilar, para actuar. El periodismo vino a suplir las falencias de un gobierno que en cuanto a Estado de Derecho se trata, no quiere o no puede asegurarlo.

¿CORRUPTOS POR CULTURA?

En las mediciones anuales producidas por *The World Justice Project* sobre el Estado Derecho, México lleva años cayendo. Y los peores indicadores tienen que ver con corrupción y justicia penal; con mediciones sobre la mordida, el uso indebido del puesto público, la asignación inapropiada de recursos públicos. Con mediciones sobre la calidad de la investigación criminal, el sistema carcelario, la imparcialidad de la justicia penal, la protección del debido proceso y los derechos del acusado. México sale reprobado en cada rubro. México es señalado por lo que no logra reformar.

Por razones ampliamente conocidas. Una clase política que no quiere perder los privilegios acumulados y la impunidad garantizada. Un Sistema Nacional Anticorrupción que arranca lentamente y requiere autonomía real de sus fiscales, para no sólo cambiar de membrete institucional. Un sistema judicial podrido que no logra adaptarse a las exigencias y requerimientos de los juicios orales. Un sistema policial que fue creado para ser instrumento del poder y no mecanismo protector del ciudadano. Procuradores que no investigan, jueces que cierran los ojos ante la tortura, policías que detienen en flagrancia y no como parte de una investigación previa, ministerios

públicos que no recaban pruebas suficientes. Nuevos sistemas encubriendo viejos vicios.

El caso de Odebrecht lo confirma. En Perú cae Kuczynski, en
Ecuador persiguen a Ollanta Humala, en Guatemala exponen a
Otto Pérez Molina, en Venezuela los reflectores se posan sobre Ma-
duro. ¿Y en México? Nada. Aquí no prospera la investigación, aquí
persiste la impunidad. Aquí algunos son acusados, pero ninguno es
indiciado. Aquí estalla el escándalo pero pocas veces hay consecuencias. La empresa brasileña tejió una amplia red de corrupción a través de sobornos a lo largo del continente. Pero mientras en otras
latitudes la madeja se deshila, en nuestro país la protección persiste.
¿Acaso México fue el único país inmune a la operación Odebrecht?

La explicación es política y también institucional, no cultural.
Tiene que ver con el silencio que el gobierno impuso ante las sospe-
chas de financiamiento ilegal en la campaña de Peña Nieto. Tiene
que ver con el manto protector que colocó encima a funcionarios
involucrados en contratos de obra pública, los más propensos a la
corrupción. Tiene que ver con la ausencia de una PGR autónoma,
independiente y la sujeción de procuradores al presidente y su camarilla. Amigos, cuates, compadres, cuidadores. Personas con un perfil
y con una trayectoria de lealtad política al frente de instituciones que
no fueron diseñadas para combatir la corrupción sino para ocultarla.

Sí, la corrupción, que se ha vuelto tan común. Tan constante.
Tan normal, incluso más allá del gobierno. Vista en el empresario
que consigue facturas falsas para evadir impuestos. El vecino que se
cuelga de la luz para no pagar el recibo, el comerciante que compra
mercancía de contrabando porque es más barata, el contador que
encuentra maneras de evadir al fisco, el que paga la mordida al policía para que no lo multe, el que da para el refresco a quien recoge
la basura. Actos cotidianos de corrupción en los que participan millones de mexicanos. Actos compartidos que le permitieron a Enrique Peña Nieto argumentar que nadie puede tirar la primera piedra
cuando de este tema se trata. Todos copartícipes, todos cómplices.

Es cierto que la corrupción en México tiene una base social, un
piso que la sustenta. Se ha vuelto —como argumenta Sara Sefcho-
vich— una práctica socialmente aceptada, establecida. Tan es así que

ahora hay un libro satírico llamado *El Corrupcionario*: un compendio de 300 palabras asociadas a este fenómeno tan integrado en nuestra sociedad. Palabras como "chayote", "chapulín", "dedazo", "moches", "hueso", "mapachear". Frases como "haiga sido como haiga sido", "aceitar la mano", ayúdame a ayudarte", ¿cómo nos podemos arreglar?", "con dinero baila el perro", "no importa que robe, pero que salpique". Y mi preferida: "La corrupción somos todos", definida como "el mejor pretexto para seguir haciéndonos pendejos y conformarnos con el *statu quo*, aunque la frase provoque los aplausos de nuestra clase política. Al fin y al cabo es un problema cultural, ¿o no?"

Esa forma de pensar y de justificar es profundamente dañina para el país y sus ciudadanos pues sugiere que México es corrupto por tradición, por usos y costumbres, por ADN, por historia. Si todos los mexicanos son corruptos por naturaleza, entonces el problema no tiene remedio. El problema no tiene responsables identificables ni remedios institucionales. Decir que en México la corrupción es culpa de todos le otorga la misma equivalencia moral al conflicto de interés de la Casa Blanca que a la familia colgada del diablito de luz. Como todos son malos, lo malo no puede identificarse, ni combatirse, más que apelando a la decencia social y al regreso de una sociedad "con valores".

Pero como decía James Madison, "si los hombres fueran ángeles, no sería necesario el gobierno". La raíz de la corrupción en México –tanto del gobierno como de la población– no es cultural sino institucional. No es de hábitos sino de incentivos. No se trata de lo que la sociedad permite, sino de lo que la autoridad no sanciona. Los de abajo son corruptos y toleran la corrupción porque los de arriba han creado leyes para permitirla. Para hacerla una condición *sine qua non*; una condición necesaria que hace posible la supervivencia de un sistema político y económico basado en la cuatitud. Un Estado depredador crea una sociedad depredadora. Un Estado que viola las leyes produce ciudadanos que las desobedecen, no al revés.

Porque, ¿qué pasaría si el contratista que se vale del tráfico de influencias para conseguir contratos acabara en la cárcel, con su cómplice en el gobierno? ¿Si la Casa Blanca hubiera llevado a la inhabilitación de Juan Armando Hinojosa para participar en futuras licitaciones? ¿Si Tomás Zerón, el responsable de plantar evidencia en el caso Ayotzinapa, hubiera sido despedido en vez de sólo ser reciclado a otro puesto? ¿Si se hubieran dado juicios políticos y destituciones en los casos de Borge, Duarte y tantos más? ¿Si el que roba la luz fuera arrestado? ¿Si el que compra mercancía de contrabando fuera multado? ¿Si el corrupto en el gobierno o en la sociedad –y con base en la ley– lo perdiera todo?

El combate a la corrupción no sólo transita por el exhorto moral a los ciudadanos a ser ángeles. Necesariamente entraña una renovación institucional que implique investigaciones y castigos, tanto a los charales como a los peces gordos. El Sistema Nacional Anticorrupción es un primer paso para *desnormalizar* lo que tantos hacen y pocos pagan. Requiere un Fiscal General Autónomo, un Fiscal Anticorrupción con dientes, un Comité de Participación Ciudadana independiente, un presupuesto suficiente, tribunales especializados y una presión pública que no cese hasta que todos estos nombramientos y procedimientos ocurran. De lo contrario, Peña Nieto habrá triunfado, haciéndonos creer que todos somos tan corruptos como quienes nos han mal gobernado. Tan corruptos como él.

DISENTIR Y CONSTRUIR

Ante el desgajamiento del país en tiempos recientes, no ha surgido una sociedad movilizada; ha prevalecido una sociedad anestesiada. Nos han enseñado a ser hijos del miedo, de la capitulación, del fracaso. Nos han adiestrado para resignarnos con mansedumbre y sumisión al estado de las cosas. La costumbre de la claudicación se ha quedado entre nosotros, no como acompañante fiel sino como yugo. Algo que se instaló y se quedó allí. La macana del país donde los gobernantes deciden y los ciudadanos callan o dicen lo que mayoría impone. El cilicio del país donde la clase política aprueba leyes y toma decisiones como quiere, cuando quiere, y la población padece sus efectos en silencio. Donde disentir es peligroso, subversivo, condenable.

Peligroso preguntar. Dudar. Sacar de las sombras. Hacer con la palabra una operación de rescate de lo que nos pertenece. El derecho a saber qué hace el gobierno con cada peso que le entregamos vía los impuestos. El derecho a saber qué tipo de regulación regirá a la inversión privada que ha sido invitada a participar en sectores clave, y conocer cómo se asignan contratos y se ganan licitaciones. El derecho a saber cómo, quien gane la presidencia, edificará los contrapesos indispensables a su propio poder. El derecho a saber cómo se combatirán la corrupción y el corporativismo y el clientelismo, más allá del nombramiento de personas honestas al frente de instituciones disfuncionales. El derecho a abrir —con preguntas— un espacio legítimo de participación ciudadana que todos deberíamos ocupar. Se trata de disentir por el valor que tiene el hacerlo.

En los años cincuenta del siglo pasado, el psicólogo Solomon Asch llevó a cabo una serie de experimentos sobre la conformidad social. Cuando a un grupo le presentaron rayas de diferentes tamaños y se les pidió comparar su longitud —sin informarles que algunos de sus miembros habían sido colocados allí para dar deliberadamente la respuesta incorrecta—, casi 75 por ciento de los participantes se conformaron con un grupo que dio su respuesta, aun sabiendo que la respuesta era equivocada. Los seres humanos tienden a seguir al grupo del que forman parte porque temen más al ridículo, a la crítica y al aislamiento, que al error. Pero Asch también descubrió que cuando alguien daba la respuesta correcta sobre la longitud de las rayas, el grado de conformidad y el error, bajaba. Eso es lo que debemos hacer a diario: cuestionar el tamaño de las líneas que el gobierno —con cualquier persona o partido en el poder— presenta como perfectas. Disentir para que alguien, alguna vez, gobierne mejor. Porque nada fortalece más a la autoridad arbitraria que el silencio de los que no quieren o no saben o no se atreven a cuestionar.

En 2011 escribí *El país de uno: reflexiones para entender y cambiar a México*, mi intención era ofrecer un diagnóstico y también un manual para ser ciudadanos de tiempo completo. Este libro, publicado siete años después, es una continuación de aquella primera aproximación a la realidad de México, un segundo volumen que acompaña al primero. Un sexenio después, el país atraviesa momentos oscuros, momentos de polarización, desconcertantes. La política convencional parece incapaz de ofrecer solución a las desigualdades que venimos arrastrando y a la corrupción que nos sofoca. Los privilegiados no han sido capaces de cambiar o hacer las concesiones necesarias para compartir su prosperidad, muchas veces obtenida a expensas de la población. La demanda de cambio ha sido ignorada y por ello el enojo que llena las cavidades creadas por un Estado ausente ante su responsabilidad social.

Sin embargo hay algunos destellos de luz: una ciudadanía emergente despierta y exige. Comienza a comprender el sentido de la famosa frase de Frederick Douglass: "El poder nunca concede sin una demanda. Nunca lo ha hecho y nunca lo hará." Lo vimos con las movilizaciones impulsadas por #YoSoy132, en las firmas de apoyo a la #Ley3de3, en la presión por parte de organizaciones sociales que llevó a la renuncia de Raúl Cervantes, el procurador conocido como el Fiscal Carnal, por su proximidad política con Enrique Peña Nieto. Me gustaría pensar que hay cada vez más personas preguntándose: "¿Cómo puedo ser un mejor ciudadano?" Un punto de partida es seguir creyendo en la democracia posible, a pesar de su déficit en nuestro país. Es rechazar la lógica de que una sola persona o un solo partido puede ser la solución a todos los problemas que nos aquejan. México no necesita héroes o redentores en Los Pinos, sino instituciones que funcionen, leyes que se apliquen, contrapesos que sí lo sean, ciudadanos que reconozcan sus derechos y luchen por su protección. Ciudadanos decentes, trabajadores, reflexivos, idealistas, moralmente sensibles, atentos y con la mano extendida.

Tal vez a ti, lector, no te importe mucho la política o la desigualdad o la corrupción o la violencia que asola al país. Pero debería importarte. Esos males están con nosotros y necesitamos soluciones consensuadas para afrontarlos. No será posible rescatar a México desde la perspectiva de "ellos" contra "nosotros"; el Estado contra la sociedad; una fuerza política que monopolice la verdad sin comprender que no la posee del todo; lealtades partidistas que nos separan por encima de esperanzas compartidas que nos unen. Ojalá que en tiempos de antípodas y antagonismos, insistas en las coincidencias en vez de las divergencias. Quizá la oscuridad de los últimos años derive en una sacudida lo suficientemente potente como para inaugurar una nueva manera de hacer política, gobierne quien gobierne, y no el fin de algo terrible para caer en algo peor. Lo que suceda o no en México dependerá de ti. Esta coyuntura incierta te exige ser un volcán. Ofrecer verdad y compromiso, y disrupción, para crear nuevas montañas, desde cuya cúspide podamos vislumbrar lo que reconstruiremos. Juntos.

1. PEÑASTROIKA PERDIDA

(PRO)MOVIENDO A MÉXICO

México a punto de despertar. México a punto de avanzar. Un país listo para pactar, negociar, proponer reformas y aprobarlas. Un país que ya no quería ser rehén de tradiciones arcaicas y prácticas arraigadas. Un país listo para dejar atrás el enfoque patriótico sobre el petróleo, la posición hipersensitiva sobre la soberanía, la justificación naciona-lista sobre los monopolios. Según Jorge Castañeda y Héctor Aguilar Camín, en su artículo "Mexico's Age of Agreement", publicado en la revista *Foreign Affairs* en 2012, el alma nacional iba a cambiar. Enrique Peña Nieto la iba a liberar.

Al inicio del sexenio, muchos miembros de la "comentocracia" nacional e internacional argumentaban que México estaba evolu-cionando rápidamente. Estaba dejando atrás su pesado fardo ideo-lógico. Estaba dispuesto a remontar 15 años de pocas reformas y poco crecimiento. Estaba dispuesto a asumir un "nuevo consenso nacional" que no existía colectivamente sino hasta la llegada de Peña Nieto. Nos aseguraban que la mayoría de los mexicanos estaba de acuerdo con el poder del voto, con la importancia de la rendición de cuentas, con el combate a la corrupción. Creían que los derechos humanos debían ser protegidos, que la cultura de la impunidad de-bía ser eliminada, que la inequidad social debía ser atacada, que los oligopolios debían ser combatidos. Los mexicanos se habían vuelto exigentes, demandantes, conscientes, demócratas. Eso nos repetían en la prensa, la radio, las portadas de los principales periódicos y re-vistas, en México y más allá.

De pronto, aseguraban, todos rechazábamos el viejo paradigma del nacionalismo revolucionario. Aunque la elección de Peña Nieto fue aguerrida y el resultado contencioso, de acuerdo con intelectuales como Castañeda y Aguilar Camín, la campaña presidencial reveló la profundidad del acuerdo nacional. Evidenció el tamaño del consenso colectivo. El futuro parecía prometedor porque México aprobaría reformas largamente pospuestas e históricamente rechazadas. México decía adiós al autoritarismo y no necesitaba temer su resurgimiento. Había razones para el optimismo, decían: el PRI quizá no se había reinventado del todo pero México sí.

Peña Nieto fue electo por la población y no designado por el dedazo; no contaba con una mayoría en el Congreso; el PRD seguía controlando la capital; el nuevo presidente tenía que coexistir con una maleza de instituciones como el Banco de México, el IFAI, la Cofetel, la Comisión Federal de Competencia, una Suprema Corte que le hizo la vida imposible a Vicente Fox y Felipe Calderón, unos medios más libres, una sociedad civil más vibrante. Para bien o para mal, el gobierno ya no podía hacer lo que se le diera la gana. Esa era la narrativa al inicio del sexenio.

Por ello, predecían los porristas, el PRI se vería obligado a cumplir las promesas que hizo y a empujar las reformas que ofreció. El PRI y el PAN lo harían juntos, y a veces de la mano del PRD. Crearían una mejor policía y reducirían el papel del Ejército. Crearían una Fiscalía Anticorrupción. Evaluarían a los maestros. Eliminarían las exenciones fiscales. Le darían autonomía al Ministerio Público. Estarían de acuerdo con abrir Pemex, crear asociaciones público-privadas para invertir en infraestructura, inaugurar un sistema universal de protección social. Priistas, panistas y perredistas compartirían una agenda que todos podrían enarbolar; coincidirían en una plataforma que querían hacer realidad. Moverían a México.

Al escuchar este diagnóstico y el futuro promisorio que auguraba, daban ganas de creer que era cierto. Daban ganas de pensar que personajes como Castañeda y Aguilar Camín tenían razón. Daban ganas de apostar porque las reformas serían instrumentadas y las resistencias vencidas. Pero incluso en el momento de mayor euforia cabía la pregunta obligada: ¿Y si el pronóstico de los optimistas estaba más basado en *wishful thinking* que en la realidad circundante? Porque muchos asumían que las reformas que el país necesitaba no habían ocurrido por la falta de consenso entre la clase política, y lo único que faltaba era una visión común y una voluntad compartida. El problema con este argumento es que minimizaba la complacencia de la élite política y económica con el *statu quo*. Subestimaba las ataduras con las cuales Peña Nieto llegó a Los Pinos y cuán acorralado iba a gobernar. No le daba el peso suficiente a los compromisos que el mexiquense había adquirido con los poderes fácticos y cómo buscarían cerrarle el paso. Presuponía que Peña Nieto tendría tanto el poder como la voluntad de encarar los intereses que lo encumbraron.

Para emprender el proceso de "Peñastroika" que algunos auguraban y otros querían ver, el nuevo presidente tendría que haber desarticulado los intereses que lo llevaron al poder. Las televisoras. La gerontocracia sindical. Los monopolios empresariales. Las bases corporativas del PRI. Todos los cómplices del capitalismo de cuates que el priismo engendró y del cual sigue viviendo. Todos los "centros de veto" que impiden el regreso de una presidencia omnipotente pero también sabotean la posibilidad de una presidencia eficaz. Es cierto, México necesitaba una narrativa creíble de futuro. Pero para escribirla el PRI tendría que dejar de ser lo que había sido y el PAN convertirse en lo que nunca ha logrado ser. Partidos capaces de plantar un nuevo paradigma sobre la necesidad de crecer y prosperar. Y al frente de ellos, un presidente con la voluntad de reformar a pesar de las presiones para evitarlo.

Peña Nieto había heredado algunas condiciones favorables. La política macroeconómica del calderonismo que convirtió a México en un archipiélago de estabilidad en medio de la crisis global. El crecimiento económico a un ritmo relativamente bajo pero sostenido, y mayor en 2012 que el de Brasil. Una reforma política que incluía temas como las candidaturas ciudadanas y otras formas de participación política. La política comercial que estaba convirtiendo a México –según la revista *The Economist*– en uno de los principales exportadores a Estados Unidos para 2018: "Made in China" se estaba convirtiendo gradualmente en "Made in Mexico".

Pero el nuevo gobierno cargaba también con un legado tóxico; fardos pesados que Felipe Calderón dejó tras de sí. Los más de 63,000 muertos de la guerra emprendida contra el narcotráfico y el crimen organizado, hecho que opacó cualquier otro logro, y lo llevó a ser recordado como el presidente del sexenio más violento desde tiempos revolucionarios. El predominio creciente de Joaquín "El Chapo" Guzmán y cómo pareció volverse intocable en el sexenio calderonista. Los 56 periodistas ejecutados y los 13 desaparecidos. La obsecación personal de Calderón con una estrategia de seguridad contraproducente, que contribuyó a la dispersion de los cárteles y su incursión en otros ámbitos de actividad criminal. Franjas del país ingobernables, controladas por cárteles, grupos criminales, autodefensas y brigadas de mercenarios. La política de telecomunicaciones que no empujó la competencia, el crecimiento y la competitividad en un sector clave, y que acabó por beneficiar a Televisa. El aumento en la pobreza, según el último reporte de la Coneval al finalizar la gestión calderonista. La alianza político-electoral con Elba Esther Gordillo, que llevó a la subordinación gubernamental a los imperativos del sindicato. Un sexenio "valiente" del cual el gobierno se vanaglorió, pero que dejó al país en medio de una violencia que producía gran zozobra. Un Partido Acción Nacional sin rumbo, sin liderazgo, sin proyecto, sin una ruta para regresar al poder que torpemente ejerció. Y finalmente el regreso del PRI a Los Pinos, sin haberse modernizado y sin haber dado muestras claras de qué quería y cómo hacerlo.

Peña Nieto enfrentaba también una larga lista de pendientes. El imperativo de una política económica que se centrara en el crecimiento acelerado como primera prioridad. Una política de seguridad que se abocara a reducir la violencia antes que a combatir las drogas, y una visión integral que abarcara no sólo la reducción de la criminalidad, sino reformas significativas al sistema judicial y penitenciario. Una visión pro-competencia que obligara a los "campeones nacionales" en telecomunicaciones, cemento, alimentos y medicinas a competir, a innovar, a reducir precios, a beneficiar a los consumidores por encima de los productores. Una política anticorrupción que fuera más allá de la creación de comisiones cosméticas, sin dientes y sin alcances claros. Una política educativa que le devolviera al Estado la rectoría que perdió y obligara a los maestros a la evaluación continua, de la cual dependería su sueldo, ascenso y permanencia. La creación de un equilibrio fiscal justo, eficaz y sostenible. Un presidente capaz de entender que el Estado sólo sería eficaz cuando pudiera domesticar a los poderes fácticos que lo acorralan. Y un equipo de gobierno que no concibiera al gobierno como un lugar para la distribución del botín.

PACTO CON EL DIABLO

Pareció por un momento que eso iba a ocurrir. En los primeros tiempos del peñanietismo amanecimos en el país perfecto. Un lugar de buen tono y buenas maneras. Un sitio de gobernabilidad y civilidad. Donde la política se volvió un asunto de pactos y abrazos y apretones de manos captados por las cámaras, en un recinto histórico. Donde la política, repentinamente, estaba por encima de las pasiones partidistas y los intereses egoístas. Donde todos los líderes eran honrados y transparentes, civilizados e incluyentes. El país del "Pacto por México", que le daría certeza y rumbo, insistían. Que reivindicaría lo público ante lo fáctico, aseguraban. Que consolidaría a México como una democracia eficaz, prometían quienes buscaban el consenso a toda costa. Allí estaban todos los que se odiaban, sentados en la misma mesa, mirándose a los ojos.

Sonriendo mientras ofrecían acabar con la pobreza, defender a los indígenas, invertir en el campo, financiar la seguridad social universal, crear un seguro de desempleo, inaugurar un seguro de vida para jefas de familia, licitar dos cadenas de televisión abierta, modernizar la educación. Todas ellas, medidas loables. Todas ellas, propuestas aplaudibles. Noventa y cinco promesas que tenían el objetivo de pavimentar un piso común, cuyo objetivo declarado era pactar para avanzar, consensuar para despabilar, negociar para mover a México en vez de rendirse ante su parálisis. Y de allí el entusiasmo que suscitó el Pacto y los vítores que acompañaron su aprobación. En México, de cara a los problemas persistentes, la respuesta fue negociar hasta el cansancio, civilizar a los contrincantes, anunciar grandiosos pactos, forjar acuerdos sin precedentes entre adversarios recalcitrantes.

Cada una de las fuerzas políticas tenía sus propias razones para pactar. Enrique Peña Nieto para demostrar que podía confrontar a la televisión que contribuyó a crearlo; Gustavo Madero para demostrar que podía distanciar al PAN del calderonismo que ayudó a sabotearlo; Jesús Ortega para demostrar que podía rescatar al PRD del oposicionismo testimonial que llevó a marginarlo. Incentivos distintos, objetivos comunes; metas diferentes, pasos compartidos. Para los tres, el viaje era el destino. La travesía era la meta. Poco importaba si los panistas compartían la idea de un Código Penal único o no. Poco importaba si el PRD quería que todos los hidrocarburos permanecieran en manos de la Nación o no. Poco importaba si el PRI realmente creía en un censo nacional de maestros o no. Bastaba con que participaran en la plática. Más allá de los resultados estaban los consensos.

El consenso aplaudido. El acuerdo admirado. El "Pacto por México" celebrado por las reformas que aprobó, los cambios que avaló, las transformaciones que encaminó. El gran triunfo político de la presidencia de Enrique Peña Nieto que lo consagró en la prensa internacional como un reformista comprometido, el salvador del país. El gran instrumento legislativo para remontar la parálisis que había impedido a sus predecesores mover a México. Pero como argumentaron José Merino y Jessica Zarkin en el estudio "Eficacia y democracia: la reconcentración del poder en México", el Pacto no fue como lo pintaron. Tuvo y tiene su lado oscuro. Tuvo y tiene sus características contraproducentes. Significó priorizar la eficiencia sacrificando atributos de la democracia. Implicó pactar con el diablo.

Como siempre que las élites políticas del país llegan a acuerdos, con objetivos distantes de los ciudadanos a los cuales representan. Con soluciones mexicanísimas que en este caso entrañaron compartir el poder de otra manera entre élites partidistas, pero no repartirlo de otra manera entre los electores. El "Pacto por México" generó mayorías legislativas pero no una mayor rendición de cuentas. Operó dentro del sistema político preexistente, pero no lo modificó para que funcionara mejor en nombre de la población. El Pacto ayudó al presidente, pero no al Congreso; de hecho los legisladores en los dos años de la LXII Legislatura desaparecieron como actores principales. Los diputados no llevaron al recinto legislativo las preocupaciones de sus representados. Se limitaron a discutir y publicar la agenda de Enrique Peña Nieto, recibiendo pagos por ello. Se volvieron sus amanuenses. Se convirtieron en sus escribanos.

El rendimiento de la LXII Legislatura llevó a 3% de iniciativas de ley publicadas, de las cuales más de 50% provinieron del Poder Ejecutivo. De las 92 iniciativas de ley publicadas en el Diario Oficial de la Federación, 50 las presentó el Ejecutivo Federal. La agenda se concentró en sus iniciativas, en sus propuestas, en su visión. Al margen quedaron los representantes electos que deberían haber planteado sus propias iniciativas y peleado por ellas. En lugar de ello simplemente avalaron las del presidente, y dejaron morir las suyas. Basta con mirar su desempeño. En el segundo año de la legislatura, del 100% de las iniciativas individuales presentadas por un diputado, no fueron publicadas 99% de las del PAN; 99% del MC; 99% del Panal; 98% del PRD; 98% del PVEM.

Así quedó anulado el trabajo legislativo de los diputados. Así acabó reconcentrada la agenda en el Ejecutivo. Así presenciamos tras bambalinas, o con base en "bonos", una negociación que impidió analizar el proceso de construcción de esa agenda y asignar responsabilidades sobre cómo emergió. El "Pacto por México" creó un Poder Legislativo atrofiado que no actuó como debió hacerlo en la formulación de leyes. Dejó como legado un electorado que, como no tiene acceso a mecanismos de rendición de cuentas por parte de la clase política, queda excluido de la discusión pública. Ni siquiera tiene forma de incidir en ella. La "solución" mexicana para "mover" al país sacrificó la representación. Minó el equilibrio de poderes. Afectó, para mal, la deliberación y la salud de la democracia.

Habrá quien diga que el fin justifica los medios. Para forjar mayorías legislativas había que convertir a los diputados en títeres que voluntariamente se colocaron los hilos que el presidente después jaló. Para aprobar reformas necesarias había que hacerlo velozmente y de esa forma evitar las resistencias que suscitarían. Pero en el camino fuimos construyendo un contexto contraproducente para el funcionamiento del sistema político. Un contexto en el cual lo aprobado no fue lo suficientemente discutido; lo aprobado no fue aquello que los propios diputados, impulsados por sus electores, llevaron a la

Cámara; lo aprobado no formó parte de una agenda legislativa vigorosa sino más bien reflejó la voluntad presidencial.

O más preocupante aún. La democracia a través de los pactos no es un fin en sí misma; es un medio para alcanzar ciertos fines, y los fines que tenía en mente Enrique Peña Nieto debieron mirarse con un sano escepticismo. Porque el Pacto tenía un objetivo claro: compactar al poder y recentralizarlo; fortalecer al Estado y revigorizar su intervención. Por ello el énfasis en los poderes fácticos y el imperativo de domesticarlos. Por ello la incorporación de una frase definitoria que resumía por qué los partidos pactaban y para qué: "La creciente influencia de los poderes fácticos frecuentemente reta la vida institucional del país y se constituye en un obstáculo para el cumplimiento de las funciones del Estado mexicano."

Todos estaban de acuerdo: lo que el Estado había perdido, los poderes fácticos lo ganaron. Lo que Elba Esther Gordillo había arrebatado, el Estado había cedido. Lo que Carlos Slim había extraído, el Estado no había logrado recuperar. De allí que la propuesta común fuera fortalecer a un Estado debilitado por la democratización, doblegado por la feudalización, diezmado por la faccionalización. Un Estado que, en realidad, Peña Nieto quería recuperar para él y para el PRI. Y lo paradójico es que la oposición panista y perredista le ayudaron a hacerlo. Pactando. Concertando. Construyendo una presidencia concentradora del poder que Enrique Peña pretendía resucitar. Y como Fausto con Mefistófeles, vía el "Pacto por México", los diputados de oposición le vendieron su alma al diablo. Quizá lo hicieron a cambio de riqueza, poder y longevidad política, sólo para después entender que entregaron todo a cambio de poco o nada.

Consensaron la reinvención de un acuerdo construido sobre los cimientos de un Estado clientelar, intervencionista, discrecional. Un pacto de élites más preocupadas por sí mismas que por los ciudadanos a quienes debían representar. Un pacto que quería arrebatarle a los intereses atrincherados el poder que habían adquirido, pero no para redistribuirlo entre la sociedad. De lo que se trataba era de erigir de nuevo al Estado fuerte: generoso pero patrimonialista, dadivoso pero depredador. Un Ogro Filantrópico, como lo bautizó Octavio Paz, pero ogro al fin.

OGRO FILANTRÓPICO *RELOADED*

Ese objetivo guio la reforma fiscal de Peña Nieto. Una reformita. Un curita. Un parche. Algo que no resolvió el problema de fondo sino que colocó un alivio temporal sobre él. Así fue la reforma hacendaria promovida por Enrique Peña Nieto. Así debe interpretarse. No como una gran iniciativa sino como una pequeña intervención. No como algo que iba a revolucionar la relación del contribuyente con el Estado, sino como algo que la perpetuaría tal y como está. No como la renegociación del pacto fiscal prevaleciente, sino como la continuación del que ya existe. Con la misma "petrolización", con la misma elusión, con la misma base de contribuyentes cautivos. Peña Nieto no buscó cambiar el acuerdo fiscal actual basado en pocos ingresos, mucho gasto y el uso de la renta petrolera para cubrir los huecos. Quiso darle respiración artificial.

Mediante el acotamiento de los regímenes especiales y la eliminación del IETU y el impuesto a las gasolinas y el aumento al ISR para personas físicas de altos ingresos y el gravamen para ganancias en el Bolsa y el límite de las deducciones personales y la homologación de las tasa fronteriza del IVA y el pago de intereses sobre hipotecas. Pero todo ello no resolvió el reto de la baja recaudación en México. Todo ello no curó la enfermedad de un Estado que recauda poco y gasta mal. Nuestro pacto fiscal inequitativo, precario y petrolizado sigue intacto. Porque Peña Nieto decidió subir las tasas impositivas a los cautivos en vez de la eliminación completa de privilegios. Porque la reforma buscó construir apoyos sociales al no incluir un alza de impuestos para 80% de la población que gana menos de 5 salarios mínimos. Fue una reforma que quería seguir apuntalando al Estado gastalón. Fue una reforma del Ogro filantrópico *reloaded*.

Su objetivo no era detonar el crecimiento económico sino seguir financiando el gasto. Su meta no era racionalizar lo que el Estado distribuye, sino asegurar que pudiera seguir haciéndolo. Sí golpeó a la clase empresarial al reducir algunos privilegios como el régimen de consolidación fiscal. Sí eliminó algunos regímenes especiales y tratamientos preferenciales. Pero no fue una reforma que contemplara el fin de amplios espacios para la corrupción, que entrañara acabar con

todas las lagunas y los huecos y las evasiones, que intentara despetro-
lizar los ingresos del Estado o racionalizar su uso. De allí que se haya
quedado corta. De allí que constituyera tan sólo un afán recaudatorio
y no un esfuerzo verdaderamente redistributivo. De allí que reflejara
a un Estado que quería intervenir más sin que eso implicara recaudar
mejor o gastar con más transparencia. Porque lo que sí contempló la
reforma era gastar. Y gastar. Y seguir gastando.

Aunque la reforma fiscal contempló algunos procesos de mayor
control del gasto –como centralizar el pago de la nómina en educación– en realidad incluyó pocos candados. No hubo forma de enfrentar el pago de las partidas presupuestales que más crecen, como el
pago a pensiones de trabajadores del gobierno. No hubo manera de
reducir el exceso de recursos con los que cuentan los partidos políticos. Lo que sí hubo fue un incremento del gasto *per se*. Lo que sí quedó
claro es que el gasto neto público alcanzó un máximo histórico. Y el
problema es que no sabemos si los recursos adicionales se fueron a los
bolsillos de los burócratas o a la construcción de carreteras. Si se usaron para comprarle otro departamento a Carlos Romero Deschamps
o para impulsar la movilidad social de sus agremiados. Presenciamos
una expansion importante del gasto estatal. Vimos cómo empujaba
los límites de su endeudamiento sin controles, sin supervision, sin
racionalización.

La reforma no resolvió los dilemas generados por unos impuestos insuficientemente recaudados, por un gasto ineficientemente asig-
nado, por unos recursos públicos lamentablemente distribuidos. Aquí
se gasta más de lo que se obtiene y el resto se cubre con la renta petrolera e impuestos sobre la gasolina. Además, existen amplios espacios
para la corrupción de quienes están conectados con el poder. Somos
un país de lagunas y huecos y privilegios y evasiones. Somos un país
rico con un Estado pobre. Como lo explica Carlos Elizondo en su
libro, *Con dinero y sin dinero*, tenemos un Estado frágil con una baja
capacidad recaudatoria. Tenemos un Estado ineficiente con una
baja capacidad para hacer que se cumpla la ley. El Estado quiere
cobrar y no puede. Necesita recaudar y no logra hacerlo. Pero al
mismo tiempo gasta mucho y de mala manera. Desviando recursos
y politizándolos. Beneficiando a ciertos grupos y premiándolos. Los

burócratas y los líderes sindicales y los oligarcas empresariales y los dirigentes políticos se benefician de un equilibrio inequitativo pero auto-sustentable. Un equilibrio perverso pero autoperpetuable.

Nuestro pésimo pacto fiscal beneficia a un Estado que no usa el gasto público para el crecimiento o para el bienestar o para promover el interés público. A un Poder Ejecutivo que "adecúa" el presupuesto durante su ejercicio, al hacer ampliaciones y reducciones al margen de lo aprobado por los legisladores. A un presidente que se vale de lo que el reporte llama un "presupuesto paralelo" o "suplementario" que no se procesa por las vías institucionales apropiadas. A un gobierno gastador que no logra elaborar presupuestos realistas en el cual las "ampliaciones" presupuestales se van al rubro de Ramos Generales, es decir el pago a sindicatos y a gobernadores y a pensionados. En el cual no sabemos a qué programas o proyectos se asignan los excedentes derivados de la renta petrolera o con qué criterios son elegidos. Y ante ello la más absoluta falta de control por parte del Congreso o de la Auditoría Superior de la Federación, que no pueden intervenir en el ejercicio del presupuesto. Sólo pueden revisarlo cuando ya se gastó y de mala manera.

Permitiendo así decisiones discrecionales. Desviaciones que merman el impacto del gasto. La corrupción de un gobierno que recauda más y gasta más, como quiere, cuando puede, donde se le da la gana. En los primeros cinco años del sexenio de Peña Nieto –según México Evalúa– el gasto del gobierno federal superó el presupuesto aprobado en más de 1.4 billones de pesos; en cada uno de esos años, en promedio, se erogaron alrededor de 293 mil millones más de los autorizados. Ese malgasto se canalizó principalmente vía rubros opacos como el Ramo 23 para premiar a amigos y estrangular a enemigos: bajo Peña Nieto el Estado de México recibió máximos históricos en años electorales mientras que Chihuahua fue un estado castigado en 2017, cuando recibió 22 veces menos de los que obtuvo en 2016. No se gasta por política pública sino por afinidad política.

Lo mismo ha ocurrido con el Fondo de Estabilización de Ingresos Petroleros, que debería crear un colchón para generaciones futuras, pero termina armando cochinitos para políticos actuales. Un Fondo sin mecanismos de asignación de gastos explícitos y transparentes.

Un Fondo con erogaciones que se aprueban sin conocer los proyectos y los programas en los que se gastará. Usado para la adquisición de relojes Rolex para Carlos Romero Deschamps y la compra de bolsas Louis Vuitton para su hija Paulina. Un gasto federalizado que, según la Auditoría Superior de la Federación lleva a malas gestiones, año tras año.

Un hoyo negro al cual ingresan rutinariamente cientos de millones de pesos adicionales a lo aprobado. Creado por una SHCP que debería reportar variaciones del gasto mayores a 5%, pero nunca lo hace. Creado por la ausencia de un monitoreo necesario y normatividades eficaces. Creado por recursos públicos canalizados con fines políticos o electorales, como los utilizados en la Cruzada Nacional Contra el Hambre de Peña Nieto.

Las estrategias peñanietistas de combatir a la pobreza se parecieron mucho a las políticas de su predecesor, Carlos Salinas de Gortari. El objetivo era asegurar clientelas y también crear condiciones políticas para una mayor liberalización económica. Se trataba de privatizar y compensar, abrir y construir apoyo clientelar, sacar al Estado de ciertas áreas de la actividad económica pero aumentar su intervención en otras. La Cruzada Contra el Hambre fue el Programa Nacional de Solidaridad, reinventado, con las mismas irregularidades. Al igual que Pronasol, la Cruzada peñanietista no representó una transferencia de recursos de largo plazo que elevara el ingreso de sus beneficiarios. Al igual que Pronasol, los criterios para la asignación de despensas estaban electoralmente motivados. Al igual que Pronasol, la Cruzada proveyó compensación selectiva a poblaciones que estaban en el centro de la contienda electoral. Al igual que Pronasol, la estrategia de Peña Nieto mitigó el impacto de la pobreza pero no se centró en sus causas estructurales.

Como lo aprendimos a través de los años del Pronasol, la capacidad limitada del Estado para aliviar pobreza es producto de esfuerzos que acaban por politizarla, como lo descubrió el periodismo independiente de *Animal Político* al documentar el desvío de fondos vía Sedesol. Al responder a imperativos electorales, y centrarse en poblaciones que no son las más pobres, la Cruzada Contra el Hambre colocó un énfasis desproporcionado en los pobres urbanos y operó en función de criterios que poco tienen que ver con el alivio a la pobreza. Aunque la Cruzada logró proveer una red de seguridad social mínima –a través de la selectividad social de un subsidio– esa entrega no estuvo libre de ataduras partidistas y clientelares. Al canalizar recursos sin vigilancia, el PRI pudo atender las demandas sociales a nivel local, pero sin rendir cuentas sobre su actuación. Pudo dar y repartir, regalar y subsidiar. Pudo entregar despensas y cosechar votos.

Como lo reportó el periódico *Reforma,* la Cruzada contra el hambre no consideró a municipios que sufrían extrema pobreza, pero sí localidades que enfrentaban elecciones competidas. No hubo apoyo para Batopilas, Chihuahua, pero sí para Torreón, Coahuila. No hubo dinero para Zirándaro, Guerrero, pero sí para Cancún, Quintana Roo. Tal y como ocurrió con el "programa estrella" de Carlos Salinas de Gortari, la Cruzada estuvo basada en criterios discrecionales y politizados, no en lineamientos claros y apartidistas. No buscó ayudar a los que menos tienen sino a los que más votan. No buscó aliviar la pobreza sino producir rendimientos políticos. La Cruzada Contra el Hambre –como el Programa Nacional de Solidaridad en su momento– sólo indicó que quienes gobiernan a través de la manipulación se han vuelto más adeptos para usarla.

CUATITID CORROSIVA

En el sexenio de Enrique Peña Nieto la protección a los intereses particulares fue cada vez más obvia. Cada vez más evidente. Cada vez más contraproducente. Porque cuando el Estado claudica, los intereses privados se imponen día tras día, decisión tras decisión, como lo hicieron en el Senado, donde se aprobó la llamada "Ley Peña-Televisa" con 80 votos a favor: 50 del PRI, 23 del PAN, 5 del PVEM, 1 del PT y 1 del PANAL. Allí estuvo el sometimiento, reflejado en la postura de los legisladores frente a las televisoras. En la posición de los senadores cercanos a Felipe Calderón, que siguieron dándole a Televisa todo lo que quiso, al igual que en su sexenio. En el esfuerzo por reducir la autonomía del órgano regulador, el Ifetel, que había sido creado precisamente vía el "Pacto por México" para mejorar la regulación en el sector.

En el tema de la televisión, Peña Nieto ni siquiera fingió mejorarla en nombre del interés público; demostró ser el protector de intereses particulares. Promovió el enquistamiento de privilegios antidemocráticos en un país que ha sido paralizado por ellos. Promovió el debilitamiento de órganos reguladores por quienes querían limitar su función. Promovió el diseño de leyes cuya intención no era beneficiar al país sino a quienes intentaban gobernarlo como siempre. Las televisoras propusieron y el Estado dispuso. Al empujar iniciativas que abiertamente iban en contra de las mayorías, evidenció los enclaves privilegiados de las minorías.

Al inicio del sexenio peñanietista se nos aseguró que esto iba a cambiar a través de la nueva Ley Federal de Telecomunicaciones. Las reformas constitucionales en el sector prometían que el país recuperaría el dominio sobre bienes concesionados. Que quienes los explotan estarían sujetos a normas y no podrían simplemente actuar a su libre albedrío. Que el Ejecutivo no sería capaz de otorgar concesiones a sus cuates como solía hacerlo a través de personajes como Emilio Gamboa. Que las agencias reguladoras, como el nuevo Ifetel, tendrían la suficiente fuerza para asegurar el cumplimiento de sus resoluciones. Que podrían imponer multas cuantiosas a quienes no acataran los términos de su concesión. Que prevalecería el interés público por encima de los intereses de Emilio Azcárraga o Ricardo Salinas Pliego.

Hasta la reforma constitucional en telecomunicaciones aprobada en 2014, todos habían sido responsables. Todos habían sido omisos. Todos habían sido cómplices. Presidentes y secretarios de Estado y diputados y senadores responsables de permitir que los bienes concesionados del país, como el espectro radioeléctrico, hubieran quedado en manos de unos cuantos. Responsables de permitir que, desde la pantalla, dos conglomerados manipularan y tergiversaran y distorsionaran la realidad nacional. Responsables de que Televisa y TV Azteca hubieran obtenido y siguieran desplegando el poder de intimidar. El poder para someter a representantes legítimos, capturar a órganos reguladores, desaparecer del lente todo aquello que contravenía a sus intereses. Recortar las conciencias para que se ajustaran al tamaño de la pantalla.

Una realidad que se construyó en los años cincuenta, se agravó en el sexenio de Carlos Salinas, se institucionalizó en el de Vicente Fox y se trató de remediar con la reforma a la Ley Federal de Telecomunicaciones. El poder que las televisoras fueron acumulando y utilizando. El chantaje creciente que la clase política se vio dispuesta a aceptar. Los esfuerzos, inconclusos para regular, contener, domesticar. Someter a las televisoras a la ley en lugar de permitir que se colocaran por encima de ella.

Y de pronto, la sacudida de #YoSoy132. La demanda de la democratización de los medios. El señalamiento a Televisa y a TV Azteca como poderes manipuladores y tendenciosos. La denuncia del arribo de una "telebancada" al Congreso, conformada por 18 "telelegisladores". El impulso con el cual algunas fuerzas políticas, principalmente el PRD, acogieron la encomienda de reformar la ley. Encarar la tarea pendiente. Confrontar a los poderes fácticos como parte del espíritu fundacional del "Pacto por México". Llegar al acuerdo para reestructurar los cimientos de un andamiaje mediático que había sido inmune a la competencia y razón central detrás de nuestra democracia disfuncional.

Pero los senadores y los diputados estaban demasiado ocupados repartiendo el pastel petrolero y hacendario como para aprovechar la oportunidad que abrió la reforma constitucional en telecomunicaciones. No se dieron cuenta de que ésta era la guerra correcta, en el lugar correcto, contra el enemigo correcto. Y en lugar de pelearla, aprobaron una legislación secundaria que minó el espíritu de la reforma constitucional. Televisa y el gobierno de Enrique Peña Nieto y 80 legisladores cogidos de la mano, le devolvieron a la Secretaría de Gobernación facultades de supervisión, monitoreo, reserva gratuita de canales, verificación y sanción de las transmisiones. Le dieron a la Secretaría de Comunicaciones y Transportes la capacidad de opinar en materia de prórroga de concesiones. Le quitaron al Ifetel la capacidad de llevar a cabo sus atribuciones en el tema de competencia en telecomunicaciones. Le negaron a las audiencias los derechos que deberían tener. Incrementaron escandalosamente los tiempos de publicidad y otorgándole al Ejecutivo tiempos adicionales a los que ya tenía el Estado. Marginaron aún más a las radios comunitarias e indígenas. Impidieron que las instituciones públicas de educación superior que cuentan con medios –como TV UNAM, Radio Educación, Canal 22, Canal 11 o IMER– recibieran presupuesto adicional para enfrentar los retos de la modernización tecnológica.

Aprobaron una ley que en lugar de fomentar la competencia, la inhibió. Que en vez de resistir la posibilidad de censura, la permitió. Que en vez de poner límites a la rapacidad privada, renunció a hacerlo. Que en vez de sentar los lineamientos para una televisión moderna, plural, de buena calidad, los ignoró. El Estado optó por claudicar, de nuevo. Y fue una claudicación promovida por quienes no encontraron otra manera de proteger sus intereses más que poniendo el gobierno a su servicio. Ochenta senadores que votaron como lo hicieron, violando la Constitución al cerrar los ojos ante la propiedad cruzada y la preponderancia de facto y el enlazamiento de la televisión con negocios como la telefonía, los casinos, los espectáculos y el deporte. Paso a paso, crearon un gobierno que se veía coludido, comprado, lejos del país que se movía en la dirección correcta. Voto tras voto, crearon un gobierno que no entendió por qué debía actuar en nombre de la población o, al menos, fingir que lo hacía. Ochenta senadores y un presidente construyendo un gobierno que transparentó cómo se ejerce el poder en México: para pocos.

El gobierno de Peña Nieto estuvo dispuesto a permitir la tergiversación en el contenido y la instrumentación de reformas, como la fiscal y la de telecomunicaciones, para asegurar la aprobación y el éxito de la que realmente quería. La que esperaba sería catalizador del crecimiento. La que cimentaría la narrativa modernizadora sobre México: la reforma energética. Una reforma indispensable dado lo que se hacía con los recursos de Pemex. El chofer de Carlos Romero Deschamps apostando miles de pesos en el Hipódromo de las Américas, sacando fajos de 500 y mil pesos para jugar cada vez que quería. Muestras diarias del despilfarro, del desvío de dinero. La mendacidad de una historia en la cual a los mexicanos se les hizo creer que el petróleo era suyo cuando quedaba en manos del sindicato. De los burócratas. De los gobernadores. De los contratistas. De un gobierno despilfarrador. Por eso la necesidad de una buena sacudida. Por eso la importancia de un cambio profundo en nuestra forma de pensar sobre Pemex, como el que ofreció el estudio del Instituto Mexicano para la Competitividad: "Nos cambiaron el mapa: México ante la revolución energética del siglo XXI."

Un estudio que exhibió el atraso. El costo de mantener el *statu quo*. El costo de mantenerse al margen de una revolución energética global de la cual México no había formado parte. Estancados, año tras año, en el mismo lugar en el Índice Global de Competitividad porque no habíamos creado las condiciones para que la economía despegara. Y el petróleo es una parte clave de ese mapa que nos llevaba a ninguna parte. En los últimos 30 años las reservas probadas de crudo han crecido casi 2.5 veces. Como afirma el estudio, se ha roto el paradigma de la era del fin del petróleo. Es y seguirá siendo la principal fuente de energía en el mundo en las décadas por venir. Pero lo que es cada vez más evidente es la dificultad para encontrar y explotar esos recursos. Estamos transitando de la era del "petróleo fácil" a la del "petróleo difícil", y sólo los países con la capacidad de desarrollar la tecnología de punta y el talento para lidiar con este nuevo entorno lo podrán aprovechar. Estados Unidos lo está haciendo ya y es probable que se convierta en exportador de crudo en las próximas dos décadas, obligando a México a buscar nuevos mercados. Pero aquí, mientras tanto, seguíamos desaprovechando nuestro potencial. Perdiendo el tiempo. Canalizando más recursos a los bolsillos de Carlos Romero Deschamps y sus allegados que a los bolsillos de los mexicanos. Transfiriéndole al gobierno dinero de Pemex que debería obtener mediante una reforma fiscal.

Necesitábamos una reforma energética que no privatizara el petróleo pero que sí permitiera las asociaciones estratégicas y la liberalización del mercado de los energéticos. Una reforma energética que desatara a Pemex de los amarres ideológicos, del estrangulamiento del sindicato, de la explotación fiscal del gobierno. Una reforma energética que integrara a México a la revolución energética en Norteamérica y llevara al país a formar parte integral de ella. No se trataba de descubrir el hilo negro sino de aprovechar las lecciones que ofrecen otros países que manejan mucho mejor su petróleo que México. Países como Arabia Saudita, Cuba, Brasil, Colombia, Noruega y Canadá que han reformado sus sectores de hidrocarburos de manera flexible y pragmática. Para atraer inversión privada o extranjera. Para crear marcos regulatorios eficaces y robustos. Para permitirle al operador estatal –como Statoil en Noruega– mantener la rectoría sobre los recursos pero maximizar eficazmente la renta petrolera.

Pero mientras todo esto ocurría, México vivía atrapado en el pasado: experimentando un marcado deterioro en los niveles de producción y reservas privadas; permitiendo la baja eficiencia y confiabilidad de las plantas de refinación; permitiendo la canibalización de Pemex por líderes sindicales y contratistas y funcionarios gubernamentales y todos los que financian la corrupción con el oro negro. Un modelo, un mapa de petróleo que ya no servía a las necesidades del país. Lo estrangulaba.

De allí la importancia de eliminar el monopolio constitucional de Pemex en la exploración y explotación de hidrocarburos. Convertirlo en una verdadera empresa con criterios de maximización de valor. Establecer lineamientos de transparencia y rendición de cuentas para vigilar el desempeño de nuevos operadores. Permitir la inversión privada en refinación, transporte y distribución del petróleo. Propuestas que merecían ser analizadas, ampliadas, públicamente examinadas, para que ya no prevaleciera la mentira de que el petróleo era de los mexicanos, cuando en realidad se volvió de unos cuantos que se lo embolsaban.

Pero la reforma de Peña Nieto encaró estos temas de manera incompleta y peligrosa, mediante una "bala de plata": percibió a la inversión privada como el instrumento mágico capaz de combatir a las brujas del sindicalismo, a los vampiros del corporativismo, a los fantasmas de la corrupción. En su búsqueda desesperada por matar al Hombre Lobo –el estatismo estrangulador– corrieron el riesgo de repetir los mismos errores del pasado y dejar vivo al mal mayor: la estructura del capitalismo mexicano y las bestias reales que ha engendrado.

En el tema de la reforma energética, demasiados políticos y analistas e inversionistas centraron la mira en el blanco más fácil. Recomendaron balas de plata contra los sindicatos y no repararon en la complicidad gubernamental que les ha permitido obtener el poder que gozan. Denostaron los privilegios que obtienen el SME y el SNTPRM sin reconocer que ha sido el propio gobierno quien los ha otorgado. Excoriaron la rapacidad de los monopolios públicos y no tomaron en cuenta la débil regulación que explica la misma rapacidad de los privados. Promovieron la inversión privada como panacea sin comprender que si no cambiaban las reglas de su participación, la supuesta cura resultaría más dañina que la enfermedad. La bala de plata que tantos solicitaban no traería consigo los beneficios anunciados, sino nuevas oportunidades para el capitalismo de cuates.

Nadie dudaba que Pemex requería convertirse en una empresa moderna, eficiente, competitiva. Nadie que haya vivido sin luz durante 24 horas seguidas podría negar lo mismo en el caso de las empresas estatales encargadas de la electricidad. Nadie disputaba la necesidad de bajar los precios de gas y gasolina. Pero lo imperativo era pensar de manera cuidadosa cómo modernizar al sector energético sin privatizar las rentas que produce. Cómo extraer la riqueza petrolera sin traspasarla de unos cuantos a otros pocos. Cómo garantizar la fortaleza financiera de Pemex sin –de paso– contribuir a la construcción de más fortunas extractivas al estilo de Carlos Slim. Cómo fomentar la inversión en un sector clave sin que acabara fortaleciendo la concentración que el país padece en tantos otros ámbitos.

Porque sí hubo cambios sustanciales. La modificación de la Constitución y de las leyes secundarias. Los esquemas de coinversión. Las asociaciones público-privadas para la explotación en aguas profundas. La apertura de la actividad petrolera al capital nacional e internacional para inyectar dinero y tecnología. Ninguna de estas ideas era intrínsecamente mala y en su conjunto partían de una premisa irrebatible: el sector energético necesitaba recursos y era necesario obtenerlos de algún lado, dado que la Secretaría de Hacienda no estaba dispuesta a sacrificar los ingresos que Pemex le provee.

El problema residió en lo que no se contempló, lo que no se propuso, lo que no se debatió, lo que no se sometió a consideración. Aquello que la clase política y empresarial eludió: la promoción de la competencia real, la necesidad de la regulación, la protección a los consumidores, el imperativo del interés público. Medidas que países exitosos como Inglaterra y Nueva Zelanda y el estado de Texas tomaron cuando privatizaron sus empresas energéticas, bajo la tutela de órganos reguladores eficaces, poderosos, capaces de dictar reglas competitivas entre nuevos jugadores. Aquello a lo cual el gobierno de Enrique Peña Nieto necesitaba abocarse si quería transformar el horizonte económico del país de manera estructural: la construcción de mercados energéticos que beneficiaran a los mexicanos y no sólo a las empresas que presionaron para abrir el sector, con la intención de expoliarlos allí también.

Basta con examinar las privatizaciones que se llevaron a cabo durante el periodo salinista para entender el tamaño de los errores cometidos. La profundidad de las rectificaciones requeridas. Como argumenta el reporte del Banco Mundial, "Gobernabilidad democrática en México: más allá de la captura del Estado y la polarización social", las reformas de los años noventa en teoría buscaban lo mismo que las reformas peñanietistas prometían: fomentar la eficiencia económica, atraer el capital extranjero, aumentar los ingresos fiscales, promover la competencia. Pero en muchos casos –como el de la banca y las telecomunicaciones– las reformas sólo produjeron mayor concentración de los mercados y menor competitividad de la economía. Las privatizaciones sólo significaron un cambio de dueño. Fueron procesos amigables para las élites y dañinos para los consumidores.

La bestia del capitalismo de cómplices sobrevive gracias a la ausencia de agencias reguladoras –fuertes, independientes, autónomas– que puedan contener a quienes han podido establecer "posiciones dominantes" en un sector tras otro. La bestia del capitalismo oligopólico persiste gracias a la falta de leyes de competencia con dientes, capaces de imponer multas multimillonarias a quienes las violan. La bestia del capitalismo corporativo existe gracias a una forma de gobernar a México en la cual los intereses creados diseñan la política pública en vez de ser sometidos a sus directrices. Por ello la reforma energética no ha sido una señal más clara de avance dada la debilidad de las condiciones regulatorias que la rodean, y la cuatitud que corroe su credibilidad y efectividad.

¿O qué decir sobre uno de los casos más explosivos y el menos explorado? OHL y el Circuito Exterior Mexiquense, que revelan muchas facetas malolientes de la economía política mexicana. El Enron mexicano, repleto de ejecutivos corruptos, autoridades cómplices, cifras amañadas, consumidores engañados, auditores a modo. OHL participó en un proyecto cuyo prespuesto original iba a ser de 5,637 millones de pesos. Monto que creció a 18,628 millones de pesos. Monto que después la empresa infló –falsamente– a 23,376 millones de pesos. Con esos números falsos, el gobierno modificó la concesión para que pudiera ganar más dinero, con incrementos en las tarifas, en 50% y hasta 2051. No sólo eso. Después trató de obstaculizar la instalación de un sistema de verificación independiente para evaluar exactamente qué pasa con el aforo, los ingresos, los servicios de la obra. Ese sistema llegó a la conclusión de que OHL ya había recuperado su inversión en el proyecto, por lo que la concesión debía terminar.

Pero no fue así. De pronto, el gobernador Eruviel Ávila reservó toda la información sobre OHL por nueve años. De pronto empezamos a oír grabaciones describiendo actividades corruptas entre ejecutivos de OHL y miembros del gobierno federal y el poder judicial. Salieron notas periodísticas por aquí y por allá pero ninguna investigación en firme porque hay demasiados intereses de por medio. Mientras tanto OHL ha obtenido ingresos por cuotas cuestionables de peaje por más de 12,000 millones de pesos. Todo porque OHL está políticamente protegida, arropada, cuidada. Por eso la investigación en el Senado propuesta por la panista Laura Rojas nunca avanzó. Por eso Emilio Gamboa Patrón congeló los siete puntos de acuerdo en el Senado que incluían investigar al Secretario de Comunicaciones y Transportes. Por eso hasta los propios auditores –Deloitte– le permitieron a OHL mantener un manejo oscuro de su inversión, su deuda, sus supuestas utilidades. OHL se está endeudando "a cargo de su concesión"; está generando deuda pública –con una empresa extranjera– y eso lo sabía y lo permitió el entonces Secretario de Hacienda. No importaron las denuncias, los audios, la trama de sobornos y tráfico de influencias que llegó hasta la puerta de Los Pinos. OHL logró convertirse en cuate privilegiado del capitalismo de cuates impulsado por Eruviel Ávila, por Gerardo Ruiz Esparza, por Luis Videgaray. Cuatitud en la cual está también involucrado el Grupo

Higa, encargado de la construcción del monumento "Torre Bicentenario" en Toluca, adjudicado generosamente por OHL con cargo a los usuarios del Circuito Exterior Mexiquense y con fondos federales.

Esa cuatitud corrosiva que el gobierno mexicano demuestra cuando perdona impuestos. El SAT, condonando y privilegiando a unos cuantos. Otorgando beneficios inexplicables a un manojo de ciudadanos con más derechos que otros. Creando una política fiscal en la cual todos los mexicanos son iguales, pero algunos son más iguales que otros. Todo ello en un contexto de ajustes, de recortes, de argumentos para que el gobierno se apriete el cinturón, pero por lo visto no aplicables a un pequeño sector de la población; los socios y los compadres; los amigos y los cómplices; los empresarios a quienes el fisco amablemente deja ir, mientras persigue a los demás.

Esa es la conclusión que se desprende del estudio de la OSC Fundar titulado "Privilegios fiscales: beneficios para unos cuantos", que revela cómo el Estado deja de cobrar o perdona créditos o débitos fiscales de manera discriminatoria, de manera injustificada, de modo inexplicable. La razón detrás de la cancelación suele ser que el cobro resulta incosteable, o el deudor es insolvente, o el deudor ha desaparecido. Nada de lo cual parece ser el caso en el manojo de mexicanos perdonados, los cuales, además, acumulaban los adeudos más grandes. Sólo a 15 personas morales a quienes se les cancelaron adeudos superiores a 15 mil millones de pesos. En pocas palabras, 0.26% de los contribuyentes acumularon 31% del total de las cancelaciones.

Esa política de perdón contrasta con la narrativa gubernamental sobre la necesidad de incrementar la recaudación para compensar la caída en los precios del petróleo. En los últimos años se ha insistido en el imperativo de aumentar la base de contribuyentes; de cobrar más y cobrar mejor. Pero a pesar del aumento recaudatorio, el Estado recauda pero sigue gastando mal. México es un país donde se perdona lo que no se debería. Donde se perdona a los que más adeudan, a los que más acumulan créditos fiscales.

En un solo año, de julio de 2015 a julio de 2016, Casas Geo fue la compañía más beneficiada, con otras como Volkswagen, ARNECOM y Simec International. Una sola empresa recibió una cancelación de un crédito por un monto equivalente a todo lo que ejerció el Programa "Proyectos de infraestructura económica de agua potable, alcantarillado y saneamiento" en 2015. En cuanto a personas físicas, 10 contribuyentes se beneficiaron con un monto de 2 mil 15 millones 670 mil pesos, equivalente a 26% del monto total cancelado. Ante los datos presentados, surgen las preguntas inevitables: ¿por qué la condonación a esas empresas y no a otras?, ¿cuál ha sido la lógica de perdón y los argumentos para otorgarlo?

Ante las peticiones de información reiteradas y la presión pública la respuesta siempre ha sido la misma: que todo se hizo de manera legal. De manera normal. De forma intachable. Pero los ejemplos de la condonación contradicen las reglas que permiten al Estado ofrecerla. No parecen aplicarse los principios de inconsteabilidad sino los imperativos de cuatitud. Eso pasó en la cancelación masiva de créditos en 2007, y el fenómeno se ha repetido año tras año. Entre 2008 y 2016 la autoridad tributaria canceló créditos fiscales por un monto de 593,348.03 millones de pesos. Así, el Estado simplemente renunció a los recursos que puede y debe recibir. Así, el Estado perdonó y sin explicarlo a la sociedad. Otorgó un beneficio que hasta el momento no ha explicado y que resulta injusto e indignante.

La condonación se ha vuelto equivalente a la premiación. El Estado usa esta política de manera discrecional para beneficiar a quienes ya poseen más recursos. Con condonaciones a modo, mediante reglas y normas diseñadas de manera específica para ayudar a ciertos sectores. Pero la "normatividad vigente" se ha vuelto una manera de justificar lo injustificable y mantener la opacidad de condonaciones protegidas por el secreto fiscal. A pesar de que la Suprema Corte dictaminó que el SAT no tiene la facultad para reservar toda la información de manera genérica y automática, la autoridad fiscal sigue ocultándola. Sigue negándola. Sigue defendiendo el secreto fiscal mediante múltiples vías. Sigue ignorando el hecho de que las resoluciones del INAI exigiendo información son vinculantes y obligatorias. El SAT se escuda con formalismos ante los requerimientos de la sociedad civil con derecho a saber. Hoy es imposible saber si el SAT está cumpliendo correctamente con su atribución de recaudar eficientemente y evitar la elusión y la evasión fiscal. Hoy es imposible saber si el SAT ha investigado a los involucrados en los *Panama Papers*. Aún queda mucho por indagar, investigar, transparentar.

Gracias a los esfuerzos titánicos de Fundar sabemos los nombres de quienes fueron perdonados, pero no sabemos por qué. No sabemos los motivos particulares que tuvo la autoridad para autorizar la condonación. No sabemos si las decisiones se atuvieron a la legalidad. La obligación de la SHCP de dar a conocer las reglas de carácter general que son aplicadas para cancelar créditos fiscales fue eliminada en la reforma hacendaria de 2013. Eso permite y perpetúa la discrecionalidad. Eso vuelve la batalla por la transparencia −en el caso de la condonación y cancelación de créditos fiscales− todavía más urgente. El reporte de Fundar se basa en información obtenida a partir de julio de 2015, pero lo ocurrido antes de esa fecha sigue siendo un misterio.

Algunos contribuyentes −tanto personas físicas como morales− acumularon adeudos inmensos con el SAT, a los cuales el Estado rescató. Los criterios y las razones siguen siendo desconocidos, pero ponen en evidencia la realidad contradictoria del país. El incremento de la deuda pública, el recorte dramático al gasto en numerosos sectores, la ausencia de presupuesto para hacer viable el Sistema Nacional Anticorrupción, la falta de recursos para instrumentar a fondo el nuevo sistema de justicia penal. Recortes en programas prioritarios, acompañados de condonaciones injustificables. Recursos disminuidos debido a recursos no recaudados. Un Estado que al perdonar impuestos como lo hace incita a aquello que describiera Pierre Corneille: "Aquel que perdona fácilmente invita a la ofensa." Por ello la ofensa reiterativa en México de perdonar lo imperdonable, una y otra vez.

"QUE COMAN PASTEL"

O simplemente ignorar a los desaparecidos. A los ausentes. A los muertos o dados como tales. Cuarenta y tres normalistas que no son ni ángeles ni demonios sino ciudadanos mexicanos con derechos que el Estado pisoteó. Probablemente torturados, ejecutados, calcinados. Y ante la tragedia de Ayotzinapa en septiembre de 2014 ha habido otra desaparición que se suma a las 43 conocidas. La desaparición del gobierno de Enrique Peña Nieto. Como ha argumentado y con razón Leo Zuckermann, después de Ayotzinapa el presidente se volvió un personaje pasmado, paralizado, acorralado. Sin liderazgo, sin respuestas, sin estrategia, sin posturas gubernamentales que defender o acciones contundentes que instrumentar. Sin secretarios de Estado que supieran explicar lo ocurrido en Guerrero y cómo afrontarlo. Sin un equipo que entendiera cómo operar con eficiencia, actuar con celeridad, reaccionar apropiada e inteligentemente. Un gobierno que sabía vender su imagen pero no defenderla. Un gobierno que sabía "salvar a México" a la hora de negociar reformas, pero no a la hora de prevenir muertes.

En la extraordinaria foto que el analista Genaro Lozano tomó de la marcha de 50,000 personas protestando por las desapariciones en Ayotzinapa, había un letrero gigantesco en la plancha del Zócalo que decía: "Fue el Estado." Y así es. A los 43 ausentes de Ayotzinapa se suma una ausencia más. La de un Estado que no sabe proteger. Defender. Cuidar. Investigar. Enjuiciar. Castigar. Cumplir con su cometido. En lugar de ello tenemos autoridades huidizas, contradictorias, o tan desaparecidas como los normalistas que aseguran buscar: 43+1. Y ese "1" adicional es el propio presidente del país que ante la crisis no logró aprobar la prueba básica del liderazgo definida por John Kenneth Galbraith: la voluntad para confrontar inequívocamente la mayor ansiedad de su pueblo. Peña Nieto no enfrentó esa ansiedad. Sólo se sumó a ella.

Y dijo: "Que coman pastel", como una princesa francesa del siglo XVIII al enterarse de la hambruna que padecían los campesinos de su país. Desde entonces la frase se usa para criticar a gobiernos insensibles, frívolos, alejados de la población a la cual ignoran. Como Enrique Peña Nieto y Angélica Rivera. Como Luis Videgaray. Como Aurelio Nuño. Como tantos miembros de una administración que no entendieron la dimension de la crisis que enfrentaron en Ayotzinapa ni cómo superarla. Un equipo enconchado que no supo reconocer sus errores ni corregir el rumbo. Una camarilla contenta consigo misma que intentó minimizar lo que ocurría en México diciendo que los ciudadanos han vivido "claroscuros" y están "enojados", pero ya se les

pasará. Mientras argumentaba que los conflictos de interés destapa-
dos por la Casa Blanca eran un asunto "entre particulares".

Pero lo que Angélica Rivera y su esposo y cualquiera que ocupe
un puesto público debieron comprender es que su conducta no era un
tema "entre particulares". Es de "orden público e "interés social" que
los ciudadanos conozcamos el comportamiento de los funcionarios
que viven de nuestros impuestos. Cómo se integra su patrimonio.
Cómo se relacionan con contratistas que han ganado licitaciones de
forma poco transparente. Hasta el momento la reacción de las instituciones encargadas de investigar y sancionar temas que van desde
Ayotzinapa hasta la corrupción ha sido escandalosa. Nos han dicho
"coman pastel" en lugar de averiguar por qué la ciudadanía está tan
hambrienta de justicia. De rendición de cuentas. De aclaraciones
convincentes y no sólo de pastelazos presidenciales.

Pastelazos embarrados directamente en la cara de la población
como el de la Casa Blanca. Con sus cientos de metros de construcción. Con su valor de 7 millones de dólares. Con su estilo "neo-Miami
Vice" y una iluminación que cambiaba de color según el estado de
ánimo de sus habitantes. Con un título de propiedad a nombre de una
empresa beneficiada económicamente por el presidente desde que
era gobernador del Estado de México. La Casa Blanca de los Peña
Nieto-Rivera en Las Lomas. Un símbolo de la arrogancia del poder
que se siente impune. Un ejemplo claro de conflicto de interés, de
corrupción, de todo aquello que el "nuevo PRI" prometió combatir
pero sólo exacerbó. Torpemente. Mañosamente. Tramposamente.
Tratándonos como idiotas.

Tratando de hacernos creer que Angélica Rivera era una actriz de telenovelas tan fantástica que logró acumular una fortuna lo
suficientemente grande como para comprar –por sí sola– una casa
valuada en 86 millones de pesos. Tratando de convencernos de la
supuesta normalidad de un crédito contratado con una empresa inmobiliaria, en lugar de uno con un banco como ocurre en los casos
de ciudadanos comunes y corrientes. Tratando de negar la dimensión de la corrupción revelada, diciéndonos que Rivera y Peña Nieto
se casaron por separación de bienes, cuando evidentemente no se
casaron por separación de intereses. Tratando de eludir el escándalo

desatado, diciéndonos que la casa la compró ella, cuando el magnífico reportaje del equipo de Carmen Aristegui develó el involucramiento cuestionable en esa transacción del Grupo Higa, aquel que ganó más de 8 mil millones de pesos vía contratos celebrados con Enrique Peña Nieto cuando era gobernador.

Una "Casa Blanca" que reveló la cara negra de la economía política mexicana. El contrato de compra-venta con una inmobiliaria que sólo ha construido una casa, la "Casa Blanca". La extraña coincidencia de que Televisa regalara una casa a Angélica Rivera, colindante con los terrenos comprados por una inmobiliaria que los compró ése mismo día y después se los "vendió" en condiciones poco claras. La consolidación de un "patrimonio personal" por parte de la hoy Primera dama, quien se negó a hacerlo público vía sus declaraciones de impuestos. La inexistencia de un contrato de compra-venta que despejara la suspicacia, porque probablemente nunca se firmó. La pregunta de por qué se canceló intempestivamente un concurso que involucraba al Grupo Higa, cuando el Secretario de Comunicaciones y Transportes –el día anterior– había defendido ese concurso como un ejemplo de probidad y transparencia.

Ante el escándalo de proporciones internacionales vimos el torpe intento gubernamental de negar un conflicto de interés, mediante el argumento de que la transacción había ocurrido antes del arribo de Peña Nieto a Los Pinos. Vimos el timorato esfuerzo de minimizar un claro caso de corrupción, diciendo que Angélica Rivera ya había enseñado la casa a la revista *Hola* desde mayo del 2013. En realidad "Casa Blanca" indicó que el presidente estaba dispuesto a aceptar favores y prebendas a cambio de contratos y licitaciones amañadas. Que el conflicto de interés ni siquiera es conflicto. Que el viejo intercambio patrón-cliente seguía vivo en el nuevo PRI. Y que quien gobernaba desde Los Pinos lo hacía siguiendo las peticiones de grupos empresariales del Estado de México a quienes impulsó y cobijó, mientras le regalaban casas de 7 millones de dólares. Mientras le "donaban" los terrenos y las obras de arte y las joyas y las otras propiedades enlistadas en su declaración patrimonial, cuya procedencia jamás ha sido explicada. Mientras le ofrecían a su esposa "préstamos" de millones de dólares, porque efectivamente Peña Nieto no era, como lo admitió en su campaña presidencial, "la señora de la casa". La "Casa Blanca" constató el viejo dicho de Frank Herbert: "El poder atrae a los corruptibles." Y el poder absoluto atrae a los absolutamente corruptibles. Como a Enrique Peña Nieto y la extraordinariamente trabajadora, exitosa y ahorradora mujer con quien tuvo la fortuna de casarse.

FIN DEL SUEÑO

Por Ayotzinapa y la Casa Blanca y tantos escollos más, el sueño sobre el sexenio de Enrique Peña Nieto duró menos de la mitad del sexenio. Las portadas triunfalistas, los artículos apoteósicos, los aplausos sin fin. El presidente que iba a salvar a México. El líder que con base en reformas iba a mover al país. El equipo que acabaría con la pesadilla de parálisis y violencia que caracterizó los periodos de sus predecesores. Así se hablaba, así se celebraba, así se alababa. Pero el adormecimiento adulador llegó a su fin, como lo ejemplificó una portada pesimista de la revista *Forbes,* en la cual se afirmó que Enrique Peña Nieto perdió sus mejores años para detonar el crecimiento económico de México.

Todo lo ofrecido, prometido, negociado, acordado no ha sido suficiente aún. Ni la reforma laboral. Ni la reforma educativa. Ni la reforma fiscal. Ni la reforma en telecomunicaciones. Ni la reforma energética. Todo aquello que iba –supuestamente– a transformar la economía, liberalizar el mercado de trabajo, mejorar la enseñanza, estimular el crédito, fortalecer las finanzas públicas, romper con los monopolios en telefonía y televisión, modernizar al sector energético a través de la inversión privada. Todo aquello que si se hacía bien, iba a propulsar al país al Primer Mundo. A la prosperidad. Al grupo de países emergentes que crecen a tasas aceleradas. Al lugar que desde el sexenio de Carlos Salinas se nos dijo que México podría y debería llegar.

Pero los últimos años han sido descorazonadores. En 2013 México cayó en un bache del cual no ha logrado salir. Pasó de situarse como una de las economías más dinámicas a nivel global a ser una de las más alicaídas a nivel regional. La pregunta para la cual no ha habido una respuesta gubernamental clara es por qué. A veces se dice que la razón es la economía estadounidense. A veces se alude al entorno global. A veces a la incertidumbre producida por la elección de Donald Trump y el posible fin del TLCAN. A veces se alude al tiempo que tardará la implementación de reformas que todavía están en el papel. O quizá, como sugiere Raúl Feliz del CIDE, el error fundamental fue aprobar todas las reformas de golpe. Sin priorizar, sin ver cuál era la más importante, la más urgente, la más necesaria.

Ahora que finalmente entró en vigor la que el gobierno considera detonadora del crecimiento –la energética– habrá que ver si puede cumplir con las expectativas que creó. La apuesta es enorme, la eficacia del gobierno es pobre, los retos regulatorios son inmensos, el precio del petróleo ha ido a la baja, la posibilidad de que la reforma produzca una cueva de Ali Babá es real. La reforma se lleva a cabo en un contexto de mal gobierno, de alta inseguridad, de reglas demasiado flexibles, de leyes que rara vez se cumplen. Ello, atado a la rapacidad de quienes ven el sector energético como una oportunidad para el saqueo, puede producir un resultado muy distinto al prometido. Un resultado donde ganan los inversionistas, pero pierden los consumidores; donde gana el sindicato que preserva sus privilegios, pero pierden aquellos que los quisieran acotar; donde ganan los intereses corporativos, pero pierden los intereses ciudadanos.

Mientras espera que la reforma energética resucite el sueño edulcorado, el gobierno no ha sabido cómo lidiar con el desplome en el sector de la construcción, que ha arrastrado a toda la economía hacia abajo. No ha sabido cómo lidiar con el rezago y la ejecución del gasto público en infraestructura. De allí la paradoja: el gobierno tiene más recursos y la economía crece menos. La recaudación ha aumentado pero el gasto público sigue despilfarrándose. El "keynesianismo" gubernamental que iba a inyectar recursos a la economía y reactivarla no ocurrió. El reloj corre, el tiempo transcurre, y México no se mueve.

Porque el gobierno ha cometido errores y muy graves, especialmente el ex secretario de Hacienda, Luis Videgaray. El cerebro detrás del gobierno de Peña Nieto. El que manejaba todos los hilos, movía todas las palancas, tomaba todas las decisiones importantes.

La materia gris que sobresalía entre tanta mediocridad pero que dejó un saldo que contradice a su aplaudida inteligencia. Allí están las cifras del endeudamiento, de la irresponsabilidad fiscal, de la depreciación del peso. Un pésimo manejo macroeconómico que ninguno de sus profesores o colegas del MIT rebatiría. Un legado financiero y fiscal que coloca al país en una precariedad que pensábamos superada.

Superada porque se creía que la clase política había aprendido las lecciones de la crisis de 1994. La manera en la cual las decisiones económicas a nivel nacional se entretejen con intereses políticos y los mandatos de los mercados de capital a nivel internacional. La gran lección de aquella debacle fue que cuando los imperativos políticos se imponen a la racionalidad económica, los resultados pueden ser desastrosos. Cuando importa más conservar clientelas que prevenir déficits, las consecuencias pueden ser calamitosas. Cuando importa más financiar la corrupción que cerrarle la llave, los efectos pueden resultar explosivos. Los incentivos incorrectos producen resultados equivocados.

Como los que el país padece actualmente. Una austeridad selectiva con fuertes recortes a salud, educación, justicia, inversión pública, combate a la corrupción y programas de prevención de la violencia, pero aumentos al presupuesto del Congreso y del Poder Judicial. Con una tasa de recaudación histórica de 2.7 billones de pesos y un gobierno tan despilfarrador que ni eso le alcanza. Con recortes que no van enfocados hacia donde deberían, como sueldos y aguinaldos y dietas y prestaciones y gasto corriente. El apretón del cinturón no fue para la burocracia de alto nivel, ni para las elecciones que quiere comprar, ni para los privilegios que quiere preservar. La administración atlacomulquense no tuvo recursos para puentes o carreteras o puertos o escuelas u hospitales, pero sí para darle aumentos presupuestales históricos al Congreso.

La culpa entonces no la tiene sólo el contexto global; también recae sobre los hombros de Luis Videgaray y José Antonio Meade y los equipos encargados de la política económica que nunca cumplieron con los recortes al gasto público prometidos. Que no respaldaron la oferta de mantener un balance presupuestal. Que incrementaron de manera notable e irresponsable la deuda pública. Que con sus acciones –política, clientelar y electoralmente motivadas– dinamitaron el optimismo creado por las reformas estructurales. Que con sus omisiones produjeron un déficit de credibilidad entre inversionistas nacionales e internacionales dedicados ahora a sacar su dinero del país y a especular con el peso.

Porque hay demasiada incertidumbre, porque las intenciones del gobierno no son claras, porque las preguntas en torno al uso del dinero público prevalecen, porque las reformas tocan algunos intereses enquistados pero no lo suficiente. Por ello las interrogantes: ¿Las reformas fueron un cimiento o una sepultura? ¿La estrategia de todo a la vez desatará el crecimiento o evitará que ocurra? ¿Si no hay resultados pronto, el gobierno recurrirá a la política priista del Pleistoceno, basada en el uso irresponsable del gasto para comprar tiempo? No hay respuestas en este momento y tardarán en venir. Lo que sí es evidente es el fin del enamoramiento, el fin del sueño, el fin de la fantasía que acompañó la llegada de Enrique Peña Nieto a la presidencia. La portada de la revista *Forbes* no mostró a un presidente rozagante, triunfante, exitoso. Lo colocó de perfil, con el ceño fruncido, con un gesto preocupado. Y no era para menos.

TELEPRESIDENTE APAGADO

El Telepresidente. El Copetudo. El Copete electrónico. El Copetesaurio. Esos son los apodos que pusieron a un presidente con el peor nivel de aceptación en 20 años. Esos son los nombres con los que fue bautizado quien prometió "Mover a México" y lo hizo, pero en una mala dirección. El país ha pasado del delirio al desencanto. Del enamoramiento a la estulticia. Del saco que Enrique Peña Nieto presumía al saco que le quedó grande. Donde ya no se habla de *Mexican Moment* sino de *Mexican Murder*. Donde el PRI sigue ganando elecciones pero con márgenes cada vez menores y percepciones cada vez peores. La segunda alternancia que se volvió la segunda gran decepción.

El proyecto peñanietista constituyó sólo un proyecto de concentración del poder, mas no un proyecto de reconstrucción del Estado. Un proyecto ambicioso pero equivocado, construido sobre reformas pero no las suficientes, edificado sobre la corrupción y desbaratado por ella. No buscó hacer más grande el pastel sino repartirlo entre los suyos. No buscó la competencia real sino la competencia administrada que apuntala al capitalismo oligárquico. No buscó combatir la impunidad, sino aprovecharla. El sexenio modernizador convertido en el sexenio restaurador, retratado en el libro de Jenaro Villamil, *La caída del telepresidente: de la imposición de las reformas a la indignación social.* El gran montaje metamorfoseado en la gran crisis.

Con once reformas estructurales que no acaban de despegar. Once reformas estructurales celebradas a la hora de su aprobación y diluidas o saboteadas a la hora de su instrumentación. Once reformas perdidas por una presidencia que no demostró capacidad para gobernar. El "Pacto por México" –tan celebrado, tan alabado– no fue en realidad un pacto político producto del consenso, sino una hábil cooptación presidencial de las burocracias dirigentes en los dos principales partidos de oposición. Los Chuchos y los Maderistas compartiendo el mismo objetivo: un arreglo para afianzar el control de sus aparatos partidistas. El incentivo no era reformar sino sobrevivir.

Los partidos de oposición aceptaron casi todo, palomearon casi todo, respaldaron casi todo. Aprobaron paquetes legislativos de gran complejidad técnica con enormes implicaciones sociales en cuestión de horas, con dinero de por medio. Los superlegisladores leyeron, discutieron y debatieron miles de páginas que sólo sus redactores en la presidencia entendían cabalmente. Como ironizó Alejandro Encinas, entonces del PRD: "Es el método de más barato por docena de leyes." Todos ellos en una burbuja, alejados de la sociedad y sin el imperativo de convencerla.

Aceptando reformas impuestas desde arriba, sin la necesidad de hacer trabajo político desde abajo. Aceptando –en el caso de la reforma energética– un marco regulatorio demasiado débil para contener la voracidad de los consorcios que participaron. Aceptando –en el caso de la Ley Peña-Televisa– el guión impuesto para asegurar a la televisora el privilegio del control y la comercialización de los contenidos audiovisuales en los próximos 20 años; para reducir a su mínima expresión los derechos de las audiencias; para convertir al Instituto Federal de Telecomunicaciones en una figura decorativa;

para cerrar la posibilidad de nuevos modelos de comunicación realmente viables.

Y luego Tlatlaya. Ayotzinapa. La Casa Blanca. La casa de Malinalco. La casa de Ixtapan de la Sal. OHL. Tanhuato. Nochixtlán. El gasolinazo. Las estimaciones de crecimiento a la baja y los índices de homicidios al alza. Ante esta crisis de impunidad, inseguridad e inequidad, la respuesta de quienes trabajaban en Los Pinos fue sentirse incomprendidos. Decir que vivían una fuerte "resistencia" de los intereses creados cuando el verdadero problema es que no los enfrentaron en realidad. Los intereses que llevaron a Peña Nieto al poder siguen allí. Televisa y el Grupo Higa y OHL y Juan Armando Hinojosa y Carlos Hank Rhon y David Peñaloza y Olegario Vázquez Raña y Emilio Gamboa y tantos más. Beneficiarios de las licitaciones. Beneficiarios de los contratos. Beneficiarios selectos de la telepresidencia trunca, reprobada por la opinión pública y la prensa internacional. El presidente fallido al frente de un Estado que flaqueó en sus tareas primordiales de asegurar la seguridad, la estabilidad, el crecimiento, los derechos humanos, la equidad, la ley.

Como escribió Javier Malagón en Twitter: "Es sólo una tesis, una Casa Blanca, un departamento en Miami, 43 estudiantes, una gasolina 47% más cara, un peso devaluado 30%, unas reformas que no funcionan, una economía rota, una tasa de desempleo en aumento." Y más. Un largo etcétera producto en parte del contexto internacional pero también –y principalmente– de la gestión presidencial. Error tras error, escándalo tras escándalo, decisión cuestionable tras decisión cuestionable. El recuento de un sexenio que prometía tanto y cumplió con poco. Por la falta de pericia política de Peña Nieto y quienes lo rodearon. Por la corrupción que no entendieron como problema y siguieron condonando entre los más cercanos. Por la mala instrumentación de reformas necesarias pero saboteadas por la cuatitud o la colusión o la incompetencia.

El problema no es sólo de percepción. No es sólo de mal humor social. No es sólo un tema de quienes fueron tildados de envidiosos o rabiosos o amarillistas que critican por criticar. Los números no mienten, los datos no cuadran, las cifras no logran sostener lo que el gobierno trató de vender. He allí la revisión a la baja de las perspectivas de crecimiento anunciada por la calificadora Standard & Poors. He allí la nota de Bloomberg hablando de los niveles de endeudamiento de esta administración −47% del PIB− similares a los del último año del sexenio salinista. Muchos hablando ya de un contexto similar al que gestó la crisis del "Efecto Tequila".

Enrique Peña Nieto terminó arrinconado y acorralado en Los Pinos, rodeado de asesores que lo adulaban o lo malaconsejaban. Acabó convertido en el hazmerreír del mundo y de su país por no comprender las implicaciones de las decisiones que tomó; convertido en el tapete de Donald Trump al ser el artífice de una invitación a visitar México que se volvió una "humillación a domicilio". Ríos de tinta han corrido para explicar qué estaba pensando, quién lo asesoró, por qué cometió los errores que acabaron con su Presidencia. La arrogancia, quizá. El aislamiento, probablemente. La cuatitud, seguramente. La codicia, sin duda. En distintas latitudes, presidentes han caído por fallas mucho menos impactantes, por equívocos mucho menos graves de los que caracterizaron su gobierno. Aquí seguimos tolerando la excepcionalidad. La corrupción excepcional. La incompetencia excepcional. La estupidez engolada. Tiempo entonces de recordar las palabras de Woodrow Wilson: "En asuntos públicos, la estupidez es más peligrosa que la bellaquería."

2. CÓMO TRASTOCAMOS LA TRANSICIÓN

ELECCIONES INFERNALES

Van preguntas para usted, votante y ciudadano, sobre la última vez que fue a la urna: ¿Sintió entusiasmo, emoción o esperanza cuando votó, o prefirió no hacerlo ante las opciones existentes? ¿Conocía usted el curriculum del candidato? ¿Cuando tachó la boleta sabía si su candidato había presentado su declaración patrimonial, de impuestos y de conflicto de interés? ¿Conocía la plataforma y las propuestas del partido al que pertenecía? ¿Aprendió algo a través de los millones de *spots* que diseminaron los partidos? ¿Sabía que en la última elección 52% de los candidatos no entregaron el reporte de sus gastos de campaña al INE? ¿Le tiene confianza al INE y al TEPJF? ¿Qué opina de la prevalencia de costumbres como el desvío de recursos públicos, las donaciones privadas por encima de los topes legales, y la inyección de dinero en efectivo por parte de empresarios y el crimen organizado en las elecciones?

Las mismas preguntas se repiten año tras año, muchas veces sin respuesta, porque los partidos se han vuelto cárteles de la política y operan como tales. Deciden quién participa en ella y quién no; deciden cuánto dinero les toca y si reportan cómo lo usaron; deciden las reglas del juego y resisten exigencias para cambiarlas. Hoy los partidos son instituciones multimillonarias que en lugar de canalizar demandas urgentes desde abajo, ofrecen empleo permanente a los de arriba. Son instituciones que actúan al margen de la ley, usando recursos de la ciudadanía sin explicar puntual y cabalmente su destino. Se han convertido en agencias de colocación para una clase política financiada por los mexicanos, pero impasible ante sus demandas. Nos piden que decidamos, como sugiere el académico Miguel Carbonell, entre el partido de los mentirosos, o el de los pillos, o el de todos peleados con todos, o el de los resentidos que renunciaron a su partido para fundar otro, o el de los "chapulines" que harán cualquier cosa para seguir viviendo del presupuesto público.

Pero quienes defienden el sistema partidista y electoral actual sugieren que somos Suiza, Suecia, Dinamarca. Un país donde el "voto sirve", los castigos a partidos que gobiernan mal existen y son eficaces, el proceso electoral es como un "viento fresco de la noche", los candidatos independientes son un "eficaz desahogo de los hartazgos", el voto nulo es irrelevante, los niveles de participación son altos, la alternancia "le encanta a los mexicanos" y las elecciones deben ser aplaudidas porque "tenemos candidatos transparentes", como han argumentado algunos exfuncionarios del IFE. ¡Bravo! ¡Hurra! ¡Albricias! A descorchar las botellas de champaña y a darnos palmadas en la espalda por el "proceso civilizatorio" que vivimos en cada jornada electoral. A aplaudir el "éxito" sin preguntarnos a quién beneficia. A quién hace sentir bien. ¿A los ciudadanos o a los partidos?

En cada elección escucho opiniones congratulatorias sobre el sistema de partidos y me parece que provienen de un país paralelo. Un país inventado donde las elecciones llevan a una mejor manera de gobernar por parte del partido que gana. Un país imaginario que contradice la realidad cotidiana de quienes salen a votar, en un acto de fe, esperando que el voto ayude a encarar los problemas del país. Un país irreal que sólo existe en la cabeza de los progenitores de nuestro sistema electoral, comprometidos con defender al hijo que procrearon aunque ahora sea manco, cojo, ciego y asesino en serie. Al hacerlo defienden lo indefendible. Lo que no funciona, o sólo lo hace para partidos que siguen siendo poco representativos, que siguen eludiendo la rendición de cuentas, que siguen exigiendo el voto pero regresan poco a cambio de él.

Valiéndose de leyes electorales que incentivan la trampa y acaban avalándola. Los partidos acarrean y compran y triangulan y gastan sabiendo que es mejor ganar la presidencia primero y pagar la multa después. Como en la elección de 2012, cuando a pesar de las irregularidades detectadas, Enrique Peña Nieto terminó despachando en Los Pinos. Aun con información incompleta presentada ante el Instituto Federal Electoral, la elección acabó siendo validada. Aun con un proceso manchado, la elección terminó siendo certificada. Ganó el que mejor viola las reglas.

Los partidos no ofrecen ni lo mínimo. En la elección intermedia de 2015 de más de 16,000 candidatos sólo 397 se dignaron a presentar su declaración patrimonial, su declaración de impuestos y su declaración de conflicto de interés. Menos de una tercera parte de los candidatos a diputados entregaron su currículum al INE. La famosa equidad electoral por la que peleamos con sangre, sudor y lágrimas en los años noventa, fue reducida a una farsa por las ilegalidades del Partido Verde, impulsadas por las televisoras y solapadas por las autoridades electorales. Sólo hubo 127 candidatos independientes, y entre los pocos que ofrecieron una agenda genuinamente ciudadana estuvo Pedro Kumamoto. "El Bronco" demostró lo imposible que es tener credibilidad como independiente cuando en realidad no lo eres.

La alternancia en estados como Sonora propulsó a la gubernatura a una mujer que viajaba en aviones privados de empresarios a los cuales benefició, y a quienes les pedía, en conversaciones grabadas, que "se pusieran guapos". En Guerrero la alternancia trajo consigo un gobierno del PRI de la mano del PVEM. En 2016 el Partido Verde ganó más curules que en toda su historia, gracias a la compra del voto y la publicidad electoral en Chiapas que el INE se dedicó a ignorar.

El sistema electoral averiado ha permitido que el Verde Ecologista funcione como un partido prótesis. Como un partido muleta. Como un partido cuya sola existencia está encaminada a permitir que el PRI persista en el poder. Un partido Potemkin sin el cual Enrique Peña Nieto no hubiera ganado la elección presidencial, y por eso la importancia de apuntalarlo, fortalecerlo, financiarlo. Por eso las carretadas de dinero que han fluido a sus arcas para hacer crecer su marca. Vía espectaculares. Vía *spots* televisivos. Vía anuncios en los cines. Vía vales de medicinas. Vía estrategias extralegales que el priismo ha inducido porque sabe que con ellas llegará cojeando a cualquier elección, pero con el voto suficiente para ser competitivo.

La construcción de la muleta priista ha sido paso tramposo tras paso tramposo. Primero con anuncios manipuladores que presentan al Verde como un partido que cumple lo que ofrece, cuando no lo hace. Anuncios que apelan a los peores instintos de la naturaleza humana como son la venganza y el odio. Anuncios que rayan en la ilegalidad tanto en contenidos como en cantidad. Anuncios que las televisoras transmiten a toda hora sin el menor reparo, sabiendo que jamás serán sancionadas. Promocionales provocadores, con artistas pagados para parecer "ecologistas" cuando en realidad son cómplices de la corrupción. Un partido "verde" que defiende la vida de los elefantes pero no la de los humanos. Un partido "verde" que está a favor de la pena de muerte. Un partido "verde" con un largo historial negro.

Basta con recordar el video del "Niño Verde" negociando un soborno de 2 millones de dólares para permitir la construcción de un hotel en una zona ecológica. O el maletín de dinero de fuentes inexplicables que cargaba el dirigente partidista, Arturo Escobar. O la investigación inconclusa sobre el posible asesinato de una joven europea que "cayó" de un departamento en Cancún, propiedad de Jorge Emilio González. O la cadena perpetua en un país que se especializa en encarcelar a inocentes, no en atrapar culpables. O el peregrino argumento de que el PVEM puede pagar la publicidad con la que tapiza el país y llena el espectro, porque ha "ahorrado" las prerrogativas que el INE le dio, mientras otros partidos los han "malgastado".

Ante este comportamiento violatorio de la normatividad electoral sólo hemos visto el pasmo de las autoridades electorales. La pasividad. La complicidad. Un INE que "amonesta" pero no sanciona. "Amonesta" pero no castiga. "Amonesta" pero permite que el comportamiento irregular persista. Dicta medidas cautelares pero ni siquiera les da seguimiento. Un INE que por ello ha caído en una crisis de confianza por no defender la equidad, la legalidad, la fiscalización. La mayoría de los consejeros del Instituto han actuado como correa de transmisión de la voluntad del PRI y el Partido Verde. En vez de impedir la creación de la muleta, ayudan a que el priismo se apoye en ella.

Pero lo que pasa con el Verde es un síntoma de problemas más profundos. Después de lo que costó crearlo, echarlo a andar, dotarlo de credibilidad y volverlo el catalizador de la transición democrática, el sistema electoral está quebrado. Deshecho. En el Estado de México y en Coahuila yacen los restos de lo que alguna vez aplaudimos y hoy ya no existe. La equidad trastocada, las autoridades electorales desacreditadas, el terreno de juego alterado. En 1997 celebramos elecciones impolutas; en 2017 las enterramos. Aprendimos que importa tanto lo que ocurre antes de depositar el voto en la urna, como lo que pasa después.

El verdadero problema no está en el PREP o en el conteo rápido o en las actas o en las casillas, aunque ahí también hubo irregularidades en territorio atlacomulquense. La explicación sobre el descalabro de la democracia electoral está en otra parte. En la evidente compra del voto mediante estrategias como "Tarjeta Salario Rosa", con promesas de activación a cambio de apoyo al PRI. En el caudal de recursos que fluyó a Edomex a través de programas sociales como Prospera, PAL Sin Hambre, Adulto Mayor y Progresa, en los meses previos a la contienda. En las increíbles cifras de participación y de entusiasmo casi europeo, en municipios rurales donde el PRI ganó por un amplio margen. En lo que se vio en sitios como Ixtlahuaca, donde 70% de la población recibe algún tipo de ayuda social y *El País* detectó una afluencia electoral extrañamente alta a favor del tricolor. En el clientelismo político abierto, definido por la politóloga Susan Stokes como "la oferta de bienes materiales a cambio de apoyo electoral, en el cual el criterio de distribución es sencillo: '¿me apoyaste o me apoyarás?'"

Esa inducción acompañada de amenazas, de amedrentamiento, coronas de muerto, cabezas de puerco ensangrentadas arrojadas con intenciones intimidatorias. En Edomex y también en Coahuila, el priismo mandó un mensaje: recurrirá a todos los instrumentos a su alcance para mantenerse en el poder. He ahí el mapa de ruta marcado para la elección de 2018 y más allá, elaborado para rescatar a la dinastía dinosáurica que comprará votos y repartirá tarjetas y amenazará a electores y removerá a funcionarios de casilla y rebasará los topes de campaña y suspenderá el PREP. Violará todas las reglas; todas. Y lo hará con la asistencia de autoridades electorales omisas o débiles o políticamente subyugadas.

Como el INE y la FEADLE y el TEPJF que no actuaron ante la evidencia creciente y fehaciente del fraude en el Estado de México cuya definción será necesario repensar. Porque el fraude no necesariamente ocurre en la urna, sino en camino a ella; porque no necesariamente se da el día de la elección sino en las semanas previas. Ante ese fraude revisitado, revigorizado, replanteado, actualizado, el árbitro no toca el silbato o suspende el juego; voltea la mirada y declara, como lo hizo el TEPJF, "no existen elementos suficientes para acreditar que diversos programas sociales fueron utilizados para coaccionar el voto" en Edomex. La autoridad electoral anulada porque no sancionó los casos de las tarjetas Monex o Soriana en 2012, y permitió su reedición en 2017.

Por eso la queja ante los que gastan nuestro dinero pero no rinden cuentas sobre cómo lo usan. La corrupción constante en una clase política donde no todos son iguales pero se asemejan mucho a la hora de gobernar. La ausencia de alternativas en estados donde ha habido años de alternancia sin cambio. Donde la población ha visto pasar por el poder a panistas, priistas, perredistas o verdeecologistas sin modificaciones sustanciales en el ejercicio del puesto.

No escribo estos comentarios con el afán de ser aguafiestas sino con la esperanza de generar una reflexión colectiva sobre lo que aqueja al sistema político-electoral. Un sistema en el cual las elecciones no se llevan a cabo para llevar la voz del ciudadano a una curul o a una presidencia municipal o a la oficina del gobernador. Ocurren puntualmente cada tres o seis años, a un costo cada vez mayor, para permitir el reparto de prerrogativas, la asignación de contratos, la rotación de élites que cambian de piel a conveniencia. Creer que el problema de la corrupción gubernamental y partidista se resolverá sólo votando por partidos pequeños o candidatos independientes o Morena es pensar que una úlcera sangrante se cura con un Alka Seltzer.

DEMOCRACIA DUDOSA

Pensamos, equivocadamente, que el cambio ocurriría en el año 2000; que la transformación histórica de México tendría lugar. Bastaba con sacar al PRI de Los Pinos. Bastaba desterrar a los malosos y remplazarlos. Nos equivocamos. Vicente Fox y Felipe Calderón son responsables de no haber cumplido la esencia de la responsabilidad histórica y poner punto final a las prácticas autoritarias. Enfrentar al antiguo sistema con su historia de ilegalidad, abuso y corrupción. Movilizar a la sociedad para profundizar una democratización que apenas se iniciaba. Y la izquierda carga también con culpa porque se dividió y no supo cómo ser un contrapeso eficaz. No supo cómo ser una oposición creativa y audaz. En ese entorno los poderes fácticos florecieron, las "criaturas del Estado" crecieron, los oligarcas se enriquecieron, la transición se empantanó.

Como escribió Lorenzo Meyer en su libro *Democracia autoritaria,* sí ha habido cambios pero por debajo de lo posible y de lo necesario. A pesar de nuestras esperanzas y la lucha de tantos, la transformación de las estructuras de poder en el país no cristalizó. Hoy vivimos en un sistema híbrido, mixto, contradictorio. El arraigado autoritarismo priista ha sido remplazado por dos tradiciones distintas y en contienda permanente: el autoritarismo y la democracia.

Las razones siguen siendo las mismas de siempre. Los intereses creados. Las inercias longevas. La cultura política dominada por fuertes rasgos conservadores. Un presidente, Vicente Fox, que asaltó al palacio, pero al llegar simplemente se apoltronó allí. Con la transición electoral del año 2000 se presentó una rara oportunidad para deshacernos de esos lastres, pacífica y democráticamente. Una rara oportunidad para crear la justicia formal, impulsar el desarrollo social, acelerar el desarrollo económico exiguo, remodelar las instituciones vetustas. El PRI parecía —en ese momento— un partido fuera de época. Con poco futuro. Pero en 2012 y con apenas 38.15% de los votos, retomó el poder por la vía electoral. A pesar de que el grupo priista que se alzó con el triunfo lo encabezó un político joven, las biografías de sus acompañantes predijeron que la idea de un "nuevo PRI" carecía de contenido.

Meyer cita a Maurice Duverger, quien sentencia algo que parece una maldición pero explica por qué el PRI sigue comportándose como se comporta, a pesar de su retórica reformista: "Del mismo modo que los hombres conservan durante toda su vida las huellas de su infancia, los partidos sufren profundamente las huellas de sus orígenes." Por eso los usos y costumbres del PRI se mantienen. Por eso demuestra la tolerancia selectiva de la impunidad y basta con recordar todos los casos de corrupción del sexenio para constatarlo. Por eso insiste en su vieja práctica ilegal de usar programas sociales para comprar votos. Por eso insiste en gastar sin rendir cuentas.

Ante ello está lo nuevo. Un electorado básicamente urbano con una capacidad creciente de comunicación. Una población mayoritariamente joven que puede organizarse políticamente, como lo demostró el movimiento estudiantil #YoSoy132. Una sociedad mexicana que está aprendiendo a resistir y a denunciar y a exigir y a clamar. Que está aprendiendo a criticar la esencia de la herencia autoritaria. Que está aprendiendo a temer el regreso de un autoritarismo reciclado. Que no quiere desandar el camino andado. Que no está dispuesta a conformarse con la involución indeseable pero posible.

Ese temor no es infundado. Aunque Elba Esther Gordillo fue encarcelada, el viejo corporativismo sindical permanece intacto, como lo demostró la reforma energética de Peña Nieto, donde estableció que "no se afectarían los derechos de los trabajadores", y en Pemex esos "derechos" entrañan transferirle la plaza a un familiar en el momento del retiro. La sanción a los corruptos intocables no ha ocurrido y la renuncia a investigar el escándalo de Odebrecht indica que quizá nunca ocurrirá. La alternancia de los partidos en el poder simplemente ha servido para "naturalizar" y "normalizar" las viejas prácticas en los nuevos gobernantes.

Por ello la desilusión. Por ello la desazón. Según una encuesta a nivel latinoamericano de Latinobarómetro, en los últimos años el apoyo ciudadano a la democracia disminuyó en 9% y apenas 40% de los encuestados reafirmó su preferencia por esa forma de gobierno. Sólo Honduras y Guatemala tuvieron un resultado más desalentador. Tenemos serias dificultades con nuestra democracia. Una oligarquía rapaz y poco regulada. Unos partidos gastalones y poco representativos. Unas formas antidemocráticas de ejercer el poder y usar el dinero público que perduran a pesar de las quejas en su contra. Un sistema judicial y penal que sigue encarcelando a inocentes mientras exonera a culpables. Un Estado que no puede cumplir con la tarea fundacional de proteger a sus habitantes. Porque el dinosaurio priista sigue ahí.

Tantas veces anunciamos su extinción. Tantas ocasiones celebramos su fin, sólo para despertar y encontrarlo respirando aún: violento, omnívoro. Arrasando con todo a su paso, aparentemente indestructible e imbatible. Ni el meteorito Fox, ni doce años de panismo y alternancia, ni la ineptitud del peñanietismo lograron acabar con él. Aunque cojea, sobrevive. Persiste. Ruge. Sus acciones siguen pesando y reverberando como lo demuestra cada ciclo electoral, marcado por las prácticas del pleistoceno. El "mapacheo" preelectoral, la compra de credenciales, la compra de voto, el reparto de despensas, el dispendio clientelar, la tarjeta "La Efectiva". Todo lo que pensábamos superado, revivió en el Edomex. El jurásico renaciente. El pasado presente.

Presente porque nunca se fue. Porque como lo ha citado Luis Carlos Ugalde, "el PRI no era el dinosaurio, sino el cuidador de la jaula de los dinosaurios". Y la jaula permanece, protegiendo a reptiles de todos los partidos y no sólo a especímenes priistas; cuidando a los vertebrados terrestres de todas las ideologías, de todos los colores. Los Morenoraptores y los Perredesaurus y los Priceratops horridus y los Panatopsianos. Aunque en cada elección la consigna es "ni un voto más al PRI", con la esperanza de debilitar a su especie, eso no bastará. Las similitudes taxonómicas, morfológicas y ecológicas entre los partidos y los personajes y sus prácticas políticas persisten. El problema no es la supervivencia del Prianosaurio Rex; es la persistencia de la jaula que resguarda a otros bípedos y cuadrúpedos que tantos se le parecen. La jaula del ecosistema que nutre y alimenta y ampara a muchos monstruos más.

En un artículo sobre la elección en el Estado de México en 2017, José Merino lo subrayó: la lección de la contienda es el quiebre del sistema electoral mexicano. Un sistema antes elogiado, ahora fosilizado, incapaz de "prevenir, documentar y castigar excesos, irregularidades, coerciones y manipulaciones… antes de llegar a la urna". Un sistema al que le urgen mejoras en la fiscalización, el financiamiento y el proceso de calificación electoral. Pero eso no es suficiente. ¿De qué sirve sacar al PRI del parque cuando ha sido progenitor de otras lagartijas con dientes y garras igualmente terribles? Cuando sus descendientes y parientes actúan de la misma manera en el mesozoico mexicano. El imperativo entonces es desmontar los barrotes de una jaula dentro de la cual sobreviven reptiles con armadura y cuernos y colas y crestas, depredadores de la era democrática. La tarea pendiente no es nada más patear al PRI; implica también rediseñar el armazón autoritario que le ha permitido persistir y reencarnar en otros partidos.

Lo que falta es remodelar la pajarera que la transición electoral no logró cambiar. El embalaje armado de vicios como el clientelismo, la vetocracia empresarial, el capitalismo de cuates, la impunidad, el patrimonialismo, el peculado. Problemas que van más allá del sistema electoral y tienen que ver con la rendición de cuentas horizontal; retos que trascienden el comportamiento de los partidos y abarcan el desempeño del gobierno. Si las elecciones son un cochinero es porque el sistema político lo permite. Si los partidos violan la legislación electoral, es porque al Estado mismo le conviene que sea así. Si los dinosaurios –priistas, panistas, perredistas, pevemistas– actúan como lo hacen es porque la jaula erigida para alentar su reproducción sigue ahí. Pueden morder y atacar y arrebatar y arañar, comicios tras comicios. La jaula jurásica acoge a todos.

La jaula sistémica, la que trasciende filiaciones partidistas y alternancias sexenales. La que no podremos destruir sin transparencia y rendición de cuentas y fiscales autónomos y procesos judiciales impolutos y fiscalización del gasto público y congresos locales que sean un contrapeso y medios sin línea y auditores que expongan y órganos de control que denuncien y sistemas anticorrupción que sancionen. Si no sustituimos la jaula de la impunidad por la arquitectura del rediseño institucional, no importa quién gane o quién gobierne; los dinosaurios estatales y federales y presidenciales continuarán asolando al país, seguirán devorando a la democracia. Elección tras elección.

OPOSICIÓN OMISA

Mientras, la supuesta oposición no lo ha sido cabalmente. Después de la debacle electoral de 2012 que los llevó al tercer lugar, los panistas hablaron de reformar estatutos, elegir candidatos de otra manera, ser un partido de masas o de cuadros, refundar al PAN, relanzarlo. Hablaron de las reformas que negociarían y de los pactos políticos con el PRI que fomentarían. Pero pocos hablaron de lo que realmente explicó la derrota; pocos hablaron de la responsabilidad de Felipe Calderón en provocarla; pocos hablaron de la factura electoral que el PAN ha pagado por una guerra a la cual simplemente optó por ignorar. En lugar de eso, el PAN pensó en un programa para dialogar con Enrique Peña Nieto, para ser "oposición leal". La mayor parte de los panistas optaron por colaborar con el PRI porque le tenían miedo o los movía el deseo de salir en la foto al lado de Enrique Peña Nieto. Y fue una decisión que no lo condujo a un buen lugar, por impericia e ingenuidad.

El "Síndrome del Panismo Golpeado" describe lo que le pasó al Partido Acción Nacional en el contexto del "Pacto por México". Aunque el panismo lo había padecido en el pasado, nunca se presentó con tanta fuerza como en los meses de la negociación en torno a las reformas estructurales, en el primer año de Enrique Peña Nieto. La búsqueda de consensos llevó al priismo a una estrategia de seducción del PAN desdibujado y confundido desde su derrota. El PRI le hizo numerosas promesas a Acción Nacional, lo convidó a Los Pinos, lo trató como princesa y actuó como un esposo cariñoso, afable, constructivo y colaborador.

Pero después de la firma del "Pacto por México", el priismo engañó y maltrató a su pareja de múltiples maneras. Sacó a la luz las irregularidades cometidas por la PGR durante el sexenio de Felipe Calderón, reveló la humillación propinada al panismo con el encarcelamiento de Elba Esther Gordillo y exhibió el revés que implicó para la política exterior del PAN la liberación, necesaria, de Florence Cassez. Después de cada episodio, el PRI solía ser cariñoso, amoroso y compungido. Sus líderes hablaban de la "madurez" y la "responsabilidad" del PAN por sentarse a la mesa a pactar. Emitían comunicados de prensa en los cuales se comprometían a "garantizar elecciones limpias y condiciones propicias para continuar produciendo acuerdos". Prometían que "los programas de combate a la pobreza no serían utilizados de manera facciosa o ilegal". Aseguraban que el gobierno federal pondría toda su voluntad política para que no se menoscabara la integridad del voto en los comicios por venir.

La reconciliación frecuentemente llevó a que el PAN mantuviera viva la esperanza de que la relación con el PRI cambiaría. Los panistas confiaron, como una esposa maltratada, en que el PRI ya no les volvería a pegar. Pero el golpeteo priista continuó, como siempre, desde siempre. El PRI presionó, compró, regaló, distribuyó, entregó, operó, manejó y actúo como quiso, al margen de lo pactado. Por más que la Constitución lo impidiera, por más que la legislación electoral lo prohibiera, el clientelismo antidemocrático siguió reproduciéndose. El corporativismo manipulador siguió allí y el Estado de Derecho continuó aplicándose de manera selectiva, produciendo un efecto disciplinador. La intoxicación con el poder fue de la mano con el abuso. Desde la punta de la pirámide presidencial, el PRI justificó su actitud abusiva con su posición predominante.

Durante el estira y afloja del "Pacto por México", el PAN trató de protegerse pero no logró hacerlo más allá de los discursos balbuceantes de su entonces presidente nacional Gustavo Madero, presentando listas de exigencias que justificarían su permanencia en el Pacto, aunque esas exigencias no se cumplieron. El PAN golpeado acabó paralizado; el PAN maltratado acabó por seguir al lado de quien lo magulló. A lo largo del sexenio de Enrique Peña Nieto, el PAN se quejó del comportamiento del PRI, pero la amenaza de dejarlo solo nunca resultó creíble.

La opinión pública frecuentemente reaccionó con desinterés o escepticismo. "Por fin están pactando", decían algunos. "Por fin están llegando a consensos", decían otros. Cuando hubo críticas, tendieron a estar dirigidas al PAN por su falta de colmillo, su falta de oficio político, su papel de víctima permanente. Pero un síndrome de esta naturaleza requería una intervención eficaz, ya que lo ocurrido llevó a la completa desactivación y depresión de lo que debió ser una fuerza vital y combativa de oposición. Produjo a un PAN paralizado, inmóvil, dispuesto a aceptar golpe tras golpe con tal de mantener vivo el matrimonio creado con el "Pacto por México". Empujó al PAN a aceptar el macanazo diario con tal de recibir el beso ocasional.

El panismo pagó caro su error hasta que comenzó a distanciarse, poco a poco y selectivamente, de Peña Nieto, después de la Casa Blanca, después de Ayotzinapa, después del fin de "El Momento

Mexicano". En 2016 el PAN ganó siete gubernaturas, un montón de plazas, un caudal de de votos. Sus dirigentes argumentaron que el pueblo había hablado y lo había recompensado. Que el panismo había recobrado su vocación democrática. Que el panismo se había reinventado y había resucitado. Como si eso hubiera sido cierto, como si el voto de castigo al PRI hubiera sido también un voto de recompensa al PAN. Cuando en realidad los blanquiazules se beneficiaron simplemente por estar allí. Por ser percibidos como la fruta menos podrida en el mercado. Porque en el cálculo electoral de muchos mexicanos había que sacar al PRI por corrupto, eligiendo a un partido que también lo ha sido, aunque quizás un poco menos.

Para el PAN, esos tiempos no debieron ser de triunfalismo sino de despriización. En las elecciones de 2016 –con excepciones como Chihuahua– el PAN ganó por no ser el PRI. Ganó con algunos candidatos malolientes y otros impresentables. Ganó a pesar de los "moches" legislativos y las "subvenciones" legislativas y la oposición de numerosos panistas a la Ley 3de3. Ganó porque el PRI fue tan corrupto y tan impune, que el PAN se impuso sólo por contraste. Fue el tono de gris menos oscuro, pero gris al fin.

¿Qué fue entonces del panismo durante sus doce años en la presidencia y sus cinco al lado de Peña Nieto? El partido del pragmatismo minimalista por encima de la ambición transformadora. El partido de los pasos pequeños en lugar de las grandes apuestas. El partido que echó a perder la transición "pensando chiquito". Pensando más en aprovecharse de la estructura de privilegios que en desmantelarlos. Con Vicente Fox, pactando con el PRI, cediendo, retrocediendo hasta acabar acorralado por las alimañas, tepocatas y víboras prietas que prometió aplastar. Con Felipe Calderón, librando una guerra mal pensada, mal instrumentada, contraproducente que le costó la presidencia no tanto por corrupto sino por incompetente.

El PAN, que al ir de la mano del PRI y los representantes del pasado, no pudo romper con él y sacrificó la ambición moral que alguna vez lo caracterizó. El PAN que al aliarse con los artífices de las peores prácticas, no logró denunciarlas. El PAN que al cerrar filas con los priistas, contribuyó a limpiarles la cara. El PAN que al pactar con el viejo PRI –Manlio Fabio Beltrones, Emilio Gamboa y tantos más– ayudó a regresarlo a Los Pinos en 2012. Ese panismo que lleva años copiando al PRI. Ese panismo que no ha sabido combatir con inteligencia al viejo régimen y no ha querido en realidad hacerlo. Desde Los Pinos, pasando por las gubernaturas, hasta llegar a las presidencias municipales, múltiples panistas han avalado todo aquello que el PAN fue creado para combatir: las dirigencias sindicales antidemocráticas y los contratos corruptos y las alianzas inconfesables y el cortejo a los poderes fácticos y los certificados de impunidad y el gobierno como un lugar donde se reparten bienes públicos a los cuates.

Porque no hay justificación posible para actuar en contra del interés público como lo ha hecho el PAN en algunas gubernaturas, en la Cámara de Diputados, en el Senado. Sólo hay intercambio de favores y todos corren en contra de cualquier ética política, cualquier responsabilidad fiduciaria, cualquier sentido de representación ciudadana. No sólo han dañado a su partido; han traicionado a todos los que pagan su sueldo con la esperanza de ver su voz amplificada en los recintos de representación pública. Y nos dicen "no es un trueque", "así es la política". Tienen razón. Así es y ha sido la política en México. Sin ciudadanos. Sin liderazgo ético. Sin principios o causas. Todo, siempre, se remite a pleitos partidistas, rencillas personales, candidaturas presidenciales, presiones de poderes fácticos, platos de lentejas.

El PAN no rompió con la cuatitud: la perpetuó. Se sumó al paradigma priista que ve al gobierno como como un sitio para la promoción del patrimonialismo; como un lugar para llevar a cabo licitaciones amañadas, para obtener contratos, para conseguir vales, para tramitar exenciones, para eludir impuestos, para exigir bonos, para emplear amigos, para promover la imagen personal. No combatió la canibalización del país por la protección constante de prebendas y "derechos adquiridos" y pactos corporativos. Hoy el PAN se beneficia de la corrupción más obvia, más evidente, más cínica del PRI. Pero la conducta común siempre estuvo allí.

En el otro extremo del espectro político, pocas cosas tan desilusionantes como los escándalos de corrupción que han involucrado casi a diario al PRD en los últimos años. Las izquierdas mexicanas dentro del perredismo que huelen a podrido. Corrientes confrontadas que se devoran entre sí. Tribus canibalescas que se lanzan sobre el contrario o sobre el presupuesto. Incapaces de refundarse, de reinventarse, de revigorizarse, mientras México se vuelve más desigual, más pobre, más corrupto. Mientras el neoliberalismo a la mexicana profundiza las diferencias y la globalización contribuye a acentuarlas. El PRD sin narrativa de futuro, sin propuestas visionarias de política pública, sin opciones. Sin salida o pensando que la tiene sólo porque se ha sumado al Frente conformado por el PAN y Movimiento Ciudadano.

Desde hace una década la izquierda partidista –el PRD– ha sido una izquierda omisa. Una izquierda corrompida. Una izquierda que en lugar de distanciarse de la descomposición del PRI, logró igualarla. Quizás no hay evidencia más clara de ello que en Iguala, donde tiene las manos manchadas con la sangre de 43 normalistas, cuya desaparición involucró a policías en un municipio gobernado por un perredista –José Luis Abarca– que durante algún tiempo fue prófugo. Mientras el liderazgo del PRD justificaba sus gobiernos, argumentando que el crimen organizado había penetrado a todos los partidos. Como si eso disculpara a un partido que durante mucho tiempo perdió todo sentido de ética, de responsabilidad, de vergüenza. Como si eso lo eximiera, lo redimiera, lo salvara de haber cerrado los ojos ante lo que estaba pasando en Iguala y en Guerrero.

Después del horror de Ayotzinapa contemplamos la tragedia de una izquierda que se saboteaba a sí misma. Que se auto infligía heridas, día tras día, desde lo ocurrido aquella noche. Con declaraciones huecas de su entonces presidente Carlos Navarrete. Con posicionamientos ambiguos en vez de condenas claras y deslindes imprescindibles. Un PRD más interesado en mantener posiciones políticas y prerrogativas económicas que en hacer lo correcto. Lo necesario. Lo aplaudible y eventualmente redituable. Decir que el PRD no era sólo el PRI reciclado y que no continuaría reproduciendo sus prácticas.

A pesar de la renuncia del gobernador perredista, Ángel Aguirre, y la aprehensión del presidente municipal perredista, José Luis Abarca, quedaron muchas interrogantes. Que el PRD explicara creíble y detalladamente quién supo qué y cuándo sobre las actividades delincuenciales del alcalde. Que el PRD explicara creíble y detalladamente cómo el gobernador Ángel Aguirre pudo cerrar los ojos ante la descomposición de su estado, escudándose en argumentos pueriles como: "Yo llegué aquí mayoritariamente por el pueblo de Guerrero, a él me debo y que se someta a consulta organizada por el INE y que sean los guerrerenses quienes determinen si me quedo o me voy." Guerrero atrapado en una espiral de violencia. Guerrero ingobernable. Guerrero a la deriva, sin liderazgo. Guerrero gobernado por una izquierda que no pudo con el paquete que quiso depositar exclusivamente en manos del gobierno municipal, también perredista.

Aunque Ángel Aguirre terminó renunciando, el daño ya estaba hecho. Ante el electorado, el PRD había perdido la decencia. Había eludido la responsabilidad política. Había contribuido a la impunidad que denunciaba pero hizo poco por combatir donde gobernó. Había contribuido a la interacción intensa entre el crimen organizado y los partidos políticos, hasta llegar al grado en que se volvieron indistinguibles. Una izquierda fundada para combatir los crímenes de Estado, que acabó solapándolos en Guerrero. Intentando escabullirse de algo que debió llevar al PRD a colocarse ante el espejo, en vez de cerrar los ojos. Gobiernos perredistas han estado involucrados –por acción u omisión– en ataques contra los pobres. Los marginados. Los olvidados. Los despreciados. El PRD emergió de los sucesos de Iguala como el partido de los represores y los evasores; el partido que sólo aceptaría que se fuera Ángel Aguirre si Eruviel Ávila renunciaba también; el partido que en lugar de enarbolar las mejores causas sucumbió a los peores reflejos del poder: ofuscar, relativizar, minusvalorar.

Los líderes del PRD negaron que eso fuera cierto. Negaron la responsabilidad de un desenlace que ayudaron a crear. Insistiendo en escenificaciones teatrales, como pedir perdón, que dañaron su reputación en lugar de enaltecerla. La negación de la realidad de una izquierda que para llegar al poder se corrompió con candidatos que nunca debieron serlo. La negación como como mecanismo de defensa que impidió la autocrítica. Esa verdad ineludible con la que el PRD sigue cargando. Cuarenta y tres muchachos desaparecidos. Un alcalde homicida. Un gobernador omiso e irresponsable. Una izquierda que a la hora de rendir cuentas actuó de la misma manera que el priismo al que tanto condenaba.

Una izquierda igualada que empezó a representar más de lo mismo. Más de una clase política que secuestraba la representación popular, imitaba la corrupción del PRI, se agandallaba en el poder, cambiaba de nombre pero no de prácticas. Más de liderazgos que olían a viejo, impresentables, con poco novedoso por ofrecer o decir. Más de pactos de impunidad que numerosos perredistas apoyaron, en mayor o menor medida. A la izquierda partidista le urgía reinventarse, desparasitarse, emprender la brega social en otro terrenos y con otras armas, no como una lucha por el puesto o la curul o el privilegio, sino por la razón fundacional de su existencia. El combate a la desigualdad mediante una política económica y fiscal distinta. El crecimiento económico compatible con la redistribución de la riqueza. La separación del poder político del poder económico a través del desmantelamiento del capitalismo de cuates y los monopolios. La edificación de una economía más productiva y menos especulativa con gravámenes a los ricos como sugieren Thomas Piketty y Joseph Stiglitz.

En lugar de ello, el PRD permitió gobiernos tan expoliadores como los que tanto criticaba. Tejió un lienzo hecho de retazos clientelares en lugar de coser —con el hilo de la socialdemocracia— una cobija protectora para luchar contra la pauperización de quienes deberían ser sus seguidores. No supo cómo compaginar liberalismo político, crecimiento económico, combate a la desigualdad y desarrollo social. El PRD ha pactado, negociado, volviéndose una fuerza pragmática, pero muchos de los consensos que avaló con el "Pacto por México" acabaron trastocados por la corrupción. Los perredistas no leyeron correctamente el momento histórico que les tocó vivir y en el cual se ha vuelto imperativo reciclar la vieja cartografía. No lograron enfrentar la trama cultural e institucional del priismo. No supieron cómo ser oposición de izquierda.

El PRD no ofreció opciones a la fallida "Cruzada contra el Hambre" de Peña Nieto ni denunció dinámicas calamitosas que reforzaron la concentración del ingreso. No impulsó la modernización del sistema fiscal para dotar al Estado de recursos suficientes, para implementar mecanismos de seguridad social. No encaró décadas de ventajas indebidas para licencias de construcción, décadas de Grupos como Higa y OHL, décadas de Casas Blancas. Con demasiada frecuencia guardó silencio en torno a los síntomas de la putrefacción del sistema político, porque en los lugares que gobernaba, como la Ciudad de México, lubricó los usos y costumbres del poder. Se valió de las viejas estructuras clientelares y las viejas opacidades. Por ello, hoy en día la nave perredista hace agua y no hay propuestas claras para tapar los agujeros. Como en la famosa anécdota del Titanic, la izquierda partidista acomoda las sillas mientras el barco se sumerge, lenta y dolorosamente, y el perredismo se agarra del salvavidas del PAN y el Frente por México. Para muchos que antes apoyaban al PRD, Morena se ha vuelto la opción porque a AMLO ya "le toca". Porque es el único "antisistémico". Porque sólo con él habrá una rebelión en la granja, ya que los demás se dedican a saquearla.

VETOCRACIA VIVA

"Dios dijo, estoy cansado de reyes. No los sufro más. A mi oído la mañana trae la indignación de los pobres." Eso escribió Ralph Waldo Emerson. Esa frase viene a la mente al leer el magistral reporte sobre la desigualdad en México de Gerardo Esquivel, publicado por Oxfam. Reyes y pobres. Ganadores y perdedores. Los que concentran la riqueza y los que no tienen acceso a ella. Carlos Slim coexiste con veintitrés millones de personas que no pueden adquirir la canasta básica; que no tienen dinero suficiente al día para comer. Un país con uno de los niveles de desigualdad más altos del mundo. Un país con una subclase permanente, donde crece el ingreso per cápita pero se estanca la tasa de pobreza.

Con datos alarmantes, cifras preocupantes. Al 1% más rico le corresponde el 21% de los ingresos; el 10% más rico concentra 64.4% de toda la riqueza del país. La riqueza de los millonarios creció en 32% entre 2007 y 2012, y excede por mucho las fortunas de otros en el resto del mundo. Dieciséis multimillonarios mexicanos, cuya importancia y magnitud ha aumentado. En 2002 su riqueza representaba 2% del PIB; en 2014 ese porcentaje subió a 9%. En los cuatro primeros lugares están hombres que han hecho sus fortunas a partir de sectores privados, concesionados y/o regulados por el sector público. Son "criaturas del Estado" al cual capturan, ya sea por falta de regulación o por exceso de privilegios fiscales. Mientras el PIB per cápita crece a menos de 1% anual, la fortuna de los 16 mexicanos más ricos se multiplica por cinco.

Beneficiarios de la falta de impuestos a las ganancias de capital en el mercado accionario. Beneficiarios de la ausencia de impuestos a las herencias. Beneficiarios de un capitalismo subóptimo que premia a los cuates mientras exprime a la población. Privilegiados vía una política fiscal que favorece a quien más tiene. Mientras tanto la política social ha sido un rotundo fracaso, condenando a muchos al subempleo, a la economía informal, a vivir con la palma extendida esperando la próxima dádiva del próximo político. Un círculo vicioso de pobreza, en el cual los reyes siguen siendo reyes, los pobres siguen siendo pobres y México se ha vuelto un país de ganadores pero donde siempre ganan los mismos.

Desatando con ello una sociedad polarizada y violenta. Desatando con ello una democracia de baja calidad, capturada constantemente por intereses que logran poner las políticas públicas a su servicio. México en la lista de los sistemas económicos donde los dueños del capital se apropian de una porción cada vez mayor del valor agregado. De allí la desigualdad creada, perpetuada, avalada por un Estado que en lugar de detonar el crecimiento para muchos permite su apropiación por parte de pocos. Un país con forma de pirámide con los beneficios concentrados en la punta, donde no están parados los innovadores sino sentados los rentistas; donde no están aquellos que han creado riqueza inventando sino extrayendo. Y en su base apenas uno de cada cinco mexicanos puede catalogarse como "no pobre y no vulnerable".

La desigualdad y la concentración excesiva de la riqueza son problemas estructurales que han ido creciendo con el paso del tiempo y que las reformas de Peña Nieto no encararon. Son problemas sistémicos porque la extracción de rentas y la permisividad de la política fiscal son reglas y no excepciones. No es un asunto de mercados neoliberales rapaces sino de mercados manipulados ineficaces.

Así, el crecimiento económico acelerado es imposible. Como lo argumentan Santiago Levy y Michael Walton en *No Growth Without Equity? Inequality, Interests and Competition in Mexico,* el crecimiento no puede ocurrir en el contexto de un Estado que carece de credibilidad y mecanismos institucionales para proveer equidad, regular oligopolistas, rendir cuentas sobre Casas Blancas y Grupos Higa y licitaciones opacas y adjudicaciones amañadas.

Padecemos una estructura económica apuntalada por una nomenclatura de todos los partidos políticos que participa en el gatopardismo sexenal. Reformar para que todo quede igual. Reformar para que continúe la captura regulatoria, la extracción de rentas, los privilegios especiales, y la aplicación discrecional de la ley. Para que el equilibrio autosustentable que describe y critica Esquivel se mantenga intacto. Obstaculizando el crecimiento, bloqueando políticas fiscales progresivas, acentuando la desigualdad, impidiendo el surgimiento de un Estado que proteja derechos en lugar de comprar clientelas. Un Estado que sepa escuchar a los pobres y no sólo coronar a los reyes.

Cada vez que *Forbes* publica la lista de los multimillonarios mexicanos, el país debería ponerse a pensar. Cada vez que allí aparece un rico que ha hecho su fortuna expoliando a México, su población debería preguntar. ¿Cómo han acumulado tanta riqueza? ¿Se debe a su extraordinario talento empresarial o a las conexiones políticas que han logrado construir? ¿Se debe a la innovación que han impulsado o a la poca competencia que han aprovechado? ¿Han creado su capital gracias a los buenos servicios y productos que ofrecen al consumidor o han ascendido a la cima exprimiéndolo? La revista *The Economist* se hace las mismas preguntas para entender por qué hay tantos mercados emergentes con plutócratas poderosos; con empresarios que siempre buscan una tajada mayor del pastel y no cómo hacerlo crecer

La razón principal se debe al fenómeno extendido del rentismo *(rent-seeking).* Una forma de cobrar de más aquello que debería costar menos. Una forma de abuso, de explotación, de aprovechamiento que ocurre en mercados imperfectos, poco regulados, monopolizados, con poca o nula competencia. El rentismo en México se da a través de la colusión entre empresas para mantener precios elevados. Se da a través del cabildeo para obtener leyes que protegen al empresario mientras abusan del consumidor. Se da cada vez que Telmex o Telcel o Elektra o Televisa o Compartamos o cualquier banco o cualquier proveedor de servicios los cobra por encima del precio que deberían tener. Se da cuando el gobierno mexicano regala concesiones y otorga licencias y privatiza bienes públicos sin imponer reglas para su aprovechamiento. Se da cuando el gobierno sirve a los intereses de quienes debería regular, creando así el capitalismo de cuates. El capitalismo sobre el cual *The Economist* elabora un índice de 23 países en los cuales el rentismo –permitido y avalado por el gobierno– es un problema estructural. Enlista los sectores más susceptibles como los casinos. Como el carbón. Como la banca. Como la infraestructura y los gasoductos. Como el petróleo, el gas, los químicos y otras formas de energía. Como los puertos y los aeropuertos. Como los bienes raíces y la construcción. Como la minería. Como las telecomunicaciones. Industrias que son vulnerables a los monopolios o a las concesiones o al involucramiento estatal. Sectores propensos a la corrupción según Transparencia Internacional. Áreas que en México son manejadas por magnates.

Ámbitos económicos en los cuales los multimillonarios han crecido de forma fenomenal. Los mercados emergentes –como México– contribuyen con 42% de la producción a nivel global, pero 65% de la riqueza vía el capitalismo de cuates. Y en ese índice que refleja la corrupción y el amiguismo y los favores y la protección regulatoria y las privatizaciones mal hechas. México ocupa el séptimo lugar detrás de Hong Kong, Rusia, Malasia, Ucrania, Singapur y Filipinas. Rusia, según el índice, está allí por la forma en la cual los oligarcas se apropiaron de los recursos naturales. México está allí por Carlos Slim y otros como él. Los plutócratas de un país que les permite serlo.

El índice es una guía imperfecta pero ilustrativa de la concentración de la riqueza en sectores opacos, comparada con lo que ocurre en sectores competitivos. El índice revela lo mucho que falta por hacer y que México, poco a poco, ya está haciendo. Con la Ley de Competencia Económica. Con la declaración de empresas preponderantes

que ha hecho el Instituto Federal de Telecomunicaciones, con acciones para limitar el rentismo que practican. Pero sin duda nuestro
capitalismo disfuncional sigue limitando el potencial del país. Porque
la corrupción continúa. Porque las reformas judiciales no han sido lo
suficientemente completas y falta medir su impacto. Porque los jueces
todavía se venden y las sentencias todavía se compran. La plutocracia
prospera en un país que sigue exaltando su existencia.

El gobierno de Enrique Peña Nieto construyó un sistema de
depredación masiva que el país no había visto antes. Está allí en las
cifras y en los datos y en las investigaciones que presentan instituciones como Mexicanos Contra la Corrupción y la Impunidad y el
Instituto Mexicano para la Competitividad. Está allí, reflejado en los
Panama Papers y en las cuentas *offshore* que involucran a prominentes
miembros de la clase política y empresarial. Amigos, todos, que en
lugar de ser los motores de modernización de la economía mexicana, han acumulado sus fortunas apoyándose en el poder del Estado mexicano. Contratistas y senadores y magnates y miembros de
la alta burocracia que pueden seguir engordando mientras el Estado
absorbe el riesgo por ellos. Les provee fondos para invertir, les otorga
condonaciones fiscales, les da recompensas monetarias vía transferencias no fiscalizadas y gasto corriente. Peña Nieto nacionalizó los
riesgos pero privatizó las ganancias de aquellos cercanos al primer
mandatario y leales a él.

Algo similar a lo que describe Karen Dawisha en su libro *Putin's
Kleptocracy: Who Owns Russia;* un patrón que entraña ir desmantelando
pesos y contrapesos en favor de la recentralización del poder y el
manejo del dinero. El círculo pequeño, el círculo de Atlacomulco,
una especie de cábala que controlaba las licitaciones, restringía la
democracia y regresaba al PRI a las prácticas del Paleolítico. La lógica de los peñanietenses fue clara: mantener el control férreo sobre
todo lo que pudieran, mientras continuaban saqueando al país, sin
límites y sin rendición de cuentas. Su idea nunca fue caminar a lo
largo de la ruta democrática incipiente. Más bien decidieron no to-
marla, porque era más conveniente para sus intereses económicos retomar las riendas del poder que compartirlas con otros. Para ello han
violado la ley (como en Quintana Roo), participado en actividades

criminales (como en Veracruz), controlado el sistema legal (como en Chihuahua), domesticado a los medios (como ocurre con casi todos los periódicos), y mantenido la cohesión a través de una combinación de garrotes y zanahorias, premios y castigos.

Peña Nieto y quienes lo rodearon o lo controlaron, buscaron resucitar los pilares políticos del pasado y usar a la democracia electoral como decoración, no como muro de contención. México es una democracia fracasada y un neoautoritarismo exitoso, diseñado para beneficiar al círculo cerrado que ha operado en Los Pinos, aliado con el PRI de Atlacomulco. El politólogo Mancur Olson argumenta que en democracias transicionales, surgen "bandidos errabundos" que se aprovechan de la ausencia de reglas claras para enriquecerse. Eventualmente la pluralidad democrática va normalizando su comportamiento hasta extinguirlos. Pero en el caso de México, en este sexenio, los bandidos se han estacionado, ampliando su dominio y multiplicándose incluso fuera del PRI.

Nos enteramos ocasionalmente –a través de reportajes independientes– de los departamentos, los yates, las cuentas en Panamá, las condonaciones fiscales, las declaraciones 3de3, risibles por incompletas. Con efectos predecibles: la caída en la inversión extranjera, la fuga de capitales ante la desconfianza en la gestión gubernamental, la visión negativa que le dan al país las calificadoras y las instituciones financieras internacionales. Hacer negocios en México implica lidiar con el clan rapaz, con el sistema de tributos y favores y mordidas y reglas no escritas. Entraña pagar para jugar. Entraña tolerar maletines llenos de dinero en efectivo, transferencias secretas, conversaciones *off the record*, sobornos a jueces y pagos a reguladores.

Enrique Peña Nieto fue producto de este sistema omnipresente de corrupción y a la vez lo reprodujo. Un modelo cleptocrático. Un modelo depredador. Un modelo patrimonialista. Y la crítica podría incluir más calificativos, pero más allá de las palabras está el impacto socioeconómico que el peñanietismo produjo. Niveles nunca vistos de desigualdad. Niveles nunca vistos de deterioro en infraestructura básica. Niveles nunca vistos de educación subóptima que ha condenado a millones de niños mexicanos al estancamiento social. Fugas de talento y cerebros y mexicanos migrantes que optan por el éxodo ante la realidad recalcitrante que padecen. México se degrada porque su gobierno contribuye a esa situación. En una frase: "El Estado engorda mientras la población adelgaza." El Estado que con Peña Nieto ha concentrado la riqueza en manos de pocos a expensas de muchos.

En México la vetocracia sigue viva: personas e intereses pueden frenar reformas y distorsionarlas, como lo ha hecho y lo hace Carlos Slim. Omnipresente en la vida de los mexicanos, Slim domina un abanico de sectores y posee una fortuna estimada en 7% del PIB. Una fortuna producto de decisiones audaces e inteligentes, pero también de gobiernos y reguladores que lo crearon. Lo propulsaron. Lo protegieron. Más que un empresario innovador, es un prototipo mexicano de los oligarcas rusos, que han multiplicado sus fortunas bajo la protección del poder. Protagonista principal del capitalismo oligárquico en el cual el tráfico de influencias ocupa el vacío dejado por la falta de leyes y gobiernos fuertes.

Con un alto costo para el país y sus ciudadanos. El economista Gerardo Esquivel calcula que entre 2005 y 2009, el monopolio de telecomunicaciones de Slim significó la pérdida de bienestar para los mexicanos superior a 129 mil millones de dólares, casi 1.8% del PIB anual. Por la falta de competencia y la concentración del mercado. Por la debilidad de las instituciones mexicanas que no contuvieron a Slim, sino que le permitieron seguir cobrando tarifas exacerbadas. Por un proceso de privatización discrecional, personalizado, protector, que convirtió a Telmex en una vaca que ordeñó durante años a la población. La reforma a la Ley Federal de Telecomunicaciones trajo consigo la llegada de AT&T y la caída en las tarifas para los consumidores gracias a la competencia que Telcel enfrentó. Pero faltan aún muchos mercados de Slimlandia por regular, abrir y poner a competir, lo cual será difícil por los vetos que él —y otros como él— ejercen.

El poder de veto de Carlos Slim es emblemático pero no único. Los centros de veto existen en el ámbito empresarial y también en el mundo sindical. Cualquier reforma transformadora de Pemex hubiera requerido confrontar a una estructura depredadora de la riqueza patrimonial, enquistada en el sindicato y liderada por Carlos Romero Deschamps. Cualquier reforma energética exitosa que buscara verdaderamente modernizar al sector no habría eludido el problema del rentismo que el sindicato representa. La aprehensión de Elba Esther Gordillo no debió convertirse en una simple cuestión personal o de demostración para otros, sino en un cambio de actitud hacia un sindicalsimo rapaz que se apropia de todo lo que toca. Pero Romero Deschamps forma parte de la sagrada familia de líderes sindicales odiados y necesitados. Su sindicato tiene contratos demasiado jugosos para ser desmantelados.

Él y otros miembros de la cúpula sindical defienden el derecho a entronizarse, año tras año, en organizaciones que en lugar de representar a los trabajadores, los expolian. Utilizan el argumento de la "autonomía sindical" para proteger privilegios y defender prebendas y justificar la opacidad. Se valen del argumento de la "no intromisión del Estado en la vida interna de los sindicatos" para seguir manejándolos a su libre albedrío. Usan el argumento de que cualquier reforma atenta contra la Constitución para tapar cuánto tiempo han pasado violando su espíritu. Niegan el derecho de los trabajadores al voto libre y secreto, a la rendición de cuentas a los agremiados sobre la administración de sus cuotas, a la información necesaria sobre el patrimonio sindical. Líderes ricos representando a obreros pobres. Líderes acaudalados exprimiendo a trabajadores que no lo son. Líderes chantajistas que siempre buscan doblegar al presidente en turno y lo logran.

Allí están. Allí siguen. Pese a las reformas aprobadas y los cambios prometidos. Los "grandes" líderes sindicales de México. Caciques, dictadores, el club de la eternidad. Son producto de una relación perversa con el poder que les ha permitido forjar una gerontocracia sindical antidemocrática. Son producto de una anuencia gubernamental que les ha permitido erigirse en centros de veto ante cualquier intento por circunscribir sus "derechos adquiridos". Emblemas del antiguo régimen que no aceptan la crítica, no representan a sus representados, no se guían por principios sino por intereses. Contra ellos parecería que sólo queda la muerte o la cárcel. Su éxito radica en la capacidad para mostrar lealtad y docilidad al presidente, provenga del partido que provenga. En su propensión a complacer a empresarios y contener a los trabajadores. En su poder para convertir a gremios enteros en ejércitos cautivos y temerosos. En su habilidad para utilizar todo tipo de artimañas como la cláusula de exclusión, la lista negra y la manipulación de los estatutos para autorizar su reelección "por esta única vez". A cambio, el gobierno cierra los ojos y se lava las manos. Les mantiene sus prebendas, les permite engordar sus cuentas bancarias, les provee casas y departamentos en Miami o San Diego.

Allí están. Allí siguen. Enquistados en casi todos los sectores, reproducidos fielmente en los estados. Víctor Flores Morales, Francisco Hernández Júarez, Juan Díaz de la Torre, Napoleón Gómez Urrutia, Joel Ayala Almeida, Carlos Romero Deschamps, Víctor Fuentes del Villar, Agustín Rodríguez Fuentes. Siguiendo fielmente las lecciones de predecesores como Fidel Velázquez, Leonardo Rodríguez Alcaine, Luis Napoléon Morones. Longevos, reelectos, inamovibles. Muchos de ellos con más de 30 años en el poder. Muchos de ellos con vidas lujosas, gustos caros, privilegios desmedidos.

Personajes –todos– asociados con la corrupción. Con la negociación de derechos sindicales. Con el uso clientelar de cargos públicos. Con la consolidación de una mafia sindical mexicana. Y lo peor es que pocos cuestionan, airean, critican, escrutan a los eternizados en el cargo. La sociedad mexicana asume a la gerontocracia rapaz como un hecho folclórico e incambiable del escenario político nacional. Por ello sus miembros pueden seguir eternizados en el cargo. Aguantan los periodicazos, aguantan la humillación, aguantan los escándalos, aguantan el descrédito, mientras se comportan como los peores enemigos de sus agremiados. La autonomía sindical es un cheque en blanco para robar.

Enrique Peña Nieto aún no traspasaba la puerta de Los Pinos y ya había entregado las llaves a los cotos corporativos. Ya había ajustado la reforma laboral al tamaño del charrismo sindical. Ya había demostrado que su liderazgo no buscaría fomentar la transparencia sino seguir administrando su ausencia. Y como declaró en una gira por Brasil: "No se trata de hacer una reforma a espaldas de las organizaciones sindicales sino de una reforma laboral que tome en cuenta las voces de las organizaciones sindicales y se logre el consenso necesario." Consenso priista que implicó la prolongación del *statu quo*. La claudicación ante centros de veto, como los que han puesto en jaque lo rescatable de la reforma educativa.

Porque habría que recordar lo que reveló el primer Censo de Escuelas, Maestros y Alumnos de Educación Básica y Especial. Maestros que cobran pero no enseñan: cobran pero no aparecen; cobran pero ya se retiraron; cobran pero ya murieron por lo que alguien recibe el pago en su lugar. Miles de escuelas sin drenaje y sin electricidad y sin internet. Millones de niños mexicanos sometidos por ello a escuelas públicas que son fábricas de pobres para maquilar más pobres. Institucionalizando así el país de brechas insuperables. El país de desigualdades mayúsculas. El país donde la escuela pública no propulsa a los niños hacia delante, sino más bien los deja atados en su lugar.

Ese sistema educativo descompuesto en el cual hay 298,174 maestros desaparecidos. En el que 13.3% del total de los docentes son un misterio para la SEP y una ganancia para el sindicato; 39,222 de los cuales nadie sabe qué hacen ni dónde están; 30,695 maestros "comisionados" o con licencia que reciben un sueldo a pesar de que está prohibido por la ley; 113,259 que laboran en otro centro de trabajo; 114,998 que ya se jubilaron o fallecieron pero siguen en la nómina. Evidenciando un andamiaje educativo que financia clientelas en vez de educar niños. Que permite cotos en lugar de construir ciudadanos. Que lleva décadas usando el presupuesto para comprar el apoyo electoral. Basándose en prácticas ilegales como los cobros de maestros en dos entidades federativas, las secretarias con plazas de maestros, la colonización de dependencias por "comisionados". Basándose en la colusión y la corrupción y la resistencia del sindicato, que no permitió la entrada a los encuestadores del INEGI que intentaban realizar el primer censo educativo del país, para medir el tamaño del desastre que enfrentamos. Un sistema educativo deteriorado, canalizador de ciudadanos de segunda. Con brechas en educación e infraestructura que se traducen en brechas de desarrollo, en brechas de oportunidades, en brechas de derechos.

Lo que más sorprende no son los datos sino la falta de indignación social ante ellos. La conformidad compartida ante la catástrofe evidenciada. La falta de preocupación por el futuro de los jóvenes mexicanos, que forman parte de generaciones atadas, amarradas. Los que son víctimas del robo del siglo, cometido año tras año en la nómina magisterial. Los que han padecido la complicidad del gobierno con un líder magisterial, llámese Elba Esther Gordillo o el actual dirigente del SNTE, Juan Díaz de la Torre. Millones de niños mexicanos que permanecerán en la pobreza debido a la subordinación de la SEP a los dictados del SNTE o la CNTE, incluso con "La Maestra" en prisión domiciliaria. Millones de adolescentes que no ascenderán las escaleras de la movilidad social debido a la connivencia de autoridades abusivas con dinosaurios sindicales.

Víctimas del robo del siglo, día tras día, mes tras mes, año tras año. Millones de pesos destinados a maestros que no dan clases, administradores de escuelas que no administran, líderes sindicales que se embolsan el presupuesto educativo en lugar de entregarlo a los niños del país. El problema no es la falta de recursos, sino quienes se los han embolsado. México gasta más del Producto Interno Bruto en educación que Brasil, España o Suiza. Pero el dinero no se usa para educar; se sustrae para enriquecer, como lo revelaron las carencias constatadas en el censo: 45% de las escuelas sin drenaje; 11% sin sanitarios; 31% sin agua corriente; 35.8% sin áreas deportivas; 94% sin laboratorios en sexto de primaria; 82.4% sin drenaje en Oaxaca. Cifras desoladoras, cifras decepcionantes, cifras que subrayan que el gasto en educación no va adonde debería ir. Así el atraco, sexenio tras sexenio, a nivel nacional y estatal. Autoridades educativas que engrosan e ignoran y tapan y solapan. Gastando malamente 35,000 millones de pesos que equivalen a 7 veces el presupuesto de la Suprema Corte, 3 veces el del Poder Legislativo, 2 veces el de la Procuraduría General de la República.

Durante décadas el binomio SEP-Magisterio generó un rezago educativo brutal por prácticas que era un imperativo remontar: los cobros de maestros en varias entidades federativas, la venta de plazas, la colonización de dependencias por "comisionados", las plazas heredadas y tantos "derechos adquiridos" más. Era urgente empujar al magisterio a actuar y pactar de otra manera, con otros objetivos, pero eso hubiera requerido una sofisticación política que el gobierno de Enrique Peña Nieto no tuvo. Buscó imponer sin explicar, satanizar sin premiar, cerrar puertas sin abrir ventanas. Culpó a los maestros de todos los males sin reconocer la responsabilidad de la SEP en cuestiones de infraestructura, ejercicio del gasto, corrupción y complicidad con muchas de las prácticas autoritarias vigentes.

El entonces Secretario de Educación Pública, Aurelio Nuño, nunca entendió que la modernización educativa entrañaba la transformación en múltiples rubros y no nada más con evaluaciones y concursos por plazas para los maestros; necesarias pero no suficientes. Como ha escrito Jorge Javier Romero, la reforma se centró en exámenes y no en incentivos positivos, y para muchos maestros resultó "ajena, lejana e impuesta". Significó exigencias mayores por parte del gobierno sin inversiones en capital humano o infraestructura, indispensables para que fructificara. La reforma resultaba punitiva en lugar de aspiracional. El paso de Nuño por la SEP estuvo marcado por serios déficits de política comunicativa, cuando lo que se requería era un esfuerzo de socialización entre los maestros y la población sobre los méritos de la reforma. Para muchos maestros la reforma no significa oportunidades sino amenazas.

Parte de la responsabilidad del descalabro de la reforma educativa también recae sobre los hombros de la CNTE, cuyos dirigentes han radicalizado un movimiento con demandas –muchas legítimas– que quedaron opacadas por su radicalización, su uso de la violencia, su intransigencia. Los bloqueos, incendios y plantones, con la afectación masiva a la economía de Oaxaca, pueden parecer estrategias válidas para unos, pero entrañan la reprobación masiva de otros. La CNTE no debería mantenerse en el maximalismo intransigente, ni el gobierno en la imposición a ultranza. Las verdaderas víctimas de la polarización y el pleito son los niños de México. Las generaciones heridas que sólo reciben 7.8 años promedio de educación. Millones de mexicanos atrapados por un sistema educativo indefendible que maleduca cada vez más.

MIRREYES Y DESIGUALDADES

Mientras muchos pierden, algunos ganan en el México de los Mirreyes, un país de élites más presuntuosas que antes. Un país donde los

del piso de abajo nunca visitan a los de arriba y éstos ni siquiera saben
que existe la planta baja. Ese penthouse escudriñado por Ricardo
Raphael en el libro *Mirreynato,* que tan bien descubre los modos que
ordenan y reproducen el poder que nos gobierna. La brecha entre
la niña Mazahua y el niño de Antara. La discriminación abierta a
quienes, desde la punta de la pirámide, describen a los que habitan
su base como "prole". La profunda mediocridad de las élites que en
lugar de liderar a México contribuyen a su polarización.

Élites que no demuestran ni el más mínimo recato, ni la más
mínima empatía. Ostentosas. Frívolas. Presumiendo sus casas blancas y sus viajes y sus atuendos en las páginas de la revista *Hola.* Una
tribu urbana que desde mediados de la década pasada comenzó a
ser un síntoma vergonzoso de la ostentación mexicana dentro y fuera
del territorio nacional. Y como parte integral de ella la familia Peña
Nieto-Rivera. Y David Korenfeld, montado en un helicóptero gubernamental con su familia. Y los estudiantes del Instituto Cumbres que
elaboraron un video en el cual se revelan de cuerpo entero. Mirreyes
que se sacaron la lotería y han logrado un liderazgo social sin justificación. Mirreyes que no tuvieron que hacer mayor esfuerzo para
llegar al lugar en que están. Viajando en helicópteros oficiales o en
helicópteros privados pertenecientes a amigos de un gobierno con el
cual tienen tratos y contratos.

He allí los elementos que definen simbólicamente al mirrey.
Champaña y *duckface;* camisa desfajada y desabotonada hasta la
boca del estómago; dinero en todas sus representaciones; pañuelo
que asoma de la bolsa superior izquierda que porta el chico de quince
años; el cinturón que no puede pasar inadvertido por su enorme he-
billa con las letras CH, de Carolina Herrera; la mascada de 150 dólares alrededor del cuello; el mirrey que da la espalda a la Torre Eiffel;
el mirrey en Beverly Hills, en Nueva York, en Las Vegas. El mirrey
alcoholizado y con una copa alzada. La mujer como decoración. El
Maserati rojo con el cual llega al antro. Parte de una tribu elegida que
se coloca por encima de las demás.

Pero no como un síntoma aislado sino como la principal manifestación de una enfermedad social que recorre México. Los mirreyes dan nombre a una época, a un régimen moral con grandes

repercusiones. Un régimen moral orgulloso de la sistemática e injusta asimetría. Un régimen que lleva a una pregunta central: ¿Por qué el tránsito a la democracia electoral vino acompañado de una concentración sorprendente de la riqueza en unas cuantas manos? ¿Por qué condujo a la ostentación, a la explotación de la servidumbre, al imperativo de la moda, a los automóviles, yates y aviones, a las casas en México y en el extranjero, a la necesidad del escaparate y el espectáculo?

Lo triste es que en uno u otro momento todos los mexicanos tienen algo de mirreyes. Por eso toleran y viven en el *Mirreinato* sin rebelarse, sin indignarse, sin reclamar. Cuando para derrocarlo será necesario imponer vergüenza sobre los prepotentes. Exhibir a los burladores de la legalidad. Seguir tomando y diseminando fotografías de funcionarios como David Korenfeld y tantos más. Cuestionar a los custodios del cierre social. Encarar a los que descompusieron el elevador social. Reescribir la historia del Mirreinato para que se vuelva un multifamiliar mexicano donde quepan todos, y no sólo los que aterrizan sobre él en helicóptero.

Entender que la movilidad social está estancada y la clase media no crece como debería. Porque pareciera que nos engañaron, que nos embaucaron, que midieron mal e interpretaron aún peor. Todos los que anunciaron con bombo y platillo que México se había convertido en un país de clases medias. Donde ya la mayoría podia comprarse un carro. Tener una hipoteca. Tomarse vacaciones. Mandar a sus hijos a una escuela privada. El entonces secretario de Hacienda, Ernesto Cordero, exaltó esta supuesta realidad de manera reiterada en el sexenio de Felipe Calderón y todavía hay quienes repiten sus postulados como si fueran un mantra. México, el país de ingreso medio. México el país donde los pobres lo son cada vez menos.

Cubetazo de agua helada entonces el reporte más reciente del INEGI. Chubasco para algunos analistas del Banco Mundial y algunos funcionarios del gobierno federal. Chasco para algunos estudios de la Organización de las Naciones Unidas. México no es un país de clase media, sino uno con una población de clase baja. Las expectativas no se han cumplido; la estabilidad macroeconómica no ha rendido; los programas de alivio a la pobreza no han sido suficientes ni consistentes. Como lo revela el estudio "Clases Medias en México", aunque la clase media vio un ligero repunte en la primera década del siglo XXI, la mayoría de los mexicanos sigue estando en un estrato social bajo. Trabajando intensamente. Luchando afanosamente. Sobreviviendo a cuestas.

Más de la mitad de los hogares, 55%, es de clase baja. En ellos viven prácticamente 3 de cada 5 mexicanos. En el otro extremo del espectro se encuentran los miembros de la clase alta, sólo 2.5% de los hogares en México, y en ellos vive apenas 1.7% de la población. Diferencias abismales, brechas infranqueables, polos opuestos en el mismo país. En cuanto a la clase media, prácticamente 2 de cada 5 hogares se encuentran en ese estrato y en ellos vive casi 40% de la población. La buena noticia es que a pesar del bajo crecimiento de los últimos quince años, la clase media está creciendo. De 2000 a 2010 aumentó en 4 puntos porcentuales.

Personas que según el INEGI cuentan con una computadora, gastan alrededor de 4,400 pesos el trimestre en consumir alimentos y bebidas fuera del hogar, tienen una tarjeta de crédito, están insertas en el mercado laboral formal, cuentan al menos con educación media superior, y trabajan en el sector privado. Es el perfil del mexicano clasemediero de hoy. Eso es lo que México ha logrado en las últimas décadas en las que no hubo devaluaciones constantes y crisis recurrentes y golpes de timón inconsistentes. La clase media pudo crecer un poco, con trabajo y muchas veces a pesar del gobierno y no gracias a él.

El problema es que este grupo no logra aún ser mayoritario y el que lo es –la clase baja– vive en una situación precaria. Vulnerable. Zozobrante. La pobreza puede presentarse con mayor probabilidad para la clase baja que corresponde al 55.1% de los hogares y 59.1% de la población. Basta perder el empleo, enfrentar el incremento en el precio de los alimentos, padecer una crisis, enfrentar una recesión, sufrir un accidente, sucumbir a la enfermedad, vivir en un país con pocas redes de seguridad social y pocos logros gubernamentales para tejerla.

Las razones para el lento crecimiento de las clases medias están directamente relacionadas con la falta de crecimiento de la economía en sí. Pero también tienen que ver con los beneficiarios del sistema rentista y extractivo en muchos aspectos. Los sindicatos rapaces del sector público. Los empresarios atrincherados en sectores monopólicos. Las organizaciones campesinas aprovechándose de Procampo. La burocracia obesa e improductiva apoltronada en el sector público. Actores dominantes que se comportan conforme a la lógica corporativa del pasado y así sabotean el futuro. Acostumbrados a defender privilegios en lugar de acumular méritos; acostumbrados a extraer rentas –cobros excesivos por bienes y servicios– en lugar de competir para disminuirlas. Todos ellos protegidos por los partidos políticos que defienden su propio feudo, su propio monopolio, su propia carretada de dinero público.

Más clases bajas, menos clases medias. El propio Banco Mundial señala en un informe recientemente publicado: "Cambiando el ritmo para acelerar la prosperidad compartida en América Latina y el Caribe", que México no alcanzará el nivel de bienestar de los países más desarrollados hasta 2025. Y el principal obstáculo es la desigualdad social. La disparidad económica. Los desequilibrios constantes de los niveles de vida. Ante esas fisuras no ha habido nada nuevo, nada profundamente transformador, más allá de las reformas diluidas del sexenio de Enrique Peña Nieto. Nada que ayude a los clasebajeros. Esos que no son "ellos" sino una faceta, una parte de nosotros.

Los que viven con menos de un dólar al día, no comen a diario y cuando enferman toman agua hervida para paliar el dolor. Los olvidados de la tierra. Los pobres de este país. Contabilizados en cifras, manipulados en elecciones, usados cuando es necesario e ignorados cuando es conveniente. La subclase permanente con la cual México se ha acostumbrado a vivir como si fuera normal. Como si fuera hábito y costumbre coexistir con la miseria de tantos. Como si no fuera una vergüenza nacional, una herida supurante, una humillación que debería ser compartida. Porque la pobreza no es un fracaso personal; es el fracaso de un sistema político, de una estructura económica. La pobreza también refleja a quienes no son pobres.

Refleja a un México descuidado, un México desinteresado, un México que no voltea a ver a quienes tienen que caminar horas para llegar a la escuela. A quienes sobreviven sin servicios básicos, como agua y electricidad. A quienes los programas sociales –la Cruzada contra el Hambre y Prospera– les pasan de lado o apenas rozan. Tantos mexicanos habitando comunidades que no generan fuentes de empleo, donde la tierra ya no es fértil, en los municipios más pobres, en los estados más pobres. Los olvidados de los olvidados que cobran cuerpo y presencia gracias al esfuerzo de un grupo de periodistas empeñados en recordarnos que existen. Los autores del libro *El lado B de la lista de millonarios: los doce mexicanos más pobres.* La lista Forbes conocida, comentada y diseminada, retrata al país de privilegios. Pero en la otra lista están aquellos, los de abajo, cuya sonrisa y cuyo nombre nadie conoce. Los sin nombre, sin rostro, sin historia, por fin puestos en el escenario para que México pueda mirarse con más honestidad y ver cuán desigual es. Posicionado entre los 25 países más desiguales del planeta, superado sólo por algunas naciones africanas y por Haití, Honduras y El Salvador. Poco más de 55 millones de mexicanos, de ciudadanos.

Retratados a través de 12 representantes de los 10 municipios con mayor pobreza extrema de los 10 estados con más carencias del país. Retratados en una apuesta por escuchar, visibilizar, entender a los de abajo. Historias como la de Juan Manuel Díaz, cortador de limones de 34 años, de Huimanguillo, Tabasco, cuyo hijo, con zapatos demasiado grandes porque no son suyos, "siempre se está cayendo" por desnutrición. Proveniente de un lugar donde una de cada cuatro personas vive en pobreza extrema; un lugar donde aprendió a mendigar y simular lágrimas, porque si volvía sin dinero, su madre lo golpeaba. Hoy, su mayor ingreso en un día con suerte puede ser de 150 pesos, pero los días de trabajo son escasos. Su pensamiento está tan ligado a la supervivencia que no se permite siquiera soñar.

Historias como la de Marisol Rivera Huitrón, estudiante de 16 años de Nocupétaro, Michoacán. Ha abandonado a su familia en la ranchería El Platanal para trabajar en una casa a cambio de techo y comida. Creció sin televisión, sin refrigerador, sin energía eléctrica. Creció sin agua potable y sin drenaje. Creció en el estado con el sexto lugar de rezago en el país, y en un municipio donde 48.7% de la población vive en pobreza extrema, en medio de una espiral de hambruna.

No tuvo dos pesos para pagar las fotocopias del examen múltiple de informática en la preparatoria en la cual estudia, y cuando pudo hacerlo, lo reprobó porque sólo había tocado una computadora en dos ocasiones fugaces en su vida. De niña caminaba dos horas de ida y dos horas de regreso para llegar a la primaria más cercana. A pesar de que Nocupétaro fue la sede del lanzamiento estatal de la Cruzada Nacional contra el Hambre, ha sido un simulacro porque era dinero ya etiquetado de distintos programas sociales que no han hecho mella. Pero a Marisol se le ilumina la cara cuando puede jugar futbol y meter goles, aunque no tenga uniforme.

En Oaxaca, en Michoacán, en Yucatán, en Tabasco, en Puebla, en Veracruz, en Chiapas, en Hidalgo, en Guerrero, los habitantes del Lado B viven en la angustia constante, en la indignidad permanente. Invisibles para tantos. Al margen de la conciencia colectiva, exiliados en su propio país. Pobres que son discriminados, pobres que son odiados, pobres que son vilipendiados. Con pocos que los defiendan y hablen por ellos. Gracias entonces a quienes piensan seriamente en la desigualdad del país, en cómo aliviarla; gracias por recordarnos aquella frase de Pericles: "La verdadera desgracia de la pobreza no es que exista, sino que no se luche contra ella." De a deveras. Para que los del Lado B puedan salir de allí y tener el derecho de soñar.

3. ES LA CORRUPCIÓN, ESTÚPIDOS

PODER DISPERSO, CORRUPCIÓN EXTENDIDA

Helicópteros van, helicópteros vienen. Casas multimillonarias para la clase política a nombre de contratistas beneficiarios del gobierno. Aterrizajes ilegales en zonas protegidas por políticos acompañados de empresarios premiados por el gobierno. Viajes a Beverly Hills por parte de la Primera dama, Angélica Rivera que, como escribió Ángeles Mastretta: "Parece no saber en qué país vive, ni con quién está casada, ni en dónde tiene que pararse." Cada semana un escándalo distinto, una putrefacción publicada, una nota o un *tuit* de conductas que parecen impensables pero no lo son. Un país de sobornos, cohechos, "moches", "mordidas", uso privado de bienes públicos, enriquecimiento ilícito que nunca es castigado como tal. Un país en el cual la democracia no ha significado más controles sino más corrupción. La alternancia en el poder no ha frenado los abusos; más bien ha contribuido a exacerbarlos. A normalizarlos. A democratizar la codicia.

Es lo que argumenta Luis Carlos Ugalde en el artículo "¿Por qué más democracia significa más corrupción?", publicado en la revista *Nexos*. Allí examina lo que ocurre en la punta de la pirámide, que ha llegado hasta la base. La malversación de fondos o bienes públicos, desde el dinero hasta los helicópteros. Las reasignaciones presupuestarias para dar dinero con fines distintos a los autorizados, como ocurrió con el presupuesto destinado a Secretarías que acabó en estados donde hubo elecciones. La extensión de la corrupción a estados y municipios donde pulula la contratación de obras públicas nunca concluidas. No extraña entonces que, según una encuesta publicada por dicha revista, 78 de cada 100 mexicanos cree que la corrupción aumentará este año.

Seguramente es así, porque el pluralismo y la alternancia no la combaten *per se*; con un Estado de Derecho débil invitan a la parranda sin control. Conducen a la dispersión del poder y a la apertura de muchas ventanillas para hacer negocios. A mayor descentralización del presupuesto, mayor discrecionalidad en su ejercicio. A mayor influencia del legislativo en la asignación del gasto público, mayor probabilidad de "moches". A mayor existencia de "subvenciones legislativas", mayor seguridad de que se usen como partidas secretas. Los congresos no son contrapeso de la corrupción sino parte de su engranaje; 32 gobernadores con mucho dinero pero nula rendición de cuentas. Y oportunidades para todos los que quieran aprovechar los frutos del árbol frondoso del sector público. Como David Korenfeld y su familia, montados en un helicóptero gubernamental para ir de vacaciones.

Beneficiarios —él y otros— de un sistema que permite e incentiva el uso privado de bienes públicos. Beneficiarios de la enorme liquidez de la economía nacional con una fiscalización exigua. Usufructuarios del aumento del gasto corriente, del gasto en infraestructura, de las bolsas para pagar campañas políticas. Favorecidos por las carretadas de dinero que fluyen del presidente y los partidos a los medios, creando una prensa nacional y local que produce la historia oficial, y sólo publica fotos de mandatarios inaugurando clínicas o abrazando a mujeres indígenas.

Como escribe Ugalde, atacar la corrupción es un asunto de contener las oportunidades de lucrar con el poder público en beneficio privado. Es un asunto de castigar la corrupción cuando se comete. Es un asunto de exigir castigos ejemplares a los infractores para que sus conductas se moderen. Pero eso rara vez sucede en México porque la complicidad es un mecanismo de protección mutua: "Yo no piso tu cola ni la señalo porque la mía es igual de larga o está creciendo." La oposición no vocifera contra la corrupción priista como debería porque la ha emulado. De poco servirá contar con un nuevo Sistema Nacional Anti-Corrupción si la ley se aplica con criterios políticos, conforme al principio de "tapaos los unos a los otros". De poco servirán nuevas normas si quienes deberían aplicarlas se sirven con la cuchara grande o se esconden bajo ella; si no se recortan y revisan prerrogativas, sueldos y privilegios, igual que el gasto público y el financiamiento de las campañas.

"Es la economía, estúpidos", decía el letrero colgado en la casa de campaña de Bill Clinton cuando contendió por la presidencia. Estaba allí para recordarle al equipo en qué ámbito debía centrar su atención; dónde debía focalizar su energía. "Es la corrupción, estúpido", es el banderín que debió haberse colgado detrás del escritorio de Enrique Peña Nieto en Los Pinos. Porque un tema que era subsidiario se ha vuelto central. Porque algo que no incidía en la credibilidad o en el funcionamiento del gobierno en México, ahora lo hace. Aquello que paralizó, acorraló y acalambró al equipo de Peña Nieto, es un tópico que siempre fue considerado "normal" pero ya no es así. La corrupción gubernamental como ácido corrosivo que corre por el andamiaje aplaudido de las reformas estructurales. Frenando, parando, obstaculizando, acabando con lo que se había prometido o lo que se podía lograr.

No siempre fue así. "El que no transa no avanza" era la frase común y compartida. Los mexicanos presenciaban, pasivamente, escándalos telenovelescos, acusaciones increíbles, evidencia del hedor que corría por los pasillos del poder. Leían, pasivamente, sobre el posicionamiento cada vez peor del país en los Índices de Corrupción de Transparencia Internacional. Vivían, pasivamente, en lo que el académico Stephen Morris bautizó como "la cultura de la corrupción". Los datos son reveladores. Según una encuesta citada por Morris en *Corruption and Mexican Political Culture*, 70% piensa que casi todos o muchos en el gobierno son corruptos. Dentro del sector privado, 39% afirma que necesita hacer pagos extra-oficiales para influir en el contenido de leyes, políticas públicas y regulación. Aun entre auditores internos del gobierno federal, 60% reconoce que son "frecuentes" los actos de corrupción en las áreas que supervisan. Entre la población, 62% responde que ha sido necesario pagar un soborno para resolver algún problema. La corrupción nace y florece en "áreas oficiales donde hay que completar un trámite". En la calle, en los juzgados, en las prisiones, en las licitaciones, en las aduanas. No es denunciada ya que 77% piensa que los culpables nunca son sancionados. Sólo 14% cree que la principal causa de la corrupción es la "falta de aplicación de la ley", mientras 44% piensa que es "la cultura y la educación de los mexicanos".

La corrupción se ha vuelto un serio llamado de atención que ya empieza a surgir en las encuestas como problema principal; como un recordatorio de que el mal uso de un puesto público para obtener una ganancia privada tiene efectos negativos para el país. Está vinculada con menores niveles de crecimiento del PIB. Limita los beneficios de la apertura comercial. Hace más difícil atraer la inversión extranjera. Genera una propensión a crisis monetarias, producto de decisiones presupuestales y financieras irresponsables. Desvía recursos que deberían destinarse a la provisión de bienes públicos, como escuelas, hospitales y carreteras. Informe tras informe de competitividad global preparado por el World Economic Forum señala que el principal factor que afecta hacer negocios en México es la corrupción. Lleva a la falta de confianza en las instituciones, a la falta de credibilidad del gobierno, a la desilusión de los mexicanos con su país y consigo mismos.

CABRAS COMELO-TODO

En todas partes, en todas las transacciones. La corrupción acendrada, la corrupción arraigada, la corrupción erosiva. Presente en la recolección de basura, en las gasolineras, en las plazas de maestros heredadas, en la fuga de un delincuente, en la licitación de un puente, en la exoneración de impuestos, en cada reducto de la vida cotidiana del país. Como forma de vida. Como obstáculo al crecimiento. Como detonador de la desigualdad. Y a pesar de sus consecuencias negativas los mexicanos siguen tolerándola, justificándola, practicándola. Perpetuándola con una permisividad que lleva a la permanencia en el poder público y privado de quienes han sido sus íconos. Los impunes que ni siquiera reciben sanción social, ocupando una curul, un puesto en el gabinete, una página en las revistas de sociales. México no castiga la corrupción: la normaliza.

El problema ha llegado a niveles alarmantes, como lo expone María Amparo Casar en el estudio *Anatomía de la corrupción:* México cayó seis lugares en el Índice de Corrupción 2017; actualmente ocupa el lugar 129 de 180 países evaluados en el tema anticorrupción. En comparación con sus principales competidores, México retrocede, cae, minando su capacidad para atraer la inversión extranjera, para posicionarse como potencia emergente. Según el "Barómetro Global de la Corrupción", para 90% de los ciudadanos la corrupción constituye uno de sus principales problemas y motivo de preocupación. Lo cual no sorprende dados los casos de la Casa Blanca, la casa de Luis Videgaray, la licitación del tren México-Querétaro, la investigación estadounidense al ex presidente del PRI, Humberto Moreira, entre tantos más.

En México se cometen más de cuatro millones anuales de actos de pequeña corrupción. El ciudadano de a pie con frecuencia es tan culpable como la clase política a la cual critica. En los trámites vehiculares o ante el Ministerio Público; en el pago de la tenencia o en los trámites en juzgados o tribunales; en el pago del predial o en los trámites fiscales; en los trámites para abrir una empresa. Los ciudadanos construyen –día con día– la cultura de la ilegalidad al pensar que como el gobierno viola la ley, ellos también pueden hacerlo. Un Estado depredador genera una población que también lo es. Un Estado que imparte la justicia diferencialmente produce una población que la aplica por su propia mano. Un Estado que transgrede las leyes engendra una población que no cree en ellas. Parafraseando a Voltaire, muchos terminan haciendo todo por dinero, porque creen que el dinero lo hace todo. Y en México, con demasiada frecuencia, así es.

Parece que en México los funcionarios públicos y los políticos son más corruptos que en otras latitudes. Más voraces. Más glotones. Más insaciables. Pastando a lo largo del país, devorando el presupuesto y los privilegios que trae consigo. Nutriéndose de las partidas asignadas y engordando día tras día con ellas. Porque nadie controla, pocos vigilan, muchos evaden el castigo que debería existir pero no es así. Un rebaño rapaz que come todo lo que encuentra a su paso porque puede hacerlo. Porque nuestra democracia de baja calidad lo permite. Porque nuestra democracia sin rendición de cuentas lo avala. Porque quien llega al poder quiere comportarse como cabra comelo-todo, en lugar de construir un redil para contener su glotonería.

Cabras exhibidas en los informes anuales que presenta la Auditoría Superior de la Federación. Repletos de frases como "falta de información", "falta de transparencia", "falta de cuantificación o impacto sobre las finanzas públicas". Repleto de casos de dinero gastado que nadie sabe dónde acabó. A qué proyecto se destinó. Qué cabra se lo comió. Como los rumiantes rapaces del sindicato petrolero, cuyos 325 comisionados reciben 5.8 millones de pesos mensuales en "sueldos y prestaciones". Como las cabras contentas del séquito de Carlos Romero Deschamps, cuyo chofer gana un sueldo de 13,760 pesos mensuales, más prestaciones por pago de gasolina y gas doméstico por 5,776 y 2,274 pesos, respectivamente, cada treinta días; además una canasta básica, un aguinaldo de 60 días y "rendimiento" por 60 días de trabajo ordinario. Como su hermana y sus cuñados que aparecen en la lista de "comisionados para tareas sindicales". Y ésas son notas periodísticas de sólo un día.

Tendríamos que incluir en la lista de bovinos y su bacanal, lo que tantos más consumen en el poder Ejecutivo, Legislativo y Judicial. Lo que Enrique Peña Nieto gastó en la promoción de su imagen. La tajada que los coordinadores parlamentarios se sirven al final del año. Los sueldos y las prestaciones y los fondos de retiro exorbitantes con los que cuentan jueces, magistrados y ministros, que ilustran una cultura de privilegios profundamente arraigada. La costumbre en nuestra clase política de pensar que el abuso es aceptable. El uso de recursos públicos para fines privados es normal. El gobierno es un lugar para servir y servirse. Pastar y engordar. Comer y asegurar que el resto de la familia lo haga también, con aviones privados, contratos, bonos, aguinaldos, prestaciones, préstamos, partidas presupuestales y exención de impuestos.

Funcionarios tan bien pagados que el Secretario de Energía puede ser accionista de empresas en el sector, sin que esto sea considerado un conflicto de interés. Donde los consejeros del INE tienen una percepción bruta de 4.1 millones de pesos. Donde el presidente de la CNDH obtiene un salario de 4.1 millones de pesos. Donde los magistrados electorales del TEPJF cuentan con una remuneración anual bruta de 6.3 millones de pesos. Y el argumento para estos sueldos tan elevados es que son el precio que el país tiene que pagar para evitar la corrupción de los funcionarios. Son sueldos vacuna. Sueldos póliza de seguro. Sueldos que compran la integridad, porque −como sugirió Flavio Galván, ex magistrado del TEPJF− no se daría por sí misma. Si pagamos cacahuates obtendríamos changos sentados en las plazas públicas.

El problema con esta postura es que no aparece en un contexto mínimo de rendición de cuentas. De vínculos entre el sueldo y el desempeño. De una cultura en la cual los funcionarios públicos sirven al público. De un sistema político en el cual quienes trabajan en él son fiduciarios del dinero público y no sus derecho-habientes. Democracias funcionales en donde los funcionarios no permitirían los seis tipos de prestaciones establecidas en el Presupuesto de Egresos de la Federación, como el "estímulo" que reciben los Ministros de la Suprema Corte para la celebración del Día de la Madre. O el derecho al pago extraordinario por "riesgo" en su labor, por el cual el magistrado presidente del TEPJF recibe 714,576 pesos anuales. O la "Ayuda para el desarrollo personal y cultural" por la cual Raúl Plascencia Villanueva, ex presidente de la CNDH recibió 98,357 pesos este año. O la cláusula del contrato colectivo de trabajo del sindicato petrolero que "comprende la cirugía plástica, estética o cosmética". O la ayuda anual para la compra de anteojos destinada a los Ministros de la Suprema Corte y a los miembros del sindicato de Pemex.

Privilegios extraordinarios que deberían llevar a una reflexión colectiva sobre cómo se usa el dinero público en México, y a indagar el destino de millones de pesos provenientes de quienes pagan impuestos. A preguntar sobre si estos sueldos y estos bonos están produciendo una democracia de mejor calidad. Si la labor que recompensan mejora la vida de la ciudadanía o sólo la exprime. Si el pago de cirugías plásticas a quienes transitan por los pasillos del poder es algo que cualquier mexicano está dispuesto a aceptar. A avalar. A seguir financiando. Un andamiaje que recompensa mejor la lealtad que el desempeño. Que permite la rotación de élites exageradamente bien pagadas ante ciudadanos terriblemente mal representados. Que permite la permanencia en el puesto al margen de la productividad que se demuestre en él.

Nada ejemplifica mejor esta cultura extractiva que la última reforma electoral, en la cual los partidos modificaron las reglas del financiamiento público para incrementar lo que recibirán en más de mil millones de pesos. Allí, en la letra chiquita. Allí, en la jugosa tajada analizada por César Astudillo en un artículo publicado en *Voz y Voto*, y denunciada por Leo Zuckermann. De la mano de un cambio que incrementará en 226% el límite que los partidos tenían para recaudar dinero privado. Demostrando así su insaciabilidad. Evidenciando así su voracidad. Sugiriendo así que con el dinero adicional van a comprar votos y viajes, conciencias y canonjías, un estilo de vida cada vez más distante del mexicano común y corriente, de quien viven y de quien se aprovechan. Porque pueden. Porque no hay quien los detenga, los denuncie, los pare, los sancione. Porque la ciudadanía financia a la cleptocracia rotativa pero acaba saqueada por ella.

PILLAJE PERFECTO

"A mí no me gustan los chismes, ni los mochos, ni los chismosos. Es una cuestión que no tiene sustento." Así respondió Manlio Fabio Beltrones a las acusaciones en su contra. Así trató de escurrirse un político al cual el tufo de una cloaca abierta lo persigue donde quiera que va. No hay novedad. Hace casi dos décadas fue acusado de vínculos con el narcotráfico; hace unos años fue acusado de participar en los "moches" que salpicaron a su partido. Primero fue señalado por *The New York Times*, después por ofrecer la asignación de 160 millones de pesos del presupuesto público al alcalde de Celaya para la pavimentación del municipio a cambio de un "moche." Otra vez, los cargos en su contra, las preguntas sin respuesta, las averiguaciones que fueron a ningún lado. Manlio Fabio Beltrones siguió políticamente vivo a pesar de todo.

México permite la longevidad de los íconos de la impunidad y el PRI avala la longevidad política de los personajes más cuestionables. Por ello el gobierno se vuelve el refugio de tantos sinvergüenzas con la complicidad de quienes deberían escudriñarlos pero no lo hacen. Las televisoras silenciosas. Los medios miedosos. Los periodistas que tendrían que hacer las preguntas difíciles pero optan por las respuestas fáciles. Todos avalando, todos cerrando los ojos porque saben que los beneficios de la cloaca son compartidos. Porque entienden que en el país la corrupción es válida si muchos participan en ella. Porque ante los corruptos no hay condena política o investigación judicial o castigo social si demuestran ser "competentes".

Como en el caso emblemático de Beltrones, ex coordinador parlamentario del PRI en la Cámara de Diputados, frente a cuya trayectoria truculenta nunca ha habido un solo deslinde por parte de su partido. Ni una sola expresión de disgusto. Ni una sola condena a su conducta o un esfuerzo por distanciarse de él. Al contrario: el PRI lo ha protegido, lo ha ensalzado, lo ha colocado en posiciones de liderazgo una y otra vez. Con lo que revela a un partido que −a pesar de las reformas presumidas− todavía está dispuesto a cerrar la tapa de la cloaca en lugar de limpiarla. Está dispuesto a ignorar la realidad de un asunto que nunca fue aireado o resuelto de manera satisfactoria. Lo que en 1997 los reporteros de *The New York Times*, Sam Dillon y Craig Pyes publicaron, que les ganó el premio Pulitzer. Lo que fue detallado en la nota titulada "Vínculos con el narco manchan a dos gobernadores mexicanos." Lo que Craig Pyes reiteró recientemente en una entrevista con el periodista Julio Roa de *EnLaPolitika:* que su reportaje "no se basó nada más en un reporte de inteligencia, sino en más de 20 testimonios de la DEA y otros archivos gubernamentales".

Después de cuatro meses de investigación minuciosa, los resultados: Beltrones responsable de proteger al narcotráfico en el estado que gobernó y de aceptar pagos de capos a cambio de protección para sus actividades; Beltrones incluido en una lista de 17 funcionarios sospechosos de corrupción, que el gobierno estadounidense entregó a Ernesto Zedillo, poco después de su llegada a Los Pinos; Beltrones en el centro de un debate del Buró Internacional de Narcóticos del Departamento de Estado sobre el imperativo de revocar su visa para entrar a Estados Unidos; Beltrones protegido por el entonces embajador estadounidense James Jones, el mismo que exaltó la integridad empresarial de Ricardo Salinas Pliego y formó parte del Consejo de Administración de Grupo Azteca, al cual tuvo que renunciar después del escándalo Codisco-Unefón.

A pesar de todo ello, el sonorense sigue pavoneándose en la política porque nunca hubo una investigación seria en México para desmentir o validar esas acusaciones. Ni ayer ni hoy. Y eso se debe a que en nuestro país la acusación penal no es autónoma. El procurador es nombrado por el presidente y puede ser despedido por él. Su sueldo puede subir o bajar, según el humor del Ejecutivo al cual sirve. En contraste, en países con democracias funcionales, la autonomía e imparcialidad de la investigación penal es protegida por procuradores nombrados de forma colegiada, que sólo pueden ser despedidos de forma colegiada, como demuestra un estudio de Azul Aguiar publicado en *The Mexican Law Review*. Hasta que eso no ocurra en México continuarán los casos nunca investigados a fondo. Continuarán sobreviviendo políticos con acusaciones de corrupción. Y cloacas abiertas que todavía huelen mal.

Como las cloacas de la familia Murat cuyos miembros se sienten difamados. Agredidos. Con la reputación comprometida después de las revelaciones hechas por *The New York Times* en 2015. Largos artículos sobre casas, departamentos, transferencias, presuntos prestanombres, aviones, compañías sospechosas, empresas "fachada" que fueron constituidas pero no operan ni hacen negocios. Propiedades a nombre de tíos maternos, esposas, suegros, nueras. Propiedades adquiridas con recursos que nadie puede explicar, dado el sueldo de Murat a lo largo de años en el gobierno, como gobernador, diputado, artífice del "Pacto por México", auto secuestrado. Ofendido porque un prestigiado periódico llevó a cabo una investigación a lo largo de un año sobre compras irregulares de extranjeros de bienes raíces en Manhattan y se toparon con su nombre. Un nombre más de tantos en México. Murat paradigmático, emblemático.

Un ejemplo de esa forma de vida que es el PRI y que ha contaminado a los otros partidos. El gobierno como lugar donde se acumulan bolsazos de dinero. Donde las pilas de prestaciones incluyen el derecho al patrimonialismo sin pudor. Donde el "nuevo" PRI sigue las viejas instrucciones del viejo profesor Hank: enriquécete a ti mismo y a tu familia, pinta bardas y coloca espectaculares, pon todo a nombre de tu esposa o cualquier otro familiar, haz negocios y colócate por encima de la ley. Murat y Peña Nieto y Videgaray y Duarte y Borge, descendientes del mismo padre político, indistintamente de su afiliación partidista.

Cual cepas del mismo tronco. Compartiendo el mismo ADN. Identificar la diferencia ideológica entre ellos es imposible porque tienen rasgos similares, facciones parecidas, hábitos idénticos. No defienden ideales sino intereses, no combaten la corrupción porque se valen de ella. El PRI y sus facsimilares que avanzan con el dinero por delante, y las casas por detrás. El PRI y sus facsimilares que con el "Pacto por México" movieron al país cosechando contratos, sembrando clientelas, comprando edificios, ocultando su patrimonio. Ya famosos ahora en la prensa internacional por las irregularidades que han cometido, por lo que han gastado, lo que han manipulado, lo que han torcido. Famosos por las propiedades que poseen y la forma opaca de obtenerlas.

Dicen y dirán que fue una herencia, o una donación, o algo que no constituyó un conflicto de interés porque la ley no lo regula. Dicen y dirán que están abiertos a cualquier investigación, siempre y cuando provenga de un amigo, como de quien fuera secretario de la Función Pública, Virgilio Andrade. Argumentarán que la matrícula del avión privado XA-JMC –que coincide con las iniciales de Murat– "es una casualidad que usó alguien para lastimar y ofender". Explicarán, como buscó hacerlo el político oaxaqueño, que el jet pertenece a unos amigos empresarios, pero prefiere no dar nombres. Amenazarán con demandar a los periódicos que hacen público, con cifras y datos, lo que muchos mexicanos intuyen sobre su clase política: la rapacidad, la inmoralidad, la percepción de la política como un botín.

Tienen razón los "ofendidos" cuando sugieren que el cambio en México enfrenta resistencia. Pero proviene de ellos mismos. La resistencia a rendir cuentas, a fortalecer la Ley de Transparencia en vez de debilitarla, a instrumentar a fondo el Sistema Nacional Anticorrupción para combatirla en vez de solaparla. La verdadera resistencia ha provenido de Enrique Peña Nieto y de Luis Videgaray y de Angélica Rivera y de Fidel Herrera y de José Murat y de todos aquellos que siguen empeñados en esconder. Abocados a encubrir. Acostumbrados a mentir. Y protegidos por una PGR que "no tiene elementos para investigar". Produciendo así una pseudodemocracia fársica en la cual los ciudadanos no estamos representados. Acabamos *Murateados*.

En México el conflicto de interés ni siquiera es conflicto. No es problema. No es motivo de preocupación. No es área de regulación. A pocos les indigna un tema central para el florecimiento de la corrupción en el país. A pocos les molesta que sea una costumbre arraigada. Una práctica avalada. Una tradición aceptada. Tan es así que la ley permite que el conflicto entre la labor pública y el aprovechamiento privado ocurra sin sanción. Tan es así que en el caso de Pedro Joaquín Coldwell, secretario de Energía, sus colegas priistas declararon de manera airada y sin ningún empacho: "No viola ninguna ley." "No es inmoral." En pocas palabras, como escribió Samuel Butler: "El canibalismo es moral en un país de caníbales."

En México es legal ser legislador y litigante. Es legal ser político y empresario. Es legal ser secretario de Energía y accionista de empresas que posiblemente se beneficiarán de la reforma energética. Es legal tener 60% de las acciones de "Servicio Cozumel". O 40% de "Gasolinera y Servicios Juárez". O 25% de "Combustible San Miguel". O 20% de "Servicios Combustibles Caleta". Es "moral" reconocerlo y no hacer nada para cambiar una situación legalmente permisible pero éticamente inaceptable, que daña al país al permitir que sus funcionarios lo ordeñen. Una situación que emerge cuando un servidor público promueve y defiende intereses privados, como los de su familia. El problema no es si Pedro Joaquín Coldwell –u otros funcionarios– se han aprovechado de un marco legal que permite manufacturar a millonarios dentro del servicio público. El problema es que ese marco legal persista.

El problema es que Pedro Joaquín Coldwell ha sido el presidente del Consejo de Coordinación del Sector Energético. Ha sido el responsable de la selección de áreas objeto de contratos que la reforma energética permite. Ha sido –con la asesoría de la Comisión Nacional de Hidrocarburos– el responsable de licitaciones y otorgamiento de permisos. Ha tenido en sus manos información privilegiada y poder decisorio que podría estar usando en beneficio de sí mismo, de sus hijos o de sus amigos en el PRI. Ante esa posibilidad no ha sido suficiente avisar que tiene acciones en al menos seis compañías del sector energético en Quintana Roo, donde fue gobernador. No basta emitir un comunicado en el cual se nos afirmó que Coldwell "nunca ha intervenido para solicitar beneficio alguno".

Habría que llenar, vía el Sistema Nacional Anticorrupción, los vacíos en la Ley Federal de Responsabilidades Administrativas de los Servidores Públicos que —hoy— no obliga a los funcionarios a rechazar el poder de decisión en cualquier compañía privada de la cual forman parte. Habría que diseñar una legislación más fuerte que obligue a la clase política a transparentar sus intereses económicos. Habría que —como lo hace Chile— obligar a que declaren en qué áreas tienen intereses privados. Habría que establecer barreras que les impidan usar su puesto para servir a esos intereses. Porque si no legislamos de manera distinta en este tema seguiremos permitiendo la corrupción política. Y no es que el PRI tenga un monopolio sobre cómo eludir el conflicto de interés y aprovecharse de los huecos legales para decir que no incurre en él. Diego Fernández de Cevallos lo hizo también cuando —en tantas ocasiones— actuó como abogado de intereses privados ante un gobierno del cual formaba parte. Y al igual que ellos, tantos más: los que han construido fortunas valiéndose de las ventajas que lo público le regala o le vende a lo privado. Aquello que la ley no les prohíbe, tantos políticos lo hacen con gusto y lucrativamente. Un vacío legal que les permite responder ante la revelación de un claro conflicto de interés: ¿Cuál conflicto?

ALÍ BABÁ Y LOS 40 PRIISTAS

En México la fortuna acumulada por Raúl Salinas de Gortari fue "legal". El Moreiragate, con el cual el ex gobernador endeudó y desfalcó a su estado fue "legal". La acumulación de casas por parte de Arturo Montiel en México y en el extranjero fue "legal". El "Monexgate fue legal". La licitación del tren rápido México-Querétaro fue "legal" y la cancelación del tren rápido México-Querétaro fue

"legal". La compra de un banco en Chihuahua, con recursos no comprobados, por parte del ex gobernador César Duarte fue "legal". La
transferencia de recursos no fiscalizados por parte del gobierno federal al Sindicato Nacional de Trabajadores de la Educación y al
Sindicato de Trabajadores Petroleros de la República Mexicana ha
sido "legal". Que ni una sola figura pública haya rendido cuentas
o renunciado por los escándalos de conflicto de interés, es "legal".
Ergo, en México la corrupción es legal.

Legal lo ilegal o amoral. Pero el PRI insiste en defender la legalidad de la ilegalidad tal y como lo hizo Miguel Ángel Osorio Chong
cuando declaró que el arresto en España y la investigación estadounidense de Humberto Moreira "no podía enmarcar al PRI y a su militancia". Moreira, quien dijo que los fondos que recibió en España
provenían de empresas legítimas cuando eran empresas inexistentes.
Protegido por su hermano, escudado por sus amigos, tapado por el
propio Peña Nieto. Mostrando que el PRI no cambió; sólo se volvió
peor. No aprendió de sus errores. No intentó comportarse de otra manera, gobernar de otro modo, usar el poder para democratizar en vez
de agandallar. Siguió protegiendo a todos aquellos que le dieron tan
mala reputación: a los de las manos negras y las mañas sucias.

Porque si el PRI realmente hubiera sido "nuevo" habría condenado a Moreira. Habría empezado una investigación acuciosa contra él por lo que es acusado en España y Estados Unidos: "Cohecho,
lavado de dinero y asociación criminal." Hubiera actuado contra las
empresas Unipolares y Espectaculares del Norte y Negocios y Asesoría Publicidad. Contra Javier Villareal Hernández, ex colaborador
de Moreira, quien se declaró culpable en Estados Unidos por lavado de dinero. Contra Vicente Chaires Yúñez, ex secretario particular de Moreira, prófugo. Contra Jorge Torres López, ex tesorero
de Coahuila, prófugo. Contra una red de amigos que Moreira tejió
para desviar millones de dólares y financiar negocios inmobiliarios
y comprar medios de comunicación y llevar una vida de mirrey en
Barcelona. El ex dirigente nacional del PRI. Intocable. Impune.

Tocarlo a él hubiera implicado ir tras uno de la cueva de Alí Babá
y los 40 ladrones. Esa cueva multifamiliar y multimillonaria que es el
PRI. Ese lugar sin límites en el que vive Emilio Gamboa. Y Manlio

Fabio Beltrones. Y Carlos Romero Deschamps. Y Tomás Yarrington. Y Carlos Hank González. Y Raúl Salinas de Gortari. Y Luis Videgaray. Y Rubén Moreira. Y Arturo Montiel. Y Ulises Ruiz. Y José Murat. Y Mario Marín. Y Gerardo Ruiz Esparza. Y Carlos Salinas de Gortari. Y Armando Reynoso Femat. Con los empresarios que se han beneficiado de la amistad que los vincula a los habitantes de la cueva; los que compran medios, construyen puentes, lavan dinero, expolian al país.

Tienen razón quienes argumentan que el crimen más organizado en México está en el gobierno. En los gobernadores. En los secretarios de Estado. En los innombrables que permitieron las dos fugas de "El Chapo". En los múltiples acusados y luego absueltos. Por eso no sorprende la reacción en las redes sociales ante el "Moreiragate", sugiriendo que se hiciera una coperacha para el boleto de Guillermo Padrés a España, o que ojalá las autoridades españolas invitaran al gabinete de Peña Nieto a conocer la península Ibérica. Porque a los ladrones mexicanos la justicia mexicana no los persigue. Los protege.

Veracruz es otro modelo del pillaje perfecto que ha ocurrido en el resto de México, estado tras estado, gobernador tras gobernador. El saqueo semanal, mensual, sexenal. Javier Duarte como arquetipo de la avaricia de tantos que gobiernan un país rico, poblado por millones de pobres. Javier Duarte como muestra maloliente de cómo una administración puede convertirse en una expoliación. Un gobernador omnipotente que se convirtió en saqueador impune. Acusado, criticado, exhibido y, aun así, intocado durante años.

Exhibido por el magnífico reportaje publicado en el portal *Animal Político*, con Mexicanos Contra la Corrupción y la Impunidad, que detalló qué hizo, cómo lo hizo, cuándo lo hizo. La corrupción descrita paso a paso. El gobierno de Veracruz entregó 645 millones de pesos a una red de 73 empresas para supuestamente comprar cobijas, útiles escolares y zapatos. Recursos que no llegaron a su destino. Recursos que fueron suministrados a supuestos "socios", habitantes de colonias populares que firmaron documentos a cambio de promesas de apoyo. Un esquema creado con licitaciones a modo y adjudicaciones directas, con funcionarios corruptos y habitantes manipulados, con un gobernador que impulsó la corrupción y se benefició de ella.

Una red de empresas fantasma y socios apócrifos, gracias a la cual Duarte y los suyos se embolsaron millones del erario. El modelo Veracruz.

El modelo México. El procedimiento priista de poner a promotores del voto a obtener firmas y crear empresas y asignarles un domicilio fiscal falso y hacerlas ganadoras de licitaciones amañadas y canalizarles millones y cerrarlas después. El modelo PRI, basado en la mentira y la ignorancia y el clientelismo. Basado en la opacidad y en la complicidad y en la *omertá*, el silencio mafioso. Basado en el engaño vía el cual se obtiene la firma de personas que viven en calles que no tienen pavimento, personas con cataratas añadiendo su nombre a documentos que no pueden leer siquiera. Los "socios" que aceptaron serlo a cambio de materiales para reforzar sus viviendas, a cambio de que el PRI pagara el recibo de luz. Los "socios" de Duarte viviendo en casas de lámina o de tablaroca, mientras él y sus cuates se embolsaron dinero que no era suyo.

Ante todo esto, que no sorprende pero sí indigna es la ausencia o la indiferencia de la autoridad. Las múltiples veces que la ASF detectó irregularidades que nunca fueron sancionadas o frenadas. Las 32 ocasiones cuando Duarte fue denunciado ante la PGR pero no se encontró la evidencia suficiente para procesarlo, hasta que finalmente el reportaje en su contra motivó su actuación. Pero durante años su pillaje fue ignorado por quienes después fueron candidatos a diputados federales del PRI por Veracruz, demasiado ocupados haciendo campaña como para contestar al reportaje. "No disponibles." "Impedidos para dar un posicionamiento público."

En cada caso, el PRI esperó a que amainara la tormenta, esperó a que el escándalo de la semana fuera remplazado por otro similar. Y la oposición frecuentemente guardó silencio porque había incurrido en conductas similares o porque tenía un cálculo electoral más importante que el combate a la corrupción. Unos y otros, protagonistas del pillaje que está hundiendo al país. Unos y otros, proveyendo pretextos para diluir y descafeinar el Sistema Nacional Anticorrupción y la iniciativa ciudadana 3de3. Culpándose entre sí del sabotaje a algo que ningún partido quiere: una Fiscalía Anticorrupción realmente autónoma. Una lista de conductas corruptas, tipificadas y sancionables para que el pillo lo pierda todo. Una ley que obligue a todo candidato y a todo funcionario a transparentar lo que tiene y cómo lo obtuvo.

Lo que Javier Duarte hizo y lo que *Animal Político* reveló no es una excepción. Es la regla. Utilizar el poder político para el enriquecimiento personal. Convertir a la democracia en una cleptocracia. Aprovechar el paso por el gobierno para robar a quienes lo financian. Porque es así de sencillo, así de simple: el PRI está acostumbrado a robar y la ciudadanía está acostumbrada a que lo haga. México fue la cuna de la dictadura perfecta y se ha vuelto sede del pillaje perfecto.

CASA BLANCA, CONFLICTO NEGRO

El gobierno de Enrique Peña Nieto vivió una crisis con la revelación hecha por el equipo de Carmen Aristegui; un escándalo que en otros países hubiera llevado a la dimisión del presidente. Pero Peña Nieto y su esposa la subestimaron, respondieron torpe y tardíamente. El histriónico video de la Primera Dama sólo exacerbó los problemas que ella misma creó. No sólo por el tono indignado, enojado, condescendiente. No sólo porque le faltó comprender que desde el momento en que usaba y disponía de un solo peso público, estaba sujeta al escrutinio legítimo. No sólo porque eludió el meollo del asunto, un conflicto de interés en el que incurrió. No sólo porque dejó de informar cómo conoció al señor Hinojosa –dueño de la constructora Higa– sino por ignorar que había ganado múltiples licitaciones al abrigo del poder de su esposo, gobernador y luego presidente.

Si Angélica Rivera realmente no tenía nada que esconder, lo hubiera comprobado y no sólo con una actuación de siete minutos en un video. Supongamos que su declaración fiscal "complementaria" de 2010 era verídica. Pero dado todo lo que ha ocurrido en torno a este caso, no era paranoia pensar que la declaración pudo haberse llenado y manipulado directamente en la página del SAT. Que el propio secretario de Hacienda o el jefe del SAT hubieran podido alterar el sello digital que aparece en la primera hoja. Por ello, para disipar dudas y en aras de la transparencia, era necesario que exhibiera ante la opinión pública los siguientes documentos: 1) La declaración "normal" correspondiente al propio año; 2) El contrato de exclusividad con Televisa que derivó en el pago de 130 millones de pesos; 3) Las constancias de retención del 10% del ISR que efectuaron Televisa, Televisa Talentos y el banco. Todo ello para constatar que los pagos a que aludió la Primera Dama en su video eran reales.

Respecto al "préstamo" de la casa de Palmas que le hizo Televisa, constituyó un ingreso en servicio para efectos de la Ley del ISR. Por eso Angélica Rivera debió exhibir inmediatamente sus declaraciones anuales desde 2004 hasta 2008. También debió explicar —en cuanto a la compra del inmueble en Sierra Gorda— cómo se realizó el pago: si fue en efectivo, con cheque, o mediante transferencia bancaria. Asimismo, debió exhibir el pago del ISAI a la Tesorería del Distrito Federal, y si no se realizó, explicar por qué, para verificar la certidumbre de la compra del terreno y las condiciones de la operación.

Finalmente, Televisa debió responder si pagó o no a Angélica Rivera la cantidad de 130 millones por un "contrato de exclusividad". La empresa optó por guardar silencio y generó suspicacia al hacerlo. Debió dar un sencillo "sí" o "no". Pero no lo hizo porque si hubiera respondido que "sí", al cotizar en la Bolsa de Valores estadounidense hubiera tenido problemas con el Securities and Exchange Commission por conflicto de intereses y corrupción, dada la desproporción del pago. Si hubiera dicho "no" habría evidenciado que Angélica Rivera estaba mintiendo.

Esta es la información que el presidente y su cónyuge y la empresa para la cual trabajó tan arduamente necesitaban proporcionar, para disipar las múltiples dudas que aún persisten. Para enfrentar la crisis en la cual se encontraban y ante la cual no había otra salida que la transparencia total. Acompañada de la remoción del secretario de Comunicaciones y Transportes por haber avalado la licitación amañada del tren México-Querétaro en favor del Grupo Higa. Aunada a la prohibición al Grupo Higa de participar en cualquier licitación pública por el resto del sexenio. Más allá de estas acciones, la principal: el reconocimiento por parte de Enrique Peña Nieto y Angélica Rivera de que la rendición de cuentas no era una concesión. Es una obligación.

Obligación con la cual no cumplieron. Como lo escribió la periodista Katia D'Artigues sobre la indagatoria oficial sobre la Casa

Blanca: "Que quien me investigue sea mi cuate para ver si favorecí a mi cuate." Fue la frase lapidaria que resumió la investigación sobre el conflicto de interés en México. Ese fue el resultado de llevar a cabo un proceso en el que quien decidió si hubo conflicto de interés –Virgilio Andrade– llegó al puesto con un conflicto de interés. Ese fue el resultado de que un empleado evaluara a su empleador en lugar de que un fiscal independiente lo hiciera. Todos exonerados, nadie acusado. Todos impolutos, nadie culpable. Todos actuando dentro de la ley, nadie en esa zona gris que permite violar su espíritu.

Después de ocho meses de investigación, un expediente de 60 mil cuartillas, entrevistas con 111 funcionarios, revisión de cheques y contratos, y el escrutinio de contratos gubernamentales con el Grupo Higa, lo único que hizo Virgilio Andrade fue exponer cómo (mal) funciona el país. Lo único que logró fue evidenciar aquello que se ha vuelto cada vez más obvio. Las relaciones opacas, personales y discrecionales que rigen la vida pública y empresarial del país. La elasticidad en el concepto de "funcionario público" y las responsabilidades que entraña. La toxicidad con la cual Televisa participó en la política, en la construcción de la pareja presidencial, y en la actuación que tuvo. Las implicaciones que tiene para la rendición de cuentas la ausencia de instituciones y autoridades autónomas capaces de asegurarla. Las leyes elaboradas para que el conflicto de interés ni siquiera sea problemático.

Por eso las preguntas para las cuales no existió una respuesta gubernamental creíble. Si no hubo presiones e intervenciones y favoritismo para el Grupo Higa, ¿por qué se canceló la "impoluta" licitación del tren México-Querétaro? Si no hubo conflicto de interés ni tráfico de influencias en la compra de la Casa Blanca, ¿por qué Angélica Rivera la devolvió a Grupo Higa en diciembre de 2014 y por qué tardaron 8 meses en anunciar que eso había sucedido? Si Televisa rutinariamente paga jugosos bonos y lujosas casas a actrices cuando dejan de trabajar para la empresa, ¿acaso sus accionistas lo saben y forma parte de los reportes anuales exigidos por las autoridades regulatorias estadounidenses? Si es posible llevar a cabo todas estas actividades sin sanción de la ley, ¿no hay algo muy mal con la ley?

No, dado que la ley estaba hecha para otorgarle contratos a cuates. Para comprarles casas en términos privilegiados. Para ser presidente electo o jefe de campaña sin ser catalogado como "funcionario público". Para que las responsabilidades administrativas de servidores públicos en México permitieran a Enrique Peña Nieto, Angélica Rivera, Luis Videgary, Juan Armando Hinojosa y Ricardo Arturo San Román, actuar como lo hicieron sin que esto fuera punible. Para que un claro conflicto de interés en otros países, aquí sólo sea un malentendido. Para que el encargado de aclararlo no cuente con la independencia política, legal o financiera que garantice su credibilidad.

Credibilidad perdida por todos los involucrados. "Si les parece bien no voy a hacer ninguna otra declaración", dijo el ex secretario de Hacienda, Luis Videgaray, cuando la prensa le preguntó sobre su casa en Malinalco. Esa que le "compró" al Grupo Higa con un préstamo no bancario a una tasa de interés de 5%, cuando la del mercado era de 12%. Esa que Higa "vendió" sin ganancia alguna, como reportó el *Wall Street Journal*. Esa sobre la cual afirmó "estar tranquilo". Pero nosotros no lo estábamos ni nos pareció bien su silencio. Su opacidad. Su reticencia a airear, transparentar, explicar. Admitir el conflicto de interés y renunciar por ello. La transacción de su casa en Malinalco –legalmente permisible, éticamente inaceptable– dañó a la SHCP y al país.

Parte del problema proviene de huecos legales que permiten conductas cuestionables. En México parece no haber impedimentos constitucionales y legales que obstaculicen hacer lo que Videgaray hizo. Dormía tranquilo porque ni siquiera existe una entidad equivalente al U.S. Office of Government Ethics. Porque nadie está vigilando si la conducta de un funcionario público viola la reputación de la institución para la cual trabaja. Porque nadie se ve obligado a renunciar, como en el caso del congresista estadounidense Aaron Schock, que dejó el puesto sólo 12 horas después de que el periódico *POLÍTICO* reveló que recibió un reembolso de miles de dólares de dinero público por el uso de su automóvil privado. Él también –como Videgaray– argumentó que "no había violado la ley".

Pero en política importa tanto o más la percepción que el hecho mismo. Y en ese caso, como en el de nuestro ex secretario de

Hacienda, la percepción compartida fue de incorreción. De abuso del puesto. De privilegios por encima de los ciudadanos cuyos impuestos gasta. Del uso inapropiado de su posición. De una situación definida en el artículo "What is a conflict of interest?", de Lars Bergstrom, en el *Journal of Peace Research*, en la cual alguien tiene dificultades para llevar a cabo sus labores oficiales/fiduciarias porque hay un conflicto entre sus intereses y los de su empleador. En este caso, los empleadores somos nosotros, los ciudadanos, cuyos intereses se vieron afectados con una transacción irregular que benefició a un particular que era –ni más ni menos– secretario de Hacienda. Por ello Videgaray no debió seguir en un puesto donde cobraba impuestos, vigilaba créditos, aprobaba licitaciones y disponía de dinero público. Pero Videgaray no fue removido de su puesto por la cultura de la ilegalidad que se instaló en México con la llegada de Peña Nieto a Los Pinos.

TRANSAR PARA AVANZAR

La corrupción no es un problema exclusivo de México, pero la impunidad sí. La corrupción que la impunidad alimenta, día tras día, estado tras estado, Secretaría tras Secretaría, empresa tras empresa. Con costos crecientes, dañinos, paralizantes. La corrupción ha convertido a México en un país de cloacas. Como argumenta el estudio "La Corrupción en México: transamos y no avanzamos", del Instituto Mexicano Para la Competitividad, la transa es el enemigo público número uno, el mayor lastre para el despegue económico de nuestro país. Por omnipresente. Por los costos que acarrea. Porque se da a todos los niveles, en múltiples ámbitos, a la luz del día y en lo oscurito. Apreciada, internalizada, socializada, incluso premiada. Permitida tanto por los ciudadanos como por las instituciones que los gobiernan. Y no es nada más en el sector público y por eso hay que definirla no sólo como el uso y abuso del cargo público para provecho personal, sino también como cualquier acto individual que busca una recompensa ilegal. Se necesitan dos para crear corrupción: el que ofrece y el que acepta, el oferente y el demandante. El funcionario o el empresario o el ciudadano.

Hoy, gracias a las cloacas destapadas de la Casa Blanca y la casa de Malinalco y la casa de Ixtapan de la Sal y OHL y tantos casos más, el combate a la corrupción está en la agenda. Pero apenas comenzamos y falta un largo trecho de renovación institucional y cambio cultural para dejar de ser el país que somos. Lejos de Estados Unidos, donde según *Public Administration Review,* entre 1976 y 2008 más de tres funcionarios al día fueron sentenciados por delitos de corrupción como compra de voto, aceptación de regalos sin reportarlos, o conflictos de interés. Lejos de Brasil, donde el escándalo de Petrobras ha generado más de 25 sentencias a funcionarios por usar su cargo público para obtener un beneficio privado, así como la destitución de Dilma Roussef y el juicio a Lula. Lejos de España donde hay 1,700 causas abiertas por corrupción y más de 500 indiciados. Lejos de Guatemala y Perú, donde dos presidentes han caído por corruptos.

Desde Alabama hasta Sao Paulo. Desde Madrid hasta Illinois. Desde el gabinete presidencial en Brasilia hasta la familia real española. La diferencia con México es que aquí los escándalos no tienen consecuencias en los tribunales. Aquí se premia en lugar de castigar. Aquí se asegura la supervivencia política en lugar del exilio político. Basta con ver a Arturo Escobar del Partido Verde, nombrado subsecretario de Prevención del Delito por Peña Nieto. O Fidel Herrera, cónsul en Barcelona. O el "Niño Verde" impune. O Juan Armando Hinojosa del Grupo Higa, viajando con el presidente. O Roberto Borge y sus negocios ilícitos en Quintana Roo. O César Duarte y la deuda monumental que contrató en Chihuahua. Una larga lista de investigaciones y sanciones pendientes. México ha creado un sistema de incentivos que asegura el pacto de impunidad.

Afortunadamente, la corrupción ha dejado de ser un fenómeno ignorado. Ya se habla de ella en foros y textos y estudios y en la discusión sobre el Sistema Nacional Anticorrupción. Ya se habla de lo que necesitarían hacer las autoridades y los ciudadanos y los procuradores. Ya hay cifras que revelan la profundidad del problema. 63% de los empresarios encuestados por el IMCO está de acuerdo en que la corrupción es parte de la cultura de hacer negocios en México. De 72 escándalos de corrupción del cual fueron objeto 41 gobernadores mexicanos, sólo 16 fueron investigados. Para las otras 56 acusaciones mediáticas, las autoridades ni siquiera iniciaron una investigación. De las 16 investigaciones sólo cuatro resultaron en la consignación del gobernador acusado. Mientras en Estados Unidos tiene una efectividad de 100% perseguir casos de corrupción, en México sólo se ha investigado al 22% de los casos y tan sólo 5% resultó en una consignación del presunto responsable. Por ello siguen allí Ulises Ruiz y Mario Marín y Fidel Herrera y Humberto Moreira, a quienes el gobierno no ha tocado ni con el pétalo de una investigación. El gobierno federal gasta más en comunicar los "logros" de la PGR que en equipar al órgano responsable de combatir la corrupción.

Por ello dan ganas de tirar la toalla. Darnos por vencidos. Abandonar el "ring". Declarar que el país no tiene remedio ni solución ni camino, ni horizonte ni salida. Aquí, ahora, el cinismo se impone sin tregua y sin salvación. A pesar de las críticas y las marchas y las movilizaciones y las investigaciones, el poder parece estar de plácemes. Impune. Intocado. Inamovible. Paseándose en aviones presidenciales, acogiéndose a la justicia mexicana y al abrazo que provee, armando visitas papales cuyo objetivo es distraer, tapar, entretener. Políticos y empresarios y tantos más, gozando una corrupción que le cuesta al país 9% del PIB anual: 347 mil millones de pesos al año que van del erario a la cloaca, de nuestro bolsillo a OHL, del presupuesto a la Casa Blanca. La transa institucionalizada: el enemigo público número uno.

Conductas como el soborno, evidenciado en los audios de OHL. Como el peculado, evidenciado por el uso de la deuda contraída en Coahuila por Humberto Moreira. Como el tráfico de influencias evidenciado por Juan Armando Hinojosa del Grupo Higa, y la forma en la cual obtuvo jugosos contratos. Enriquecimiento oculto, evidenciado por las lagunas en la declaración patrimonial de Enrique Peña Nieto. Obstrucción de justicia, como en todos los casos relacionados con la familia Salinas. Colusión, evidenciada en los acuerdos *off the books* entre Televisa y Televisión Azteca para obtener beneficios de recursos públicos. Uso ilegal de información falsa o confidencial, como en las filtraciones que ha hecho la PGR en el caso de Kate del Castillo y "El Chapo".

Tantas instancias de pagos a cambio de beneficios ilegales, de sustracción de recursos para uso personal, de relaciones personales para generar situaciones favorables, de abusos de autoridad para obtener un beneficio indebido. El manglar Tajamar. El nuevo aeropuerto de la Ciudad de México. La protección política y jurídica a los responsables de la Guardería ABC. La pensión vitalicia a Humberto Moreira. La designación de Eduardo Medina Mora como ministro de la Suprema Corte. La postergación de la justicia para los involucrados en el montaje ilegal de Florence Cassez. La colusión que se dio entre el gobierno de México y los jerarcas de la Iglesia para anular el primer matrimonio de Angélica Rivera y permitir su boda con Enrique Peña Nieto. En cada uno de estos sucesos hay responsables, cómplices, coludidos. Personajes que deberían cuidar la cosa pública y no lo hicieron.

La opacidad que rodea a lo público tiene implicaciones importantes para la calidad de la democracia, para la calidad de nuestros funcionarios y cómo votamos por ellos. Porque votar en México es como ir en un avión volando en la oscuridad, sin ruta, sin luces, sin coordenadas, sin instrucciones, sin saber dónde aterrizar ni cómo hacerlo. Así es tachar la boleta. Así es decidir por quién hacerlo. Un acto de fe. Un triunfo del optimismo por encima de la inteligencia. Una apuesta que cree posible arreglar la democracia descompuesta a través del voto. Pero una apuesta que se hace con información incompleta. Limitada. Inaccesible. Oculta. Porque los candidatos aparecen en los *spots,* en los espectaculares, en las pintas y a pesar de ello siguen siendo incognoscibles. No sabemos de dónde vienen, dónde estudiaron o si lo hicieron, cuál es su hoja de vida y qué han hecho con ella. Votamos a ciegas, a tientas.

Por ello acabamos con candidatos, después funcionarios, viviendo en casas rentadas o compradas a contratistas, volando en aviones de empresarios a los cuales han beneficiado, viviendo en mansiones que su sueldo no justifica, participando en licitaciones o celebrando contratos por los cuales obtienen ventajas privadas mediante el acceso a bienes públicos. Por ello acabamos instalando a depredadores en el poder a través del voto. La urna unge a personajes con trayectorias desconocidas que luego resultan putrefactos. Tantos corruptos caminando por el Congreso que llegan allí gracias a la boleta. Gracias a la ignorancia que lleva a tacharla sin saber quién es verdaderamente la persona cuyo nombre aparece allí.

Llegó la hora de saberlo, de averiguarlo. De saber si cualquier candidato o candidata cumple con los siete principios –que según las democracias funcionales– deben apuntalar la vida pública: altruismo, integridad, objetividad, rendición de cuentas, apertura, honestidad, liderazgo. De ver, por ejemplo, el documento "Public Appointments, Probity and Conflicts of Interest: A Guide for Candidates", emitido por el gobierno inglés. Y cómo tenemos derecho a pedir y emular las mejores prácticas internacionales, la importancia de la Ley 3de3 impulsada por la sociedad civil, que exige a los candidatos y a los funcionarios la presentación de: 1) su declaración patrimonial, 2) su declaración de intereses, 3) su declaración fiscal. Lo que en otros países es un requerimiento legal en México había sido sólo un imperativo moral. Un imperativo para que cuando los contendientes lleguen al poder no haya más Casas blancas, ni casas en Malinalco, ni aviones prestados, ni tráfico de influencias, ni licitaciones amañadas, ni cuentas en Suiza. Un imperativo para que cada candidato se comprometa de manera tangible a poner los intereses del país antes que los suyos. Alguien que no pueda hacer esto no merece un solo voto, mucho menos gobernar.

El objetivo de la Ley 3de3 ha sido contribuir a la construcción de una nueva clase política en México, para que no se siga haciendo política con dinero ni dinero de la política. Constituye un primer paso para obligar a todo candidato a convertirse en un verdadero representante de la ciudadanía. Es una exigencia a ser transparente en vez de opaco; a entender el papel fiduciario que le corresponde cada vez que gasta un peso del erario. Es una iniciativa para empezar, también, la tarea que nos corresponde: ser una sombra de quienes elegiremos, ser una conciencia obcecada, obsesiva, constante. Ser ciudadanos persistentes, abocados a recordarle a esa persona que aspira a un puesto público para qué llegó al poder y en nombre de quién debe usarlo. En nombre nuestro y no suyo.

La Ley 3de3 busca llenar los huecos legislativos y los vacíos normativos. Busca describir como debe comportarse un servidor público mediante un código de directrices y obligaciones. Busca tipificar con claridad tipos de actos de corrupción. Busca coordinar, capacitar, crear pesos y contrapesos. Busca sanciones severas para que el corrupto lo pierda todo. Y sí, no es perfecta ni omnicomprensiva. Pero constituye un primer esfuerzo ciudadano, desde abajo, para encarar un problema que la clase política —de todas las ideologías— pretende soslayar. Es un llamado para no tirar la toalla, sino recogerla y prepararse para el próximo "round".

Ahora las esperanzas están centradas en el nuevo Sistema Nacional Anticorrupción. Pero no funcionará sin fiscales e investigadores independientes. Sin castigos serios que tengan un efecto disuasivo. Sin la sanción social a los corruptos que en lugar de sufrir el ostracismo son invitados a foros y a fiestas. Sin una disrupción en el modelo de negocio del ejercicio del poder. Sin un SAT que en lugar de ocultar información y ofrecer condonaciones fiscales encauce investigaciones por defraudación fiscal —sobre todo entre grandes empresas— y lavado de dinero contra funcionarios corruptos y sus cómplices. Sin partidos políticos que estén dispuestos a dejar atrás el mandamiento de taparse los unos a los otros. Sin medios capaces de vigilar al poder en lugar de volverse sus amanuenses. Sin una cultura de la denuncia ciudadana que genere respuestas institucionales en vez de represalias, inacción o silencio.

Para así reducir los alicientes y aumentar los riesgos de los corruptos. Para así encarar y definir y sancionar con claridad qué es un acto corrupto según estándares internacionales. El soborno. La malversación de fondos. El tráfico de influencias. El conflicto de interés. El abuso de funciones. El enriquecimiento ilícito. La obstrucción de la justicia. La colusión. La extorsión. La utilización de información falsa. El nepotismo, el clientelismo y el favoritismo. Conductas cotidianas, habituales, normales dentro de un sistema en el cual porque transamos no avanzamos. Conductas que debemos cambiar para que casos como la Casa Blanca produzcan sanciones severas y no exoneraciones inverosímiles.

Quienes han creado el Sistema Nacional Anticorrupción prometen que sí tendrá poder real. Que gozará de facultades de investigación real. Que romperá el monopolio del ministerio público al consignar ante jueces a corruptos. Que logrará sancionar también a particulares. Que podrá pedir al Legislativo el desafuero de funcionarios. Pero ¿cómo creer que funcionará si juzgará a los presuntos corruptos con la misma discrecionalidad de las reglas legales que hasta ahora han hecho posible la impunidad? ¿Cómo creer que atrapará a los peces gordos si el sistema judicial actual deja libres incluso a las ballenas?

El combate a la corrupción sólo ocurrirá cuando sea parte de una política de Estado omnicomprensiva y preventiva. Sólo se dará cuando forme parte de una agenda nacional y no sólo sea producto de una concesión poselectoral. Sólo tendrá impacto cuando haya cambios en la contratación, la licitación, la vigilancia, y la administración de los recursos públicos. Sólo surtirá efecto cuando acompañe la detección necesaria con la sanción indispensable.

Mientras eso no ocurra seremos un pastizal en el cual las cabras comelo-todo hacen lo que se les da la gana. Al igual que Pemex y las irregularidades con los contratos que oculta. Al igual que el Congreso al condonar el pago del ISR a estados y municipios. Al igual que el SAT, evadiendo las obligaciones de transparencia en torno al perdón discrecional de impuestos que el INAI le exige. Urge el monitoreo y las auditorias y, sobre todo, los castigos. Urge el involucramiento ciudadano para sacudir a partidos, a legisladores y a gobiernos, que entienden demasiado bien lo que la corrupción significa. Por eso el paso glacial al que procede el Sistema Nacional Anticorrupción, siempre obstaculizado por quienes no quieren fortalecer a la Auditoría Superior de la Federación, no quieren que se examinen fideicomisos públicos, no quieren incorporar la extinción de dominio por enriquecimiento ilícito, no quieren que se eliminen los secretos fiscal, bursátil, fiduciario o bancario en las investigaciones, no quieren un Fiscal Anticorrupción verdaderamente independiente y autónomo, como lo han propuesto numerosas organizaciones civiles. Porque la clase política sigue pensando: "Es la corrupción, estúpido", pero como lema para gobernar, no como exigencia para cambiar.

4. EL PACTO DE IMPUNIDAD

¿QUÉ ES? ¿CÓMO FUNCIONA?

"O" de Odebrecht. "O" de omisos. "O" de occisos. "O" de *omertá*. Letra definitoria del comportamiento en torno a un caso que en otros países ha llevado a investigaciones y encarcelamientos, excepto en México. Aquí la "O" es omnipresente, resistente. Un círculo vicioso perfecto. Y en su centro se encuentra Emilio Lozoya, ex director de Pemex, ex coordinador de Vinculación Internacional de la campaña presidencial de Enrique Peña Nieto.

El que nada sabe y nada supo. El que es señalado por ex funcionarios de Odebrecht como recipiente de al menos 3 millones 140 mil dólares depositados en una cuenta –vinculada a él– establecida en Islas Vírgenes. Hechos incontrovertibles detallados por Mexicanos Contra la Corrupción y la Impunidad, y la organización El Quinto Elemento. Ahí están las cuentas, ahí están las transferencias. Ahí están las declaraciones de los testigos ante las autoridades brasileñas. Lozoya identificado, acusado y sobornado, según el ex director de Odebrecht en México y otros operadores.

Capitales que fluyeron –como en otros países de América Latina– para financiar elecciones, conseguir contratos, intercambiar pesos por presencia. Lozoya sólo fue parte de un proceso mediante el cual Odebrecht compraba candidatos para obtener protección a sus intereses, para garantizar la expansion de su inversión. Y lo logró. Tan es así que hasta el día de hoy no existe una respuesta gubernamental coherente a las siguientes preguntas: ¿Cómo explicar que Pemex otorgara contratos a Odebrecht a pesar de irregularidades como sobrecostos y pagos ilegales? ¿Cómo explicar el crecimiento espectacular del consorcio en Veracruz durante el gobierno de Duarte? ¿Cómo explicar los múltiples señalamientos hechos por ex ejecutivos de la empresa a funcionarios mexicanos? ¿Cómo explicar la pasividad de la PGR ante un tema que está tumbando presidentes?

La razón detrás de la lentitud de la PGR ha sido la cuatitud de quien la dirige. El motivo detrás de su falta de contundencia ha sido la carnalidad. La actitud deferencial a Lozoya, el silencio de la Unidad de Inteligencia Financiera de la SCHP en torno a las cuentas descubiertas, así como el destino de los fondos que Odebrecht depositó en ellas. Porque Lozoya evade el tema central cuando dice "no tengo comentario sobre algún posible financiamiento ilegal a la campaña del 2012". Intenta hacerse el occiso sobre Odebrecht, cuando ya nadie en el poder puede ser omiso a la alcantarilla que construyó y al presidente que quizá compró.

Lo que no ha ocurrido con Odebrecht es lo mismo que no ha ocurrido con OHL o con la Casa Blanca o con los *Panama Papers* o con el Grupo Higa. Caso tras caso de impunidad persistente, producto de un pacto priista –suscrito por sus aliados en otros partidos– que lleva a las instituciones a proteger en vez de investigar; a tapar en vez de evidenciar. Los contrapesos que deberían existir dejan de serlo. Quienes deberían vigilar el ejercicio del poder validan sus abusos.

"P's" PENDIENTES: POLICÍAS Y PROCURADORES

Por nuestras dos "P's" pendientes: las policías y las procuradurías. Las dos "P's" que nos persiguen, nos acechan, nos recuerdan lo que no funciona y lo que falta por hacer. Nuestros grandes pendientes que pocos quieren tocar, o cambiar, o modificar, o encarar. Esos terrenos prohibidos de la política pública que explican en gran medida los problemas perennes de impunidad y violencia. Dos brazos del Estado que deberían caminar de la mano de la ciudadanía pero acaban estrangulándola. Procuradores politizados y sometidos con policías mal entrenados, sin reglas explícitas para normar su actuación. Dos instituciones que reformas mal pensadas no alcanzan a modernizar lo suficiente para servir a la población y no al gobierno.

Procuradores sin autonomía para investigar y policías sin estándares profesionales para aprehender. Procuradores que no actúan porque no tienen permiso político del presidente para hacerlo y policías que no saben cómo detener a alguien, cómo interrogarlo, ya que el Código Nacional de Procedimientos Penales aprobado en 2014 no contempla estos temas. Lagunas y huecos y vacíos que nuestras leyes no quieren o no pueden contemplar. Llevando así a procuradores que no procuran justicia y a policías que no entienden de qué manera asegurar la ley y el orden. Policías como la de Cocula, donde alguien cambió las bitácoras de operación de las patrullas y las actividades de los agentes. Donde alguien modificó los números de las unidades para tratar de ocultar su participación en los hechos de Ayotzinapa.

No importa que Enrique Peña Nieto haya declarado que su gobierno "emprendió labores de coordinación con las instancias de procuración de justicia (...) para el debido esclarecimiento" de lo ocurrido en Guerrero. De nada va a servir esclarecer los hechos si no se modifica profundamente la dinámica que los produjo y los sigue produciendo. El ex procurador Jesús Murillo Karam fue producto de ese modelo, basado en la subordinación política de la PGR. Un funcionario sin capacidad. Un funcionario ineficaz que según la "verdad oficial" encontró 19 fosas pero no 43 normalistas. Un funcionario cuyo comportamiento siempre estuvo regido por imperativos políticos y partidistas; nació y creció atendiendo las peticiones del presidente y nunca supo cómo mover un dedo sin su aprobación. En cuanto a la policía –municipal, estatal, federal– en Ayotzinapa se coludió con el crimen organizado y actuó como aquello en lo que se ha convertido en este país: una fuerza mercenaria que regularmente se vende al mejor postor.

Los mexicanos se identifican con las palabras de Hitchcock: "No estoy en contra de la policía; sólo le tengo miedo." El temor ante quienes deberían proveer seguridad pero contribuyen a minarla. El recelo ante quienes deberían proteger pero terminan amenazando. La policía que nos mantiene lejos del sosiego y cerca de la ansiedad, lejos de la paz y cerca del miedo. La policía que cayó 10 puntos en la confianza de la ciudadanía en los últimos seis meses, situándose por debajo de la Iglesia, el Ejército, el Congreso, incluso los partidos políticos. La policía que nos lleva a estar siempre alertas, siempre nerviosos, siempre sospechando de cualquier encuentro, cualquier contacto. Invadidos por el temor fundado a denunciar un crimen, ser detenidos, ser interrogados, ser abordados por una patrulla, ser entregados a una banda criminal, convertirnos en el número cuarenta y cuatro.

La policía no ha sido una solución a la inseguridad; ha sido un problema que contribuye a exacerbarla. Por la infiltración, por la corrupción, por la politización, por la ausencia de regulación. La crisis de Ayotzinapa y tantos sitios más exhibe a una institución que requiere una reforma profunda. Un cambio contundente. Una transformación de gran envergadura para que pueda proteger y servir en vez de golpear y extorsionar. Pero el Código Nacional de Procedimientos Penales no logra eso. Contiene una ley de enjuiciamiento penal exitosa pero una ley de investigación de delitos defectuosa. Entraña disposiciones innovadoras para los jueces pero deja sin regular a las policías. Por eso seguimos presenciando pocas investigaciones y mucha ineptitud; poca capacidad para entrevistar imputados y mucha propensión a invocar testigos falsos. Un código que no determina con claridad cómo debe darse la identificación por testigos oculares. Que no aclara cómo debe entrevistarse a personas sospechosas y detenidas. Que no dice cómo sería posible agilizar la denuncia del delito. Que no establece cómo promover la transparencia de los procesos judiciales, porque es omisa sobre la videograbación de interrogatorios policiales y prohíbe la cobertura televisiva de juicios.

Lo que ha hecho el gobierno es dejar fuera códigos de conducta para la policía que existen en todas las democracias funcionales. Lo que ha hecho la PGR es dejar fuera normas que combatirían la tortura y el encarcelamiento continuo de inocentes. Una reforma demasiado pequeña que se centró en los juicios orales pero no en lo que ocurre antes de ellos. Una reforma demasiado chica que contempló transformar lo que pasaba en los tribunales pero no incluyó estándares de comportamiento para las policías. Una reforma incompleta que al no agrandarse contribuyó a asegurar la continuidad del sistema penal que actualmente tenemos, a pesar de los juicios orales. Aprehendidos torturados. Inocentes encarcelados. Interrogatorios amañados.

Policías mal entrenados. Testigos oculares manipulados. Un andamiaje institucional que los juicios orales, por sí solos, no pueden arreglar. Hacían falta lineamientos claros para regular la investigación que lleva a cabo la policía, no nada más reglas claras para los jueces.

El reto es que nadie lo quiere reconocer. Nadie lo quiere resolver. Pocos entienden la dimensión del problema y sus consecuencias. Demasiados piensan que reformar el poder judicial entraña exclusivamente la inducción de la transparencia y el tránsito a un sistema adversario. Demasiados creen que los juicios orales son la panacea y que no es necesario examinar el camino tortuoso que recorre un sospechoso desde que es aprehendido hasta que llega a una corte. Muchos parecen estar contentos con una reforma a medias que satisface a los reformadores a medias, cuando una reforma integral al sistema penal tendría que haber tomado en cuenta lo que pasa antes de que un caso llegue a juicio. Cómo aprehende la policía a un sospechoso. Cómo lo interroga. Cómo es identificado.

Hoy la policía en México no tiene que sujetarse a leyes que le indiquen qué hacer. Hace lo que quiere: fabrica culpables, tortura arrestados, planta evidencias, manipula testigos. No existe legislación que la frene, legislación que la guíe, legislación que la sancione. La policía no sabe llevar a cabo los procedimientos más básicos para interrogar sospechosos. No sabe cómo conducir cateos y decomisos. No sabe cómo seguir reglas para la identificación mediante testigos oculares. No sabe cómo preservar la evidencia biológica.

En México, dado que los fiscales tienen el control de la policía judicial, muchos asumen que ésta no necesita reglas. Creen que cualquier violación de cualquier nuevo requisito incorporado al Código Penal desencadenaría una ola de amparos. Piensan que establecer normas para la policía entorpecería la labor del poder judicial. Asumen que videograbar los interrogatorios sería arrebatarle facultades al ministerio público. Pero se equivocan. Al no usar la oportunidad que tuvieron en 2014 para reglamentar la actuación de las fuerzas policiales, han creado un sistema más transparente pero igual de disfuncional. Los juicios quizá son mejores, pero antes de ellos hay más de lo mismo. Policías abusivos. Policías que siguen manchando un sistema judicial que la oralidad intenta limpiar. Policías que

—ante el temor de hacer el ridículo en un juicio oral— llevan a cabo menos arrestos. Policías con bajos estándares y altos niveles de mala actuación.

Dado que el Código Penal aprobado no incorporó reglas específicas que vigilen, orienten y controlen a las fuerzas policiales, las reformas contempladas no caminan como deberían. El tránsito a la oralidad es un tránsito incompleto. El esfuerzo de quienes han impulsado la transformación del sistema judicial está sucumbiendo ante una recalcitrante PGR y unos gobernadores que no entienden el papel de una policía moderna. La desconfianza histórica en la policía continúa porque los legisladores y los políticos no hacen lo necesario para combatirla. La clase política celebra la aprobación de otra reforma que no ataca el corazón del problema.

Lo que propuso Enrique Peña Nieto mediante el Mando Único no reconoce la profundidad de la crisis de confianza que aqueja a las fuerzas policiales. Crisis presente en las calles, en las marchas, en las redes sociales, en la prensa internacional, en los golpeados por manifestarse en el Zócalo, pero no en la cabeza del Poder Ejecutivo. Un gobierno que como respuesta ofreció la creación de policías estatales únicas. La centralización como solución. El mando único como panacea. La redistribución del poder de quien controla a la policía sin que ello implique remodelarla a fondo. Todo ello sin consulta, sin evaluación, sin deliberación, sin un diagnostico del estado que guardan las policías estatales, sin una evaluación de las experiencias de mando único en diversas entidades del país, sin un análisis comparado de ejemplos internacionales de reforma policial. Un cambio con los ojos bien cerrados. Un salto al vacío. Un ejemplo más de la ocurrencia convertida en política pública.

Por eso la oposición de los ciudadanos del Consejo de Seguridad Pública, de organizaciones de la sociedad civil, de movimientos sociales, de expertos. Por eso el cuestionamiento de Insyde a la centralización policial, dado que —según el INEGI— la diferencia entre quienes creen que la policía estatal es corrupta y quienes piensan que no lo es, se reduce a nada más 4 puntos porcentuales: 67 y 63%, respectivamente. El PRI quiere menos corporaciones policiales, pero no explica cómo serán menos corruptas. Quiere mandos "súper dotados", pero no explica cómo serán más modernos. Quiere las mismas culturas verticales, pero no explica cómo van a estar sujetas a controles horizontales.

Pero más problemático aún: no contesta la pregunta de qué policía queremos. Y es una interrogante que pocos saben o desean contestar. Es una interrogante que el Código Nacional de Procedimientos Penales no quiso ni siquiera encarar. Porque la policía es un instrumento de control político que la clase política no quiere soltar, ni transparentar, ni regular, ni normar. La PGR y los gobernadores y los presidentes municipales se valen de ella para múltiples tareas que poco tienen que ver con la seguridad ciudadana. La policía es usada para perseguir, torturar, extorsionar, golpear, amedrentar o arrestar conforme a cuotas. Es usada para cometer crímenes de Estado en lugar de prevenir que ocurran. Es odiada en vez de ser respetada. Eso no cambiará si no hay un buen posicionamiento salarial y técnico. Si no hay una buena ley nacional que obligue a la policía a documentar y hacer públicas sus interacciones con los ciudadanos, durante su aprehensión e interrogatorio. Si no hay un esquema de servicio civil apropiado con incentivos adecuados.

Reformarla requerirá mucho más de lo que Peña Nieto planteó y la PGR quiere evitar. Una ley nacional de policía que regule su comportamiento, comenzando por la investigación, pasando por la aprehensión y llegando hasta el juicio. Porque, como escribió Federico García Lorca en "Romance de la guardia civil española", los uniformados "Con el alma de charol/ vienen por la carretera. Jorobados y nocturnos...". Es crucial sacarlos a la luz, devolverles la dignidad, profesionalizarlos para que dejen de ordenar silencios de goma oscura y miedos de fina arena. Porque cada país tiene el tipo de policía que exige, y en México es tiempo de tener una policía que aprehenda a criminales y no sólo los mimetice. Una policía con alma de servicio y no nada más alma de charol.

JUICIOS ORALES, FRENOS DE MANO

El nuevo sistema de justicia penal no está caminando como debería. Su mal funcionamiento es comparable a pisar el acelerador y esperar que el carro avance cuando tiene el freno de mano puesto. Como trazar la ruta, elaborar el mapa y subirse a un vehículo trabado. Como andar en un automóvil atorado, lento, demorado. Un coche que el gobierno presume de alta velocidad pero que ha sido saboteado por casi todos los conductores. Así ha sido la historia de la reforma al sistema de justicia penal en México. Una historia que podría tener un final feliz, pero que no podemos celebrar hoy porque la meta se encuentra todavía muy lejana. El plazo constitucional para el "nuevo sistema de justicia" ya venció y el auto echa humo.

Es el diagnóstico que hace el Centro de Información Para el Desarrollo (CIDAC) en sus dos últimos reportes de hallazgos, a diez años de que México cambiara de un sistema inquisitorio y opaco a un sistema penal oral y adversario. Una década investigada, auscultada, escrudiñada y con grandes esfuerzos debido a la dificultad de obtener información sobre el nuevo sistema, porque demasiadas instituciones que lo operan no quisieron proporcionarla o la reservaron. Aun así, CIDAC recolectó cifras que encogen el ánimo, datos que desilusionan. A pesar de la existencia del nuevo sistema, la cifra negra de delitos no denunciados sigue siendo persistentemente alta: 92.8% de los crímenes cometidos no fueron denunciados por falta de confianza en la autoridad, o porque los ciudadanos creen que es una pérdida de tiempo. Y usualmente tienen razón.

En los lugares donde sí procede la investigación y el juicio, la oralidad es intermitente o nula. Escasean los defensores públicos y pocos tienen capacidades técnicas para actuar adecuadamente; sólo 19% de las defensorías cuenta con algún tipo de apoyo pericial. No hay suficientes asesores jurídicos de víctimas. La policía no tiene ni el respaldo legal ni la formación institucional para cumplir con sus nuevas atribuciones, y los protocolos para guiar su actuación han resultado insuficientes. En pocas palabras, México no está preparado 100% para el nuevo sistema de justicia penal. Después de millones de pesos, miles de discursos, cientos de foros y muchos autoelogios gubernamentales, el carro no ha llegado ni a la esquina. Sólo nueve entidades del país están operando según el nuevo sistema de justicia penal de manera total. En algunas entidades hay trechos que celebrar y en otros hay automóviles varados que urge echar a andar.

El camino se ve largo, tortuoso y doloroso para tantos mexicanos injustamente encarcelados, violentamente torturados, presuntamente inculpados. Como explica CIDAC, si sigue el ritmo actual de instrumentación de los juicios orales, tomará 11 años en promedio lograr la operación nacional. Once años de inocentes languideciendo en los reclusorios. Once años de criminales a los cuales el juez se ha visto obligado a liberar debido a fallas en la aprehensión, en la investigación, en el debido proceso. Once años de un sistema de justicia que funciona mal y muy mal.

Y van las preguntas: ¿El freno de mano es planeado o accidental? ¿Es un problema de voluntad política o de inercia institucional? ¿Es un sabotaje producto de gobiernos que no quieren remodelarse o simplemente no saben cómo hacerlo? Preocupa tanta evidencia que parece demostrar la obstaculización deliberada. Basta con ver la Miscelánea Penal aprobada por la Cámara de Diputados, denunciada como una contrarreforma por la Red Nacional de Juicios Orales. Basta con ver cómo niega el derecho a la defensa del inculpado en su primera comparecencia ante un juez. O cómo permite a los imputados ser "paseados" por la policía –con la posibilidad de tortura que eso entraña– antes de ser puestos a disposición de un juez. O cómo permite la prisión preventiva de manera casi sistemática. He allí los reflejos autoritarios de un sistema que dice empujar el cambio pero, a la hora de la instrumentación, lo para. He allí a los conductores que deberían pisar el acelerador pero colocan el freno de mano. Quieren anunciar que llegaron a la meta prometida, pero no corriendo sino simulando hacerlo.

Como el nuevo sistema de justicia penal y de juicios orales avanza tan lento, hay quienes piensan que no debería existir. Hay más violencia a lo largo del país y la culpa es del nuevo sistema de justicia penal, argumentan sus detractores. Quienes, después de tan sólo diez años de su instrumentación, dicen que no funciona; que no produce resultados; que en lugar de castigar a criminales termina por soltarlos. Entonces proponen tirar al bebé con todo y la bañera. Aumentar las penas, aumentar la prisión preventiva, recurrir a lo que Edna Jaime llama "populismo penal", que en realidad equivale a un retroceso civilizatorio. A un ojo por ojo, diente por diente, pedrada tras pedrada. A habitar un lugar antidemocrático donde se exige venganza en vez de justicia; donde se argumenta tramposamente que la oralidad incrementa la criminalidad, cuando el problema no es el sistema adversario sino las fallas en su instrumentación.

No es que sea imposible limpiar al bebé —nuestro fétido sistema de justicia— pero para ello habría que reconocer la bañera defectuosa y el agua sucia con la cual intentan desinfectarlo. El andamiaje agrietado y la capacidad institucional débil. La falta de coordinación y evaluación. La ausencia de sistemas de registro, procesamiento y reporte de la información. La desigualdad de recursos a nivel estatal para la implementación de la reforma. La ausencia de transparencia, rendición de cuentas y participación ciudadana. La persistencia de la impunidad.

Muchos mexicanos no comprenden el sistema adversarial ni sus méritos y por ello lo descalifican, azuzados por políticos que prefieren ofrecer mano dura en lugar de mano eficaz. Critican al bebé en vez de componer la bañera; increpan al infante en vez de volver potable el agua que lo rodea. Se burlan del debido proceso, desdeñan la presunción de inocencia, niegan los derechos de los presuntos culpables. Culpan al recién nacido por no tener la piel reluciente al mismo tiempo que ignoran lo que debería hacerse para mejorar su aspecto y garantizar su salud. Ello pasa por temas que muchos miembros de la clase política y el poder judicial preferirían no tocar. Lo incómodo. Lo urgente. Cómo entrenar y financiar y crear policías capaces de ser primero buenos respondientes en la escena de un crimen. Cómo mejorar la calidad de la investigación de los ministerios públicos. Cómo asegurar que los inculpados tengan una defensa adecuada. Cómo profesionalizar peritos para recabar evidencia. Cómo educar jueces que sepan valorar pruebas y dictar sentencias justas basadas en ellas.

El nuevo sistema de justicia penal todavía está en pañales. Sin embargo hay estados donde ya comienza a dar sus primeros pasos tambaleantes, pero aplaudibles. Baja California, Chihuahua, Guanajuato son progenitores de un chico que empieza a caminar en la dirección correcta. De ahí habría que tomar lecciones; de esas latitudes deben provenir las pistas pedagógicas. En este proceso de aprendizaje habrá que defender el nuevo sistema de justicia penal y no echarlo por la ventana ante las fallas que aún presenta. Habrá que resanar la bañera y no sólo patearla. Ese es el reto, ese es el exhorto.

La solución no se encuentra en más prisión preventiva, más arraigo, más cárcel, más ejecuciones justificadas. Ésa es la tina tóxica de la cual venimos y que engendró monstruos: inocentes encarcelados, inculpados entambados, penales atiborrados, justicia fárcica e inalcanzable. México transitó a los juicios orales precisamente para eliminar la injusticia vía la transparencia. Una coalición reformista fue progenitora del infante hoy insultado, y a ese habrá que cuidarlo, ducharlo, enjabonarlo. No caigamos en el error de tirar lo que será bueno porque todavía no lo es del todo; no rechacemos lo esencial –la vida del bebé– porque aún no logramos limpiar la mugre que lo rodea. La tarea que toca no es tirar al niño con el agua de la tina, sino asearla.

FISCALES CARNALES, FISCALES FLORALES

El país parece más democrático pero también más cleptocrático. Más abierto pero también más maloliente. Más competitivo pero más corrompido. Antes, las fortunas de los políticos eran un chisme compartido; hoy son una realidad denunciada. Antes, las mansiones de millones de dólares eran un secreto guardado; ahora son un escándalo publicado, pero raras veces investigado.

La impunidad persiste gracias a los guardaespaldas del poder, contratados para proteger, vigilar y disparar contra cualquier enemigo, percibido o real. Empleados para que nada malo les pase a sus jefes, a quienes les deben el puesto y la lealtad. Como Raúl Cervantes, el famoso #FiscalCarnal, quien después de ser electo por unanimidad por el Senado expresó su deseo de ser Fiscal General y quedarse nueve años en el puesto. Como los magistrados del Tribunal Electoral, cuyo plazo fue extendido de manera inconstitucional. Colocados allí con la intención expresa de cuidar los intereses de quienes los eligieron: el presidente Peña Nieto y los partidos y el priismo internalizado por todos. Diciéndonos que no tenían la intención de "joder" al país, pero terminaron haciéndolo. Ambos casos lamentables no sólo por los nombramientos y los procedimientos sino por la ausencia de contrapesos. Cervantes y los magistrados electorales se volvieron guaruras porque el Senado lo permitió.

Raúl Cervantes se ganó el apodo de "Fiscal Carnal" por su militancia partidista, por haber sido senador del PRI y abogado de Peña Nieto en el caso Monex, por los conflictos de interés que cargaba debido a clientes que lo han contratado, por la denuncia legal en su contra como resultado de violencia intrafamiliar, por la consanguinidad con el ex consejero jurídico y *consigliere* de Los Pinos, Humberto Castillejos. Raúl Cervantes no cumplía con el perfil adecuado; encarnaba su antítesis.

Pero quienes lo eligieron en el Senado argumentaron que era un "hombre brillante", un gran abogado, un constructor de consensos, un político que sabía dialogar, un operador que sabía rodearse de académicos que le proveían la credibilidad que necesitaba. Quizás todo eso era cierto, pero también irrelevante. En ese puesto urgía un nombramiento que mandara una clara señal de romper con el pasado para trazar el futuro. Era crucial que la característica primordial fuera la distancia y no la cercanía. En lugar de ello, el presidente evidenció lo que quería: un certificado de impunidad transexenal, una protección política asegurada en lo que resta de su paso por el poder y más allá. Un séquito de guaruras en la próxima Fiscalía General y en el Tribunal Electoral.

Quizás lo más escandaloso fue cómo el Senado de la República legitimó la contratación cuatista, en un *fast track*, en un *blitzkrieg*, en una operación de lavado y planchado como pocas veces hemos presenciado. Lo señaló Alejandro Hope: el tiempo que transcurrió entre que Barack Obama postuló a Loretta Lynch como Fiscal General y fue ratificada por el Senado fue de 165 días. El que pasó entre la nominación de Raúl Cervantes y su aprobación fue de un solo día. Luego de su comparecencia, en la cual los senadores dedicaron más tiempo a congratularlo que a auscultarlo. Cuando un puesto de tal trascendencia exigía un proceso abierto, transparente, participativo. Algo que más de 150 ONG reclamaron *a posteriori*, cuando ya el Senado había abdicado de la responsabilidad que le correspondía: ser un poder que acota al Ejecutivo, que pone límites al presidente, que detiene decisiones arbitrarias en lugar de aplaudirlas. No podía haberlo descrito con más claridad México Unido Contra la Delincuencia: "Joder al país es que Enrique Peña Neto nombre a un fiscal carnal y que juegue a que los delitos prescriban y queden impunes." Finalmente el Fiscal Carnal fue obligado a renunciar ante la presión pública que derivó en inviabilidad política. Pero las condiciones que permitieron y permiten el arribo de cuates a puestos clave siguen ahí.

Junto a los fiscales carnales, están los fiscales floreros. Como objetos decorativos. Como cosas que contribuyen a la belleza de una habitación pero no pueden componer sus paredes cuarteadas. Así será el Fiscal Anticorrupción y así lo trata el Senado encargado de diseñar sus funciones y designarlo. Un cimiento clave del Sistema Nacional Anticorrupción, hoy relegado a jarrón sobre la mesa. Una piedra de toque de lo que debería ser el nuevo edificio, convertido en un recipiente floral. Después de años en los que la sociedad civil hizo su trabajo, la clase política no hace la suya. Posterga y pospone en lugar de arreglar y designar. En el Senado continúan las disputas en torno a cuates, las discusiones en torno a cuates. Mientras tanto, la posibilidad de un Fiscal fuerte e independiente se marchita cual margarita deshojada por los partidos.

La Fiscalía Anticorrupción nació con problemas de designación y de diseño, que en lugar de crear condiciones para una fiscalía autónoma, las engendran para una fiscalía maniatada. Con las reglas actuales, nacería agachada. Nacería tan dependiente de la PGR que no sería capaz de investigar la corrupción que corroe al país. El fiscal florero sería subalterno de fiscales carnales. Tendría que pedir permiso, perdón y presupuesto al procurador y, de acuerdo con la legislación aprobada, podría ser removido en cualquier momento. Si se acercara a la verdad, probablemente acabaría inhabilitado para seguir persiguiéndola. Si empujara investigaciones libres e independientes, seguramente descubriría la esclavitud política en la cual nació. Pero el Senado no rehace las reglas porque no quiere. Ningún partido desea una investigación seria a Odebrecht, a OHL, a gobernadores de todas las estirpes, a políticos prófugos o a ex presidentes que hayan perdido el fuero y la protección política que provee. Ningún coordinador parlamentario quiere colocar una potencial soga al cuello alrededor de

personajes que actualmente pueblan su recinto. Por eso, los escándalos que sacuden a otros países, producen encarcelamientos, provocan
inhabilitaciones y llevan a destituciones, aquí son sólo la nota del día.
Transitamos del escándalo al encubrimiento, de la indignación a la
desolación. Como no hay Fiscal Anticorrupción, no hay combate a
la corrupción.

Para que la Fiscalía Anticorrupción funcione adecuadamente
debería tener los dientes que no le han dado, la autonomía que no le
han asegurado, el presupuesto que no le han otorgado, el mandato
que no le han ampliado. Para crear Fiscales Anticorrupción exitosos
como lo fueron Falcone y Borsellino y sus herederos institucionales
en Italia, la versión mexicana debería contar con una capacidad de
investigación y con unos estatutos jurídicos y con una independencia
política y con unas facultades amplias que el Congreso y el presidente
no le quieren dar. En Brasil y Colombia, fiscales independientes han
logrado sentenciar e inhabilitar a políticos de todos los partidos, y en
México tanto el PRI como el PAN el PRD o el Partido Verde no quieren
que eso ocurra, jamás.

En cuanto al Fiscal Especializado contra Delitos Electorales,
ocurre lo mismo o algo peor. La destitución intempestiva e inexplicable de Santiago Nieto en noviembre de 2017 sólo lo confirma. Con
tal de asegurar la impunidad, el priismo estuvo dispuesto a destituir
a los pocos funcionarios que actuaban para combatirla. Con tal de
salirse con la suya, el peñanietismo fue capaz de destruir o frenar lo
que desde la ciudadanía se venía construyendo. No hay procurador
autónomo. No hay fiscal para delitos electorales creíble. No hay Fiscal Anticorrupción. No hay ley orgánica de la Fiscalía General. El
PRI, que se vanaglorió de ser el creador de las instituciones, se abocó
a asegurar un infierno donde no existen o no funcionan.

O funcionan con un objetivo particular y no para el cual fueron
diseñadas: protegen en lugar de investigar, y hacen política partidista
en vez de impartir justicia. Hacen trabajo sucio, los encargos del presidente en turno. Rafael Macedo de la Concha instrumentó el desafuero de AMLO. Daniel Cabeza de Vaca justificó el desalojo violento
en Atenco y la aprehensión de líderes comunitarios. Eduardo Medina
Mora avaló el "Michoacanazo". Arturo Chávez Chávez permitió la

violación del debido proceso en el caso de Florence Cassez. Jesús Murillo Karam inventó la "mentira histórica" sobre Ayotzinapa. Arely Gómez nunca actuó contra los gobernadores desfalcadores denunciados por la ASF. Raúl Cervantes fue el Fiscal Carnal. El encargado del despacho en la PGR cesó a Santiago Nieto por una presunta "transgresión del código de conducta" de la institución.

La razón real para despedir a Santiago Nieto fue obvia. Evidente. Estaba en la revelación pública de una carta que le envió Emilio Lozoya, ex director de Pemex, exigiendo que lo exonerara, que se disculpara, que le diera un trato preferencial o protección política por quien era su padre y donde estudió. Estaba en la línea de investigación de Odebrecht y la supuesta triangulación de fondos –llevada a cabo por Lozoya– vía cuentas en Suiza, Islas Caimán, Brasil. Estaba en el "timeline" de Twitter del propio Lozoya donde se quejó de cómo el "sigilo judicial" fue violado en su caso.

El único código de conducta que Santiago Nieto violó fue el de la *omertá*, ese código de silencio que la clase política mantiene para cuidarse, protegerse, perpetuarse. El único error del fiscal fue fiscalizar; hacer evidente la manera en la que el PRI ha erigido muros herméticos que mantienen a México en un infierno institucional. La intención detrás de su despido también fue trágicamente transparente: evitar cualquier tipo de acción penal contra Emilio Lozoya. Evitar cualquier tipo de investigación en torno a Odebrecht que documentara el financiamiento ilegal a la campaña presidencial de Enrique Peña Nieto. Evitar la salida del averno en el cual nos han colocado y desde el cual nos controlan.

La salida del infierno institucional de estos tiempos es clara. No se trata sólo de cambiar el nombre, de rediseñar el letrero afuera del edificio de la PGR o nombrar a fiscales para cumplir con el requisito. No se trata sólo de modificar la papelería y los sellos y el logotipo que acompañan los oficios. El combate a la corrupción y la construcción del Estado de Derecho transitan por modificaciones institucionales sustantivas, no nada más retoques escenográficos. Estamos frente a una coyuntura crucial, en la cual si permitimos que únicamente se pinte la fachada, el andamiaje institucional cuarteado quedará intacto. El andamiaje institucional corrompido permanecerá sin ser tocado, permitiendo que los fiscales no fiscalicen, las leyes no se cumplan, las reformas no se implementen, la corrupción no se combata.

Por eso la importancia de reconstruir desde los cimientos, para que el nuevo edificio a cargo de fiscalizar sea sólido, fuerte, funcional. Algo que no ocurrirá con la nueva Fiscalía General de la República, que sustituirá a la Procuraduría General de la República, tal y como ha sido concebida hasta el momento. Como ha argumentado Ana Laura Magaloni, algo está mal, algo está equivocado. El diseño constitucional detrás de la "nueva" institución es erróneo, porque la reforma que condujo a su creación establece que simplemente heredará los recursos humanos, presupuestales, financieros y materiales de la PGR. Heredará un pesado lastre, un pesado fardo.

Años de mal desempeño, de incompetencia institucional, de incapacidad para perseguir delitos, llevar a cabo investigaciones creíbles, actuar como un contrapeso real y no como un poder sojuzgado. Años de ser una institución con titulares que siguen las encomiendas del Ejecutivo o crean mentiras históricas o emiten certificados de impunidad. Años de procurar la justicia a nombre de quien tenga el poder para corromperla. Creando con todo ello una cultura de vicios difíciles de combatir, complicidades imposibles de romper, inercias burocráticas difíciles de sacudir. Habrá que empezar "desde cero". Debatir cómo hacerlo. Aclarar competencias, facultades y alcances de la nueva fiscalía. Profesionalizar nuevos cuerpos para integrarla. Diseñar mecanismos para que se vea obligada a rendir cuentas. Exigir que tenga la autonomía política que siempre le ha faltado a quienes procuran justicia en México.

Sin una reforma profunda al diseño de la Fiscalía General de la República habrá un Fiscal General dependiente y un Fiscal Anticorrupción débil al que le falte independencia política, sometido a los caprichos del Senado y a las peticiones de protección del presidente. Versiones facsimilares de Virgilio Andrade, pidiendo permiso para investigar en lugar de contar con la credibilidad y la experiencia y la autonomía para hacerlo vigorosamente. Fiscales que no saben cómo limpiar la suciedad porque se han beneficiado de ella. Encarar la corrupción y esa criminalidad endémica en el poder requerirá diseños institucionales distintos y designaciones personales impolutas. Si no, la fachada cambiará, pero la justicia seguirá descompuesta.

SUPREMA CORTE, SUPREMOS CUATES

"Cuando pones a alguien en la Suprema Corte deja de ser tu amigo", decía Harry Truman. Así debería ser. Un ministro o una ministra que llegue al Tribunal Supremo y se corte las ataduras, desconozca los favores, desoiga los mandatos, interprete a la Constitución y no a quienes la amoldan según su conveniencia. Un ministro o una ministra que se vuelva garante de los derechos fundamentales de los ciudadanos y no protector de los privilegios descomunales de quienes los gobiernan. Alguien respetable, respetado, respetada. Alguien profesional, prestigiado, propositivo.

Todo lo que no fue ni es Eduardo Medina Mora, ejemplo de un proceso encaminado a llenar a la Corte vía cuotas y con cuates, para así pagar favores, asegurar votos, dictaminar sentencias. Coartar la independencia de una Corte a la que todavía le cuesta trabajo demostrarla. Hacer al Máximo Tribunal corresponsable del pacto de impunidad. Eso fue lo que hicieron el presidente y el PRI y el PAN cuando se unieron en 2014 para colocar a Medina Mora en la Suprema Corte. Colocar a uno de los "suyos" a cambio de uno de los "nuestros", en un proceso de cuotas y cuates. Por ello votaron como lo hicieron. Sin un largo proceso de auscultación. Sin una extensa etapa de investigación. Sin una deliberación razonada, convincente, seria. En lugar de eso hubo una farsa, una votación negociada y predeterminada, un envío humillante de más de 45,000 firmas ciudadanas exigiendo un proceso transparente, a un "micrositio" del Senado, acumulando allí polvo, indignación. Revelando lo que está mal con la manera en que se designa a los ministros de la Corte y por qué urge cambiarla. Si la justicia –como escribió Joubert– es la verdad en acción, habrá que verla funcionar en la integración de la Suprema Corte.

Habrá que cambiar de tajo lo que presencié allí sentada, en el Senado, escuchando las mentiras que llevaron a un amigo del presidente a ocupar durante 15 años el Tribunal Supremo de la Nación. Allí presenciando la arrogancia de Enrique Peña Nieto al imponer a alguien no calificado para el puesto. La desvergüenza del PRI que ni siquiera salió a defender la postulación. La complicidad del PAN que se prestó al trueque, a cambio de un ministro "suyo" o un certificado de impunidad para personajes acusados de su propio partido. La pusilanimidad de la izquierda dividida, con ausencias, con ambivalencias, con personajes que en el momento clave ni siquiera se presentaron a votar.

Todos exhibiéndose y exhibiendo lo que ocurre con nuestras instituciones de deliberación democrática y cómo se doblegan. O se vuelven comparsas, promueven la protección política antes que la representación democrática. O permiten que Enrique Peña Nieto se haya comportado como "un presidente como los de antes", en palabras de la politóloga Soledad Loaeza. Un presidente que se dijo transformador cuando en realidad era restaurador. Un presidente que se rehusó a cambiar la forma autoritaria de ejercer el poder que caracterizó al PRI en el siglo XX.

Un Poder Ejecutivo que ignoró los cuestionamientos válidos de expertos como Alejandro Madrazo, Jorge Javier Romero y Catalina Pérez Correa, quienes impulsaron la recolección de 52,000 firmas en contra de Medina Mora. Quienes formularon preguntas públicas para las cuales ni el PAN ni el PRI ni el PVEM dieron respuesta. ¿Por qué colocar en la Corte a alguien cuyo desempeño como funcionario público había sido tan cuestionable? ¿Por qué imponer en una institución que debe vigilar las garantías individuales a una persona que –en numerosas ocasiones– había demostrado desprecio por ellas? ¿Por qué postular a un puesto jurídico de la mayor importancia a un abogado que había perdido tantos juicios de inconstitucionalidad y bajo cuyo mando 38 funcionarios públicos de Michoacán habían sido liberados por falta de pruebas que la PGR no fue capaz de presentar? ¿Por qué avalar la llegada a la Suprema Corte, encargada de vigilar el cumplimiento de la ley, a alguien que la había violado al permitir el entrenamiento de personal mexicano para apoyar programas de trasiego de armas desde Estados Unidos?

El Senado, en lugar de atender estas preocupaciones legítimas sobre el nombramiento, las desoyó. En lugar de abrir el espacio indispensable para un debate profundo, amplio, serio, participativo, optó por obedecer las órdenes del presidente y sacrificar su autonomía. Sacrificar su papel como contrapeso. Sacrificar su tarea constitucional de vigilar al Poder Ejecutivo y no simplemente hacerle los mandados. El Senado mostró la más absoluta indiferencia ante las violaciones a mujeres por policías bajo el mando de Medina Mora en el caso de Atenco. Cerró los ojos ante el escándalo de que la PGR –cuando la encabezó– se tardó tres años en presentar concusiones "no acusatorias" contra tres mujeres indígenas, injustamente presas, que después fueron liberadas. Guardó silencio sobre el uso desmedido del arraigo, que llevó sólo a 38 sentencias condenatorias más que su predecesor. No investigó ni escrutó ni sopesó la candidatura de Medina Mora como debió hacerlo. Y he allí las consecuencias. Un federalismo amenazado por la pérdida de contrapesos al Poder Ejecutivo que debería colocar el Poder Judicial.

Sólo un año después, vimos más de lo mismo. Un proceso de pantomima en la selección de otros dos candidatos a la Suprema Corte en 2016. Un suceso que en otros países hubiera entrañando meses de discusión, meses de auscultación, meses de negociación, aquí se llevó a cabo como un teatro kabuki exprés. Un proceso patito en el cual vimos la penuria intelectual de muchos senadores, la minimización de medios que no le dieron importancia al tema, la ausencia de una opinión pública informada y presente. Un montaje minimalista en el cual se cubrieron las formas pero no se atendió el fondo. Todos siguieron el mandato constitucional para integrar al máximo tribunal, pero pocos entendieron la importancia de lo que estaban haciendo. Fueron protocolarios y de manera muy pobre.

Después de la desastrosa elección de Medina Mora, parecía que tanto el presidente como el Senado habían aprendido la lección. El imperativo de integrar una Corte sin cuotas y sin cuates. El imperativo de nombrar mejores perfiles y evaluarlos seriamente. El imperativo de asegurar independencia y competencia, honorabilidad y elegibilidad. Parecía que el proceso iba a ser distinto y se dieron visos de ello cuando la Comisión de Justicia solicitó el apoyo de académicos, abogados y activistas para hacer mejor su trabajo. Cuando se llevaron a cabo comparecencias maratónicas en las cuales los candidatos se vieron obligados a responder cuestionamientos y asumir posiciones.

Pero el proceso nació viciado y no logró remontar sus orígenes. El presidente propuso ternas insultantes integradas por algunas personas que no lograban articular una oración con sujeto, verbo y predicado. O que no pudieron responder a preguntas concretas sobre la nueva jurisprudencia en derechos humanos. O que contestaron "porque Dios así lo quiso" para explicar su candidatura. O que habían intentado alterar la escena de los hechos en Tlatlaya. Peña Nieto no envió a juristas de primera sino a postulantes de tercera.

El Senado avaló, de nuevo, la colocación de compadres en la Corte, vía el nombramiento y la votación *fast track* para evitar la auscultación. Para evitar la participación ciudadana. Para evitar un proceso abierto, transparente, adverso, que obligara a cada nominado a definir su posición en temas centrales. En lugar de ello vimos la locomotora del Poder Ejecutivo pasar por encima de un Senado que permitió ser arrollado. Gracias a un PAN abyecto. Gracias a un PRD cuya bancada completa no se presento a votar. Gracias a un proceso que permite todo eso. El *fait accompli*. La terna en donde dos se prestan al juego de ser contendientes cuando sólo uno lo es. La fachada democrática que esconde las pulsiones autoritarias.

El Máximo Tribunal es un sitio demasiado trascendente para que su integración se maneje de manera tan desaseada. Habrá que impulsar modificaciones al artículo 96 constitucional con normas explícitas que la acompañen, para que en lugar de ternas el presidente someta un solo candidato cuya postulación tendría que justificar y defender. Para que en vez de trámites sin trascendencia, las comparecencias sean incorporadas en el dictamen como parte de un escrutinio minucioso. Para acabar con la discrecionalidad y la politización que convierte a un proceso parteaguas en un proceso patito, que en lugar de procrear pavorreales engendra carroña.

En el alto tribunal estadounidense, la misma arquitectura del recinto revela su misión. Hay 44 escalones para llegar a la puerta; 44 escalones por los cuales hay que ascender; una manifestación física del camino a la justicia. Como escribe Jeffrey Toobin en *The Nine: Inside the Secret World of the Supreme Court*, las escaleras separan a la Corte de lo mundano, de la política, de las luchas por el poder. Los Ministros están colocados, literalmente, en un plano superior. Cerca de la autonomía y lejos de las alianzas políticas. Cerca de la independencia y lejos de los intereses empresariales. Son garantes agresivos de los derechos individuales y no corsarios del corporativismo o del capitalismo de cuates. Precisamente por ello, en México no podemos permitir que la Corte se convierta en otro coto, en otro sitio al cual es posible enviar a incondicionales o subordinados o senadores con licencia.

Por eso la exigencia social de candidatos y ternas decentes que contribuyan –como ha escrito Saúl López Noriega– a la diversidad de la Corte. Una Corte exitosa debe contar con jueces de carrera y académicos y litigantes, incluso miembros de otras ramas del gobierno. No puede ser un tribunal monolítico, incestuoso, provinciano, formalista, rígido y tribal. Es necesario, dados los desafíos del país, de abrir a la Corte a visiones más garantistas, creativas e internacionales. Es necesario dejar atrás el patrimonialismo, verticalismo y autoritarismo que sigue permeando sus paredes. La Corte no es para familias o grupos o políticos en funciones. Es para quienes entiendan el derecho desde la perspectiva de darle vida democrática al texto constitucional.

México requiere una Suprema Corte sin cuotas o cuates. Un Tribunal Supremo sin sometimientos al poder ni conformado para hacer sus encargos. Un recinto autónomo que vele por los derechos fundamentales y no por los favores políticos; que interprete la Constitución para darle vida democrática y no sentido oligárquico; que se erija como contrapeso y no como comparsa; que involucre a los ciudadanos en un diálogo sobre el significado de la Carta Magna. Eso exigimos. Eso merecemos. Eso peleamos. Por procesos de auscultación serios. Por confrontaciones largas y profundas con cada uno de los candidatos, con preguntas duras, difíciles como las que se le hacen a los candidatos a otras Cortes, en democracias que funcionan mucho mejor que la nuestra. Por deliberaciones y argumentaciones públicas en las que participen académicos y especialistas y miembros de la sociedad civil.

Habrá que airear, investigar, sacar a la luz y de manera pública quiénes son las personas postuladas al Tribunal Supremo. De dónde vienen, qué han hecho, en qué creen. Porque son los que van a interpretar y defender principios constitucionales. Porque quienes sean electos deben mantener el balance, la autonomía, la pluralidad de la Corte. Y no deberían llegar allí quienes quisieran convertirla en un órgano del poder político. Quienes quisieran que dejara de corregir las deficiencias del proceso gubernamental. Para impedir eso el Senado no puede abdicar su responsabilidad: le toca hurgar durante muchos días, preguntar durante muchas horas, confrontar sin cortapisas. Le corresponde juzgar a los juzgadores, y a nosotros como ciudadanos activos también. Si eso no ocurre, continuarán los fallos inconsistentes, algunos aplaudibles y otros profundamente cuestionables, que condenan a la Corte a ser un jugador del sistema, cuando debería contribuir a reformarlo.

SAT SILENCIOSO, INAI INCONSISTENTE

En una época en la que todo debería ser visible, mucho permanece guardado. Oculto, reservado, secreto. Así se nos dice que debe ser gran parte de la información del gobierno en México. Así se manejan el gasto público, los fideicomisos, la condonación fiscal, el presupuesto, los recursos que van al Congreso, las transferencias federales a los estados, lo que se canaliza a los sindicatos. Como si fuera dinero suyo y no nuestro. Como si proviniera de su bolsillo y no del que nosotros llenamos. Los miembros de la clase política gastan, desvían, rescatan. Se comportan como sultanes y no como servidores públicos. Actúan como tlatoanis y no como fiduciarios. Son los supuestos guardianes del interés público cuando ni siquiera entienden lo que significa.

Como Aristóteles Núñez Sánchez, ex jefe del SAT, quien declaró que no podía revelar qué estados y municipios se beneficiaron de la condonación del pago del ISR, por el "secreto fiscal". Quien argumentó que los contribuyentes no tenían derecho a saber qué se hace con sus impuestos por el "secreto fiscal". Quien sugirió que los 45,000 firmantes que apoyaron la iniciativa "#YoContribuyente" deberían simplemente quedarse callados, agachar la cabeza, aceptar que el gobierno miente.

El entonces director del SAT se escudó en el "secreto fiscal" para no atender las dos ocasiones en las que el INAI exigió información específica y desglosada sobre los estados y municipios que se beneficiaron con las condonaciones fiscales. Desestimó el Artículo 6 de la Constitución que establece que toda información en posesión de cualquier autoridad que·"(...) reciba y ejerza recursos públicos (...) es pública y sólo podrá ser reservada temporalmente por razones de interés público y seguridad nacional". El jefe del SAT no pudo ni quiso explicar cuáles eran las razones de interés público y seguridad nacional que impidieron dar a conocer el dinero de los contribuyentes que fue regalado a los estados y que no sabemos cómo lo gastaron.

El mismo Artículo 6 establece que las disposiciones del IFAI son vinculatorias, definitivas e inatacables. Pero la autoridad fiscal esgrimió el argumento del "secreto fiscal" cuando legalmente estaba obligado a cumplir con lo que el INAI había pedido, que es transparencia en el uso del presupuesto. No envió al consejero jurídico del gobierno a la Corte a combatir el fallo del SAT en aras de la "seguridad nacional". Pareció no comprender que la Constitución y las resoluciones del IFAI tienen primacía legal sobre el Código Fiscal de la Federación, con el cual se resguarda para no entregarnos la información que tenemos derecho a saber.

Finalmente, quien fuera jefe del SAT dijo que la condonación no la propuso el Ejecutivo sino el Congreso. Tan es falso eso que ni la Cámara de Senadores ni la de Diputados justificaron la condonación pues no dieron razones para otorgarla ni evaluaron su impacto en las finanzas públicas. Y si el Congreso la "propuso" sin la anuencia del Ejecutivo, como argumentó Luis Videgaray, por qué él no la vetó. Pero tratan de apaciguarnos enfatizando que la condonación sólo ascendió a 17 mil 700 millones de pesos y no a los 40 mil millones que denunciamos. Quizás sí y quizás no. No hay manera de corroborarlo, ni para el año que dicen ni para otros. Queda la historia inexplicada e inexplicable de un gobierno que intervino para reducir el "pasivo" de estados y municipios, vía la condonación del ISR u otras medidas que Luis Videgaray, en su momento, se retorció tratando de justificar. Queda la historia escandalosa y no esclarecida de cómo nos vieron la cara mientras nos saqueaban el bolsillo.

La historia del caso #YoContribuyente es sólo un botón de muestra de muchos más.

Mientras lamentamos la discrecionalidad y la opacidad del SAT en el sexenio de Peña Nieto, también nos vemos obligados a decir adiós a lo prometido. Adiós a lo celebrado. Adiós a la autonomía de órganos como el Instituto Federal de Telecomunicaciones, y el Instituto Nacional de Acceso a la Información y Protección de Datos. Instituciones creadas para ser vigilantes del Estado, vallas de contención ante los intereses privados, salvaguardas capaces de cobijar, y hacer valer, los derechos ciudadanos. Instituciones diseñadas para regular, transparentar, intervenir, decidir, sancionar. Ahora convirtiéndose en comparsas del poder en lugar de su contrapeso. Ahora en una situación en la cual su credibilidad está siendo cuestionada, su autonomía está siendo acechada, su capacidad para hablar en nombre de la sociedad está en entredicho. Otra conquista ciudadana en peligro.

Porque la clase política se llena la boca exaltando la "autonomía", pero hace todo para debilitarla. Porque todos dicen querer transparencia y competencia y regulación, pero en un sector que no sea el suyo. Presenciamos la selección de comisionados del INAI que no deberían estar allí, o leyes secundarias que le arrebatan al IFETEL los dientes que debió haber tenido, o comisionados del INAI como Ximena Puente que saltan a puestos partidistas. Demostrando de esa manera que los órganos "autónomos" no lo van a ser tanto. Que la aplaudida autonomía resulta incómoda para intereses políticos, para intereses empresariales, para aquellos que quieren seguir recibiendo privilegios fiscales, gozando posiciones monopólicas, obstaculizando la competencia, evadiendo la transparencia.

De no ser así, cómo explicar posicionamientos criticables, votaciones cuestionables, decisiones que van en contra de lo que el INAI y el IFETEL deberían promover. La votación en el IFETEL, en la cual dos comisionadas valientes –Adriana Labardini y María Elena Estavillo– plantearon llevar una demanda de inconstitucionalidad a la Suprema Corte por aquello que la Ley Federal de Telecomunicaciones peñanietista le quitó al organismo al que pertenecen. Las atribuciones que le arrebató. La capacidad de decisión que le cercenó. El poder regulatorio que le restó. Entre quienes se opusieron a empujar la acción de inconstitucionalidad, ninguno dijo por qué la exigencia de que la Suprema Corte se ocupara del tema no procedía. Ninguno explicó por qué esa exigencia era riesgosa o contraproducente. Ninguno expuso por qué el Tribunal Supremo no debía ocuparse de un asunto crucial para las facultades del IFETEL. Más bien se congratularon de lo bien que quedó la ley, aunque les atara las manos.

Como la mayoría de los comisionados que integran el órgano de transparencia, votando también para no presentar una acción de inconstitucionalidad contra la Ley Federal de Telecomunicaciones. Para no pedir que la Suprema Corte se pronunciara sobre temas tan controvertidos como la geolocalización de personas vía sus teléfonos celulares y el almacenamiento de comunicaciones privadas de particulares, por empresas de telecomunicaciones, durante dos años. Para ignorar la exigencia de más de 200 organizaciones sociales preocupadas por el derecho a la privacidad y la protección de datos personales. El INAI contribuyendo así a la vulneración de derechos humanos fundamentales. Actuando contra directrices mundiales que protegen las comunicaciones personales de la intervención estatal, protegen la vida privada, protegen al ciudadano del espionaje del gobierno.

El INAI rehusándose a enviar un asunto espinoso a la Suprema Corte, donde debió ser discutido, aireado, sopesado, votado. El INAI a contrapelo de su razón de ser, sucumbiendo frente al argumento gubernamental envuelto tramposamente en la bandera de "la seguridad pública" y "el combate al crimen organizado". El INAI ayudando a que el Estado pueda espiar no sólo a presuntos secuestradores sino también a opositores, periodistas críticos, activistas, defensores de derechos humanos, cualquiera que busque ejercer su derecho a disentir. El Instituto Nacional de Acceso a la Información piensa que eso es válido, y eso exhibe qué tipo de institución es y en qué se ha convertido. En tantos temas no asegura la transparencia; apuntala la impunidad.

INE INERTE, TRIBUNAL DISCRECIONAL

Perdimos también al Instituto Nacional Electoral. Se rompió. La copa de champagne con la cual celebramos la transición democrática es un manojo de cristal despedazado. La copa prístina, transparente, perfecta ha quedado hecha pedazos. Ya no hay con qué brindar. Porque la confianza es como un vaso; una vez que está roto, ya nunca será el mismo. El INE con sus acciones y omisiones desde 2003 ha ido astillando la copa, resquebrajando el recipiente. La ciudadanía mira al árbitro electoral y no ve ahí imparcialidad, autonomía, capacidad para asegurar la equidad y la limpieza electoral. Al contrario. Hoy el INE politizado y partidizado contribuye a acentuar la desconfianza aunque fue creado para combatirla. De la copa sólo quedan los trozos desperdigados, cortopunzantes, peligrosos.

La primera grieta se dio en el 2003 cuando los partidos violaron los acuerdos que ellos mismos habían hecho para normar la integración del Consejo General. En vez de un consenso abierto hubo una negociación a escondidas. En vez de respetar pactos fundacionales el PAN y el PRI los violaron, ayudados por la recalcitrancia del PRD. Ahí, en un restaurante, Elba Esther Gordillo y Germán Martínez Cáceres se repartieron los puestos y cuartearon a la institución. Ahí acordaron minar la autonomía de un órgano cuyas multas les molestaban. Y después vino la elección de 2006 ante la cual un IFE débil no reaccionó como debió hacerlo. Luego vino la elección de 2012 en la cual un IFE priizado desechó las impugnaciones por las tarjetas Monex y Soriana. Después vino la elección de 2015 ante la cual un INE presionado ignoró las violaciones reiteradas y sistemáticas a la ley llevadas a cabo por el Partido Verde. Luego vino la elección en el Estado de México ante la cual un INE secuestrado justificó Tarjetas Rosa y tarjetas de débito y transas por doquier.

La lista de omisiones es cada vez más larga; la lista de claudicaciones es cada vez más extensa. Sólo porque en Quintana Roo, Veracruz y Chihuaha ganó la oposición nos hemos enterado de los desvíos multimillonarios de recursos públicos a campañas priistas. Sólo porque hay organizaciones como Mexicanos contra la Impunidad y la Corrupción y algunos medios independientes, hemos descubierto lo que Borge, y los dos Duartes hacían con nuestros impuestos. Financiar campañas de su partido en otros estados; enviar dinero en efectivo para comprar votos y construir clientelas; recurrir a constructoras para canalizar recursos carreteros a contiendas políticas. Ante todo esto, ¿qué hacía el INE? ¿Qué hacía la Unidad de Fiscalización que nos cuesta 400 millones de pesos al año y estaba dirigida por un colaborador cercano del priista Alfredo del Mazo?

El INE estaba ciego, sordo y mudo. Encerrado en la autocomplacencia. Brindando porque lograba instalar casillas a tiempo. Utilizando criterios cambiantes o francamente inverosímiles. Con dirigentes débiles o extorsionados o cómplices o cerrados a la crítica o impasibles ante el deterioro cada vez más grave del proceso electoral en el país. Con un Consejero Presidente, Lorenzo Córdova, escribiendo columnas en las cuales aseguraba que "los controles por parte del INE son cada vez más robustos y eficaces". La autoridad electoral sigue viéndose a sí misma como copa de champagne cuando no es ni envase de *Frutsi*. El INE no fiscaliza, normaliza; el INE no penaliza; trivializa. Ríos de dinero de procedencia ilícita recorren el sistema electoral y el INE se vanagloria de recoger un poco de lo vertido en su vasito agrietado.

Mientras deja pasar conductas tan reprobables como la del Partido Verde. Porque no fue un asunto de "rabia". No fue un tema de "filias y fobias". No fue una cuestión de "impertinencia". No fue por eso que más de 140,000 ciudadanos exigieron que el Instituto Nacional Electoral interviniera para quitarle el registro al Partido Verde Ecologista, después de la elección de 2015. Fue por una cuestión central para el desempeño y la dignidad y la viabilidad del sistema democrático: el respeto a la ley. El respeto a la equidad electoral. El respeto que las instituciones deben mantener ante los ciudadanos cuyos derechos supuestamente vigilan. Respeto que el INE resquebrajó al ignorar las firmas ciudadanas y los argumentos jurídicos, plasmados en un documento de 54 cuartillas, que las acompañaron. Respeto que el INE perdió cuando no aclaró cuantas violaciones "sistemáticas y reiteradas" a la ley –10, 100, 10,000 o 10 millones– eran suficientes para catalogar al Verde como un partido desleal al marco institucional que debía ser retirado de la contienda.

Hubo quienes argumentaron que quitarle el registro al Verde era una medida "extrema". Que el partido ya había sido sancionado. Que la "cura" podía ser más nociva que la "enfermedad". Que los electores deberían decidir. Pues he aquí el contra argumento: el respeto a la ley no es un ejercicio plebiscitario. Decir que los ciudadanos debían decidir si el Verde se quedaba en la vida política o no era como sugerir que también nosotros debemos decidir si obedecemos la ley o no. Era equivalente a sugerir que la autoridad avala que un partido haga trampa antes de la elección y no importa, porque el elector puede evaluar si la violación a la ley fue grave o no, sancionable vía el voto o no. Era equivalente a decir que la ley vale lo que un pepino. O un tucán.

Fue muy grave que el INE no estuviera dispuesto a discutir cómo el Partido Verde ha trastocado las reglas del juego democrático, una y otra vez. Cómo ha obtenido ventajas indebidas en la contienda electoral. Cómo las sanciones han sido insuficientes o tardías o han generado incentivos para "Haz trampa primero y paga la multa después". Cómo el PVEM ha desarrollado una estrategia calculada, dolosa e ilegal para posicionarse ante la ciudadanía. Fue muy grave que el INE no explicara los motivos y fundamentos de su inacción ante lo que la ley prevé como razones para la pérdida del registro. Fue grave que la lista de las violaciones "reiteradas y sistemáticas" a la ley hayan sido legitimadas. La lista de esas violaciones queda en la memoria colectiva, impune.

La autoridad electoral acabó argumentando que aunque el Partido Verde violó la ley en "repetidas ocasiones", las faltas "no fueron de la gravedad suficiente para dejarlo sin registro". Vaya burla. Vaya broma. Vaya manera de desacreditar el proceso electoral y a la institución creada para vigilarlo. Con su decisión, el INE mandó un mensaje y ese sí muy grave. Los partidos pueden mofarse de la legislación electoral y no habrá consecuencias. Los partidos pueden saltarse todas las trabas y no habrá castigo. Los partidos pueden ignorar las reglas cuantas veces quieran y no habrá sanción, o será tan menor que tienen incentivos para seguir actuando así. El INE y el Verde han marcado el mapa de ruta de lo que será el proceso electoral en el país de ahora en adelante: haz trampa, no es grave.

No es grave arrancar la promoción electoral siete meses antes de los contendientes. No es grave rebasar el tope de gastos para publicidad ni diseminar 300 mil *spots* de falsos informes legislativos. No es grave la promoción ilegal en cineminutos. No es grave la entrega ilegal de *kits* escolares ni lentes ni tarjetas de descuento ni paquetes de tortillas envueltos en papel promocional. No es grave violar la equidad de la contienda. Cualquier partido podrá hacer lo mismo y acumular multas que pagará con prerrogativas después de ganar. No importa cuántas veces viole la ley, el INE jamás le quitará el registro por considerarlo "desmedido" y "desproporcionado". El INE dirá que las conductas ilegales fueron sancionadas y hubo intervenciones correctivas. Dirá que hubo reproches jurídicos. Dirá que se preservó el Estado de Derecho. Dirá misa pero ya no importará. El precedente que sentó fue un golpe brutal para su credibilidad y para la del proceso electoral de aquí en adelante. Ahora las elecciones serán a la Verde y el INE lo va a permitir.

Muy grave entonces lo "no grave". Partidos como el Verde a los cuales se les ha garantizado una bolsa enorme de dinero público que sólo crece con el paso del tiempo, porque su financiamiento está vinculado al padrón y no al voto. Partidos como el Verde cerca del botín que se reparten, y lejos de la ciudadanía a la cual engañan; cerca de los privilegios que quieren preservar y lejos de los incentivos para sacrificarlos. Cárteles cínicos de una democracia de alto costo y bajo rendimiento; de leyes que se violan y autoridades electorales que lo autorizan. Hoy en México la democracia no significa igualdad de oportunidades para contender, sino igualdad de oportunidades para abusar. Con el gravísimo aval del Instituto Nacional Electoral. Quienes exigimos que el INE le quitara el registro al Verde no lo hicimos por impertinencia. Lo hicimos porque todavía queremos creer que la democracia electoral puede y debe funcionar. Que la autoridad puede y debe actuar. Que el INErte debe volverse el INExorable.

El caso del Partido Verde simplemente evidenció que algo está mal con los árbitros. Algo está mal con los réferis. Algo no funciona con los que deberían presidir el juego electoral de forma imparcial pero no logran hacerlo, tanto el INE como el Tribunal Electoral del Poder Judicial de la Federación, antes aplaudidos por su profesionalismo y hoy criticados por su politización. Antes celebrados por su neutralidad, hoy cuestionados por alejarse de ella. Frente a las obvias irregularidades en el Estado de México y en Coahuila, nunca sonaron el silbato, ni sacaron la tarjeta roja, ni expulsaron a jugadores que metieron el pie o cambiaron la portería de lugar. Permitieron las trampas y las faltas y el juego sucio. Avalaron un partido en el cual el equipo del Estado metió a veinticinco jugadores a la cancha y avasalló en ella, de mala manera. Alentaron el autogol a la democracia que debían vigilar y hoy debilitan. Los árbitros en México no previenen o sancionan las mañas; las permiten.

Al cerrar los ojos. Al ser omisos. Al colocar toda la carga de la prueba sobre los partidos que padecen las trampas del PRI, como si la función de la autoridad electoral fuera sólo instalar casillas. Al argumentar —como ha hecho el TEPJF— que no hay evidencia de que los programas sociales incidan en el resultado electoral. Al darse palmadas en la espalda —como lo ha hecho el INE— porque no se ha demostrado el fraude en las urnas, mientras ignora todo lo que ocurrió antes de que el voto fuera depositado ahí. Los árbitros convertidos en simples espectadores, en meros cuentavotos, en figurines que avalan la pulcritud del partido y desechan la evidencia del uso de esteroides por los jugadores del tricolor. Árbitros que ya no son indispensables para el desempeño de la democracia sino funcionales para las estrategias extralegales del PRI.

En eso se han convertido los consejeros del INE y los jueces del Tribunal. En árbitros útiles para la simulación detrás de la cual se esconde una democracia electoral descompuesta. En árbitros cuyo trabajo no es asegurar la cancha pareja sino normalizar la inequidad, normalizar la omisión, normalizar el déficit de fiscalización, normalizar el juego comprado. Así están acabando con la gran apuesta de toda una generación; la tarea de crear un andamiaje institucional para dotar de certeza y credibilidad a las elecciones. Con reglas claras, abiertas, conocidas, predecibles y parejas. Con autoridades impolutas, prestigiadas, independientes, autónomas. Ese esfuerzo fundacional para asegurar la democracia electoral se ha perdido con decisiones que en lugar de generar mayor legitimidad han producido mayor incertidumbre. Fallos sin rigor, deliberaciones sin consistencia, veredictos sin verdad.

La controvertida actuación de la autoridad electoral en la elección de 2006, declarando un ganador antes de que ocurriera la validación oficial. La problemática decisión de desechar las quejas sobre las tarjetas Monex y Soriana en 2012. La refutable deliberación que permitió al Partido Verde conservar el registro a pesar de las reiteradas y sistemáticas violaciones a la ley. Y en el caso del Tribunal, durante la última década ha actuado sin ton ni son, con cambios inesperados en criterios jurisprudenciales, con argumentos poco rigurosos que no contribuyen a sentar precedentes, con decisiones políticas que después se intentan racionalizar vía soportes jurídicos endebles, como la que permitió a El Bronco aparecer en la boleta presidencial. Así se ha ido minando la democracia electoral; así se ha ido edificando "la (in)justicia electoral" como la llaman Hugo Concha y Saúl López Noriega.

Es una lástima. Cambiar la cultura del fraude y las prácticas que produjo requirió –parafraseando a Churchill– sangre, sudor, lágrimas. Requirió un levantamiento indígena, un candidato presidencial asesinado, un país en la frontera del caos, un presidente dispuesto a sacrificar a su partido y pagar el precio por ello. Requirió mucho dinero de parte de un país que carga con dolorosas desigualdades. Aún más importante: requirió líderes partidistas más dispuestos a pensar en el futuro del país que en sí mismos. El espectro de la inestabilidad unió en una tarea común, entre 1994 y 1996, a los enemigos más acérrimos: a tirios y a troyanos, a priistas y a panistas, a salinistas y a zedillistas, a quienes querían salvar al sistema y a quienes querían remodelarlo.

Pero esa tarea colectiva ha sido saboteada por los partidos y los consejeros que imponen. En la era del IFE y de las multas millonarias por Pemexgate y Amigos de Fox los partidos vivieron en carne propia la autonomía del Instituto y no les gustó. Miraron a los consejeros que eligieron y les pareció que se salieron del huacal. Por eso ahora quieren árbitros a la medida. Quieren abogados que se dediquen a interpretar *ad nauseam* la ley sin aplicarla. Quieren un Consejo General menos echado para adelante y más echado para atrás. Quieren un Consejo General con poca fibra y mucha docilidad. Quieren un Consejo General que resista el cambio en vez de liderarlo. Y lo han conseguido.

El IFE –hoy INE– tenía razones para sentirse orgulloso de sí mismo. Hoy no. Hoy está en riesgo de perder lo que ha ganado; está en riesgo de retroceder sobre el camino andado en lugar de proseguir con más ahínco sobre él; está en riesgo de partidizar el Consejo General en vez de asegurar su imparcialidad; está en riesgo de colocar siempre en la Comisión de Fiscalización a alguien que esquive la mirada en lugar de poner el dedo sobre la llaga. Un INE partidizado no va a enfrentar el tema del uso electoral de los programas sociales. Un INE domesticado no va a atacarlos.

Si no lo reconocemos, la crisis de institucionalidad que atraviesa México no podrá ser resuelta. No podrá ser encarada. Se agravará con la elección presidencial, con la elección de senadores y diputados, con 30 elecciones locales durante 2018. En un mismo día, un INE roto enfrentará elecciones que también lo están. La fiscalización de la cual es responsable ha fracasado; las autoridades estatales que ellos eligieron están al servicio de los gobernadores; las funciones para las cuales fueron designados se cumplen sólo de manera parcial y discrecional. Por ello es necesario reformular las reglas para el nombramiento del Consejo General del INE e instalar un proceso de designación ciudadano. La copa rota no puede ser reparada con un poco de pegamento. Está hecha trizas y habrá que remplazarla con una de la cual podamos beber confianza, no vidrio molido.

PAÍS PARA LOS DE ADELANTE

La disfuncionalidad institucional que hoy aqueja a la policía, a los procuradores, al SAT, al INAI, a la Suprema Corte, al INE y al Tribunal Electoral es tanto causa como efecto del pacto de impunidad prevaleciente. Pero ese pacto que socava la institucionalidad también rige el comportamiento de nuestras élites políticas y económicas. Tan acaudaladas, tan privilegiadas, tan poderosas. Aprovechándose del intercambio permanente de favores y apoyos. Aprovechándose de la debilidad institucional que promueven de forma deliberada para asegurar su posición. Por eso Emilio Lozoya pudo pedir la cabeza del fiscal contra Delitos Electorales y obtenerla. O Emilio Gamboa puede usar helicópteros públicos para actividades privadas, sin sanción o investigación. O Carlos Slim puede doblegar a los órganos regulatorios para seguir obstaculizando la competencia a pesar de la reforma en telecomunicaciones. O el dueño de una televisora puede arrebatarle al Instituto Federal de Telecomunicaciones la responsabilidad de tutelar los derechos de las audiencias. O un constructor puede evadir las reglas y construir edificios nuevos que se derrumban y matan. Élites empresariales y gubernamentales interconectadas, generando desigualdad, contribuyendo a la corrupción, distorsionando la democracia.

Los privilegiados de México, acumulando fortunas gracias a lo que el pacto de impunidad permite. Vía permisos de importación discrecionales y compras gubernamentales y créditos subsidiados y obras que cuestan más de lo que deberían. Vía la reestructuración de la deuda estatal encargada a un amigo y el desarrollo de proyectos inmobiliarios patito y la compra de terrenos que luego se requieren para obra pública y la utilización de prestanombres para hacer negocios. Múltiples modalidades para hacer negocios con lo público, como explica Carlos Elizondo en su libro *Los de adelante corren mucho: desigualdad, privilegios y democracia*. Decenas de mecanismos ilegales para transferir recursos gracias a la debilidad del Estado y la anuencia de sus miembros.

En México el poder político es un trampolín para volverse rico y hacer ricos a otros: amigos socios, concesionarios, líderes sindicales, abogados, notarios, constructoras. Cada sexenio trae consigo una camarilla de cuates dedicada a la extracción, a la expoliación, al saqueo. Y su dinero no sólo termina en Panamá o las Islas Caimán; también compra protección jurídica. Hoy en México no hay igualdad ante la ley y ese principio básico es una simple simulación. Hoy en México el poderoso se ampara y rara vez termina en la cárcel. El político rapaz o el empresario corrupto siempre será protegido por el procurador en turno, cuyo trabajo es ser un buen garante de impunidad. El ex procurador Raúl Cervantes fue bautizado como el Fiscal Carnal, pero no era una excepción, sino la regla. El papel de la procuración de justicia en el país es asegurar que los miembros de la élite jamás pongan pie en un penal, a menos de que sean chivos expiatorios.

El resultado de este entramado elitista, extractor e impune es una democracia limitada y una desigualdad socioeconómica exacerbada.

Con elecciones cada vez más caras porque las élites se benefician del dinero en efectivo que recorre el sistema electoral, comprando votos y conciencias. Con ríos de financiamiento privado ilegal y dinero de las arcas públicas de los tres niveles de gobierno, que se usa para asegurar favores futuros. Con medios informativos que reciben apoyos, filtraciones y contratos de publicidad oficial que llevan a portadas penosas de periódicos como *El Universal* y *Excélsior.* Privilegio tras privilegio, apuntalado por un sistema fiscal que cobra pocos impuestos a quienes tienen más. El mexicano común y corriente le teme al SAT; el millonario se ríe de él.

Para las élites este modelo ha sido funcional. Pero los riesgos para los privilegiados –argumenta Elizondo– van en aumento y harían bien en reconocerlos. La crisis de inseguridad del país afecta la inversión, la rentabilidad y el crecimiento económico, la vida misma. México desigual. México violento. Estos son retos que las élites con demasiada frecuencia ignoran, o piensan que serán resueltos si logran colocar a otro protector de privilegios en Los Pinos. Pero como cita Elizondo: "Gobernar es el arte de evitar que todos se enojen al mismo tiempo." En México siguen imponiéndose las élites de adelante que corren mucho, mientras los de atrás se quedan ahí. Y hay muchos enojados.

5. MISMA GUERRA, PEORES RESULTADOS

MAQUILLANDO A MÉXICO

Una estirada por aquí, una retocada por allá. México cambió de piel. México cambió de faz. Así se leía en *The New York Times*, se aplaudía en *The Economist*, se celebraba en el *Financial Times*, se delineaba en *Foreign Affairs*. Cifra tras cifra, reforma tras reforma, la prensa internacional ya no lamentaba el "Estado fallido" de Felipe Calderón; ensalzaba al Estado eficaz de Enrique Peña Nieto. Ya no hablaba de los 60,000 muertos y los 25,000 desaparecidos; más bien cambió la conversación. El país dejó de ser la crónica conocida de fracasos para convertirse en la lista anticipada de éxitos. La economía creciente, la clase media en expansión, las exportaciones en aumento, el tigre azteca rugiendo. Al final del sexenio calderonista nadie daba un quinto por el país; al inicio del sexenio peñanietista todos hacían cola para invertir en él.

Antes los titulares estaban llenos de muertos y heridos; de pronto estaban repletos de reformas y acuerdos. Antes las primeras planas detallaban las ejecuciones; de pronto se centraban en los cambios a las telecomunicaciones. Antes los periódicos detallaban los operativos del Ejército; de pronto describían los acuerdos en el Congreso. Parte de ese cambio provino de la Presidencia, de Los Pinos, del mensaje que Peña Nieto creó y su equipo se encargó de diseminar: la historia de un México que se movía, que se apuraba, que apretaba el paso. La historia de un país que competía con China y le ganaba a Brasil. La historia de un presidente que reformaba al PRI precisamente porque era del PRI. Había un mensaje manufacturado que repetía un gabinete disciplinado. El eje central del gobierno ya no era combatir el crimen sino aprobar las reformas. Ya no se trataba de aprehender capos sino de encarcelar lideresas como Elba Esther Gordillo. El *spin* gubernamental no era la guerra contra las drogas sino la lucha por los mercados; no era el número de armas confiscadas sino la cantidad de ingenieros graduados; no era la fotografía de los capos apresados sino de los políticos abrazados.

Pero bajo la cirugía plástica de los primeros meses subyacía una musculatura policial dañada, un esqueleto calcificado, una piel que recubría la misma guerra de Felipe Calderón, pero con peores resultados. El ejecutómetro del periódico *Reforma* reveló el mismo número de muertos en los últimos 100 días del sexenio de Felipe Calderón que en los primeros 100 días de Enrique Peña Nieto. Los números sobre la criminalidad en México se han ubicado entre los peores del Hemisferio Occidental, y de acuerdo con Latinobarómetro, más de 40% de los mexicanos dice que ellos o algún familiar han sido víctimas de la violencia.

La violencia persistía aunque la conversación sobre ella hubiera cambiado. La impunidad continuaba aunque nadie en el gobierno quería hablar al respecto. La disfuncionalidad judicial seguía allí aunque nadie estaba dispuesto a señalarla. Los números no bajaron y las cifras no disminuyeron y los indicadores no mejoraron, por lo que, al final del sexenio, no importó cuánto corrector se colocó Peña Nieto sobre la cara. No importó cuántos jaloncitos se dio o cuánto botox se inyectó. La suya fue una maquillada que no logró ocultar lo que había detrás de ella: el perfil de alguien que se hizo una cirugía cosmética pero no logró extirpar el tumor canceroso que encubría.

Un México más violento y menos seguro; una frontera más fortificada y menos controlable; un Ejército más involucrado y menos eficaz cuando de disminuir la violencia se trata. Allí están los cientos de miles de muertos y los centenares de desaparecidos. Allí están Acapulco y Nuevo Laredo y Culiacán, entre las ciudades más violentas del mundo. Allí están las bandas de narcotraficantes, más fuertes que nunca. Allí está un escenario criminal más fraccionalizado y descentralizado, pero también más caótico y más violento. En los años noventa había cuatro cárteles que se repartían el mercado; hoy hay más de siete que lo disputan. No cabe duda que el enemigo existe, crece, se reproduce, se extiende. Toca virtualmente cada esfera de la vida pública del país: asesina, extorsiona, secuestra, bloquea carreteras, cierra escuelas, impone toques de queda, cuelga cadáveres de los puentes, mata a policías y a presidentes municipales. Siembra el terror y cosecha la inseguridad.

Como lo sugiere David Shirk en *The Drug War in Mexico*, publicado por el Council on Foreign Relations, hay serias preguntas que hacer sobre la efectividad de la estrategia militar de los últimos sexenios. Ha traído consigo resultados impredecibles y poco exitosos en cuanto a la reducción de la violencia. Ha entrañado –muchas veces– sólo moverla de lugar. El papel ambiguo del Ejército ha llevado a la confusión y a la confrontación entre los distintos niveles de gobierno. El Ejército se expande pero también se corrompe; defiende a los civiles pero también abusa de ellos. Cada vez más personas salen de sus filas para incorporarse a los bandos contrarios. Veinte mil desertores pueblan las filas de Los Zetas, inaugurando tácticas militarizadas que incluyen las decapitaciones, las ejecuciones, las narcomantas. Nuevas formas de violencia en manos de viejos expertos.

México padece una crisis de seguridad que empeora en lugar de mejorar. La geografía de la violencia se expande, mientras la capacidad del Ejército para contenerla disminuye. Toca a hijos de políticos, a candidatos, presidentes municipales, jueces, periodistas. Toca a Chihuahua y a Michoacán y a Sinaloa y a Tamaulipas entre tantos lugares más. Infiltra al gobierno federal, a los gobiernos estatales, a los gobiernos municipales, a cada pasillo del poder. Hoy, como revelan las encuestas, pocos mexicanos sienten que su seguridad personal ha mejorado. Al contrario. La ingobernabilidad en ciertas zonas del país crece, mientras que el apoyo de la población a la estrategia gubernamental disminuye a la par.

Indicador tras indicador lo demuestra. La estrategia de seguridad del gobierno federal no ha funcionado. Sus ostensibles objetivos –fortalecer las instituciones de procuración de justicia, reducir el consumo de enervantes, debilitar a las instituciones criminales y liberar espacios públicos del control criminal– no han sido alcanzados. Más aún, las últimas dos metas han terminado por ser incompatibles entre sí. Como lo demuestra un estudio del especialista Eduardo Guerrero, aunque el gobierno logra dividir a las organizaciones más grandes, el desmantelamiento de los cárteles dominantes no debilita a las agrupaciones criminales, simplemente las dispersa.

Un tema debatido es si existe una relación causal entre la cruzada del gobierno contra el crimen —mediante el arresto de los principales capos— y la epidemia de inseguridad que asola al país. Según Guerrero esa relación existe: en 78.5 por ciento de 28 casos seleccionados por su estudio, la violencia en determinada región aumenta cuando se aplasta la cabeza de la organización líder. En vez de disminuir, la violencia suele escalar. Un buen número de acciones gubernamentales, incluyendo la confiscación de ciertas drogas, la erradicación de ciertos cultivos y el arresto de ciertos criminales, incrementa la violencia a nivel municipal.

Tanto Felipe Calderón como Enrique Peña Nieto han presumido el número de arrestos de criminales de alto perfil llevados a cabo en su administración. Eso, argumentan, reduce la amenaza que el narcotráfico crea para la seguridad nacional. Según la visión compartida por ambos, la fragmentación de los cárteles reduce su peligrosidad. Pero no queda claro que el mercado transnacional de estupefacientes sea hoy menos poderoso; la división del Cártel del Pacífico y Los Zetas ha exacerbado la violencia y el crimen en amplias franjas del territorio mexicano.

Las operaciones conjuntas entre la Sedena, la Marina y la Policía Federal ofrecen un panorama igualmente preocupante: los resultados no han sido positivos. El despliegue de fuerzas federales ayuda a las autoridades locales a eludir su responsabilidad. A pesar de todo lo que el gobierno federal hace y dice, la producción y la comercialización de drogas sigue aumentando, genera ganancias multimillonarias y ya puede observarse la ampliación del consumo en territorio mexicano. Por ello, por primera vez, en las encuestas los mexicanos colocan la inseguridad por encima de los temas económicos. Según el estudio más reciente llevado a cabo por Buendía y Laredo, 56 por ciento de la población piensa que el país es menos seguro debido a la estrategia gubernamental y 42 por ciento cree que narcotraficantes están ganando. 89% de la población tiene poca o ninguna confianza en la policía local y 75% tiene poca o ninguna confianza en la policía federal.

Mientras, el negocio combatido crece, se expande, se enquista cada vez más. Según estimaciones recientes, las ganancias anuales del narcotráfico representan entre 3 y 4% del PIB, o sea cerca de 30 mil millones de dólares o más. Alrededor de 600,000 mexicanos participan en la economía ilegítima que las drogas han creado. Y aunque la cruzada calderonista y peñanietista ha dividido a los principales cárteles, no ha asegurado su destrucción. Han intentado perseguirlos en las calles pero no han logrado condenarlos en las cortes. El sistema judicial mexicano no es lo suficientemente robusto para enjuiciar a los criminales y encarcelarlos; no es lo suficientemente fuerte para encarar a los narcotraficantes y procesarlos. Las cortes en México se caracterizan por la corrupción y el tráfico de influencias y la ineficacia de ministerios públicos que detienen a criminales pero no logran mantenerlos tras las rejas.

Hemos visto la deslegitimación de una guerra que nunca contó con una estrategia clara, con una serie de objetivos medibles, con una visión de éxito cuantificable. El Estado y el Ejército pierden credibilidad porque ejecutan a capos pero son incapaces de contener la violencia ascendente que su muerte desata. A nivel nacional, como argumenta Shirk, el respaldo a la guerra está perdiendo apoyo y ello rápidamente. La mayor parte de los mexicanos cree que el gobierno no ha ganado la pelea que Calderón emprendió y Peña Nieto emuló. A nivel estatal el narcotráfico cuenta con la complicidad, la anuencia o incluso la simpatía de ciertos sectores de la población. Una ciudadanía exhausta prefiere la paz corrupta que el narcotráfico ofrece, a la guerra sin tregua que el gobierno promueve.

VACÍOS DE PODER

En México hoy proliferan los lugares donde nadie gobierna. Municipios donde no queda claro quién ejerce la autoridad. Sitios donde las comunidades se arman e imponen castigos como si fueran jueces. Pueblos al margen de la ley donde el Estado de Derecho es una quimera. México está repleto de ellos. Entidades que padecen un brutal vacío de poder que ni los gobernadores ni los presidentes municipales ni las policías locales pueden llenar. Como argumenta Edgardo Buscaglia, se nos olvida que la vasta mayoría de los mexicanos enfrenta una lucha diaria por sobrevivir bajo gobiernos locales ausentes o corruptos.

Dado que la naturaleza no tolera vacíos, estos espacios han sido llenados por el crimen organizado. México no es excepcional en cuanto a su aparición o su fuerza. Rusia, China e Italia —entre otros— han generado grupos criminales imponentes por el poder que ejercen y la impunidad con que lo hacen. Pero ninguno de los países mencionados —y este es el punto central de Buscaglia— enfrenta formas extremas de violencia criminal como las que presenta México. El número de homicidios. La cantidad de personas involucradas en el tráfico humano. La persistencia de los secuestros. La omnipresencia de las extorsiones.

La complejidad de la situación mexicana no deriva únicamente de la presencia de drogas o armas. Por sí mismas no producen los grados de violencia que padecemos y presenciamos en el país. Diversos estudios demuestran que los grupos asociados con el crimen organizado usualmente tratan de evitar la confrontación con gobiernos centrales fuertes. Prefieren trabajar en la periferia —en mercados locales y regionales— donde pueden operar con más libertad y asegurar mayores ganancias. Tienden a rehuir la guerra con los gobiernos federales, a sabiendas de que si lo hacen, tienen acceso a otros mercados lucrativos de drogas, donde es posible moverlas sin desatar la violencia o provocar el caos.

La violencia extrema de México más bien tiene que ver con los vacíos de poder que existen y con la corrupción crónica que los hace posibles. Tiene que ver con la complicidad de los gobernadores y los presidentes municipales y las policías locales. Tiene que ver, incluso, con la ausencia de la presencia federal. La corrupción crea enormes incentivos para que los grupos criminales consoliden sus mercados a través de la competencia salvaje, producto de vacíos en la "autoridad". Autoridad inexistente o doblegada, inexistente o comprada. Autoridad que en realidad no lo es.

En el caso controvertido de Michoacán, el Estado parece estar totalmente infiltrado por redes tan sofisticadas del crimen organizado como "La Familia". Y sin embargo, nunca se ha podido capturar al medio hermano de Leonel Godoy y los más de treinta presidentes municipales acusados de vínculos con el crimen organizado no fueron procesados por la torpeza del gobierno de Felipe Calderón. En los doce años del panismo, muchas de las instituciones vinculadas con el autoritarismo fueron desmanteladas. Instituciones democráticas legítimas y estables no llenaron los vacíos de poder que el PAN dejó tras de sí. El "Pacto por México" planteó muchas reformas necesarias, pero fracasó en cuanto al tema de la seguridad. El que no se hablara de la violencia como tema central del gobierno no significó que hubiera desaparecido. Al contrario, la proliferación de los grupos de autodefensa en los primeros años de Peña Nieto demostró cuán profundo es el problema y cuán lejos está de ser resuelto.

Para todo efecto práctico, en algunos estados del país el sistema judicial de México está colapsado. Los gobernadores tienen el poder para designar jueces, manipular ministerios públicos, decidir si emprenden o no una investigación policiaca. Así aseguran impunidad para sí y para los suyos. Impunidad reforzada por la inhabilidad de México en instrumentar estatutos para combatir el lavado de dinero y la extinción de dominio. Impunidad prolongada por la incapacidad de México para llevar a cabo una reforma judicial que procede lenta e ineficiente. Alguien está impidiendo que los cambios ocurran y no es difícil saber por qué. A ciertos miembros de la clase política, en connivencia con el crimen organizado, el vacío de poder les conviene. Lo aprovechan para violar leyes, extorsionar ciudadanos, promover negocios lucrativos, acumular fortunas y usar la violencia como otra forma de hacer política. Lo aprovechan para impulsar más de lo mismo.

México es cada vez más importante en la guerra global contra las drogas que Estados Unidos insiste en pelear y la asistencia antinarcóticos en nuestro país ha aumentado más que en Afganistán o Colombia. Con 4,500 policías federales estadounidenses entrenados para intervenir conversaciones telefónicas e interrogar sospechosos. Con la provisión por parte del Pentágono de helicópteros Black Hawk y "drones" —pequeños aparatos de espionaje— que sobrevuelan el territorio nacional. Como lo reportó Ginger Thompson en un explosivo artículo publicado en *The New York Times,* cientos de operativos de la CIA y empleados militares estadounidenses trabajan en bases militares mexicanas. Por primera vez, encargados de la seguridad nacional de ambos países recolectan información, planean operativos, colaboran en una unidad especial antinarcóticos, usan tecnología avanzada de espionaje que intentan mantener al margen de la corrupción que caracteriza a las agencias de seguridad en México. Y de forma encubierta tratan de evadir las leyes mexicanas que prohíben a fuerzas policiacas y militares extranjeras operar en suelo mexicano.

Ello explica que Estados Unidos —a petición expresa del gobierno mexicano— haya establecido una presencia importante en una base militar en el norte del país. Washington va más allá del papel tradicional de compartir inteligencia y ahora se aboca a obtenerla también. Se habla de "centros de fusión de inteligencia", similares a los que operan en Iraq y Afganistán. Cuestionados ante estos operativos sin precedentes, oficiales militares estadounidenses responden que sólo están proveyendo "apoyo técnico", e insisten en que México todavía define las reglas del juego y hasta dónde Estados Unidos puede llegar.

Pero queda mucho todavía por saber, mucho por entender, mucho por conocer. El gobierno de México no ha informado con honestidad y veracidad el grado en que Estados Unidos está presente en el país y en qué condiciones. Habría que preguntarle exactamente cuántos agentes de la DEA hay en México, en qué lugares y con cuántas atribuciones. Habría que preguntarle exactamente cuántos contratistas privados operan en territorio nacional y a qué se dedican. Habría que preguntarle quién recaba información e inteligencia en materia de seguridad y con qué métodos. Porque el fin de "debilitar sistemáticamente a las organizaciones criminales que atentan contra la seguridad" no justifica cualquier medio, y menos si se lleva a cabo a espaldas de la ciudadanía. "Más, más, más" colaboración por parte de los estadounidenses no debe significar menos explicaciones para los mexicanos.

EL CHAPOTEADERO

Aún faltan explicaciones sobre las dos fugas de "El Chapo", y la respuesta de Enrique Peña Nieto sobre la segunda de ellas: "Me tiene profundamente consternado." Así, simplonamente, el presidente expresó su preocupación por algo que empañó su reputación, que puso en tela de juicio la competencia de su gobierno y arruinó su viaje –con 441 invitados– a Francia. Es lo único que alcanzó a balbucear. Es lo poco que logró articular. Un jefe de Estado paralizado ante su resquebrajamiento, paseando, saludando, invitando a invertir en un país donde el gobierno ha sido tan corrompido que no pudo mantener a un capo en la cárcel. Donde aprehendieron, torturaron y castigaron al director del penal y a un puñado de funcionarios menores pero la disfuncionalidad institucional continúa.

La segunda fuga del capo produjo hilaridad porque la población ya no sabe qué hacer o pedir o exigir. La fuga se sumó al escándalo de la semana, a la incompetencia del mes, al incidente más reciente de corrupción revelada pero no aclarada. Se volvió parte de la narrativa del sexenio. No "Mover a México" sino "Mentir a México". Pendientes tan largos y tan inexplicables como el túnel de 1.5 kilómetros que Guzmán Loera atravesó. Déficits en materia de justicia y verdad que el gran escape del Altiplano evidenció.

Durante semanas la atención estuvo centrada en "El Chapo", quién lo ayudó a escapar, cómo fue aprehendido de nuevo. Pero el tema de fondo por el cual el capo existe y después logró huir quedó pendiente. Cuando finalmente fue apresado, Enrique Peña declaró: "Misión cumplida", y su equipo exhaló un suspiro colectivo de alivio ante la buena noticia. Trató de proveer una imagen de fortaleza institucional ante las debilidades que permitieron su segunda fuga. Buscó colocar un paréntesis de eficacia en un largo párrafo de incompetencia. Celebró un error arreglado de tantos que permanecieron descompuestos; un triunfo pero demasiado pequeño para remontar la imagen de un gobierno que no supo cómo gobernar eficazmente. Porque todo aquello que explica el escape reiterado del "Chapo" sigue allí. La corrupción enraizada. La complicidad extendida. El entramado institucional desgajado.

Bien por la Armada, bien por el aparato de inteligencia, bien por la coordinación que finalmente se dio. Pero los problemas estructurales e institucionales permanecen, inalterados, incomprendidos. El poder corrosivo del narcotráfico que según el propio "Chapo" en la entrevista publicada por la revista *Rolling Stone*, no cambiará con su captura. Un Sistema Penitenciario Nacional desmantelado por el gobierno peñanietista, como describe Raymundo Rivapalacio en el libro *La segunda fuga del Chapo: crónica de un desastre*. Alertas que se fueron dando sobre las fallas de la Comisión Nacional de Seguridad, ignoradas una y otra vez. Engaños, corrupciones, evasiones que no han sido plenamente explicados ni encarados aún con "El Chapo" extraditado a Estados Unidos.

Su recaptura no revirtió la debacle de la política de seguridad nacional. No cambió lo que ha sido una actitud, vacilante, incluso contradictoria. No alteró el fortalecimiento de los cárteles en este sexenio ni los vacíos de poder que grupos de autodefensa y el crimen organizado y los huachicoleros han ido llenando. No cambió las regiones grises de ilegalidad que se han multiplicado como hongos por todo el país. No resolvió el desmantelamiento de los dispositivos de seguridad de las cárceles, ni la cancelación de protocolos y procedimientos que explican sus dos fugas. No contestó la pregunta de fondo, ineludible: ¿Hasta dónde llegó la complicidad que propició su segundo escape? ¿A los custodios? ¿A los directores del penal? ¿A los coordinadores de reclusorios federales? ¿Al área de inteligencia de la Policía Federal? ¿Al Cisen? Nunca hubo una respuesta integral y satisfactoria a esas interrogantes.

La recaptura no significó reconocer ni reformar ni remediar. En la segunda fuga fallaron tantos sistemas a la vez que es demasiado enorme la falla para que sea circunstancial. La coincidencia es demasiado coincidente. Sus fugas exhibieron un sistema penitenciario, de seguridad, de información e investigación criminal lleno de debilidades. Evidenciaron a élites políticas que se resisten a instrumentar controles judiciales y patrimoniales del crimen organizado que las beneficia, las financia y les permite seguir mandando en la República mafiosa. El país pusilánime donde las autoridades mexicanas no impulsaron acusación penal alguna contra cualquiera de sus múltiples redes de socios y franquicias empresariales de Guzmán Loera. No fueron tras los políticos asociados con sus actividades. No se tocó ningún activo vinculado a él. El pacto de impunidad aunado a la parálisis premeditada del sistema judicial mexicano permanece intacto. A menos de que eso cambie, no importa cuántas veces se atrape y encarcele y extradite al "Chapo" o sus facsimilares. El Chapo(teadero) seguirá creciendo.

IMPUNIDAD UNIFORMADA

Como sigue creciendo el papel que las Fuerzas Armadas han jugado en la violación de los derechos humanos debido a la "política de seguridad nacional". Según lo revela la investigación del Centro Prodh: "Tlatlaya a un año: la orden fue abatir", urge reflexionar sobre la fuerza letal y su uso. Urge investigar al Ejército en vez de resguardarlo cuando se excede. Cuando usa el argumento de enfrentamientos con "grupos de delincuentes" a los cuales ejecuta en lugar de apresar y llevar a juicio. En Tlatlaya, por ejemplo, el Ejército siguió órdenes expresas que fungieron como verdaderos incentivos para "abatir". Para ejecutar. Para matar. Y las autoridades no han terminado de esclarecer los hechos aunque afirmen lo contrario. Peor aún, el documento advirtió que los mandos más altos de la Sedena dieron órdenes ilegales, que correspondían a la autoridad civil.

Órdenes como acciones para "reducir la violencia" que se planearán y ejecutarán "en horas de obscuridad". Órdenes como "abatir grupos delictivos" que fueron designados *a priori* y arbitrariamente, sin presunción de inocencia o juicio previo. Órdenes para cometer ejecuciones extrajudiciales y luego tratar de ocultar que ocurrieron. "Abatir", para el Ejército, significa matar, por más debates semánticos que ha habido al respecto. "Abatir", para el Ejército, significa ejecutar a quienes presume son culpables, aunque no lo sepan a ciencia cierta. La revisión de comunicados entre la Sedena y la Secretaría de Marina lo constata. La cadena de mando envía una orden y los soldados la llevan a cabo como lo hicieron en Tlatlaya.

Hay a quienes este reclamo al Ejército les parece injusto. Nos protegen, dicen. Dan la vida, subrayan. Lo hacen por cuestiones de seguridad nacional, reiteran. Pero estos argumentos soslayan un tema central: en las democracias funcionales el Ejército no es un archipiélago de impunidad. Rinde cuentas, responde a preguntas, es sujeto de investigaciones por parte del Congreso, es sometido a escrutinio. Así como deberían estarlo el general Cienfuegos, el general Godínez, el general Ortega, el general Castro, y el general Rodríguez. Todos ellos deberían ser citados a comparecer en el fuero civil. Todos ellos deberían entender que la orden de "abatir delincuentes en horas de obscuridad" es incompatible con estándares que rigen la actividad castrense en un Estado democrático. En un Estado de derecho.

No como aquí. No como en México. Un país en el que la policía federal ejecutó a 16 personas a sangre fría en Apatzingán. Un país en el cual las fuerzas del orden gritaron "Mátenlos como perros" y lo hicieron. Un país donde los supuestos criminales –participantes en un plantón en el Palacio Municipal– no portaban armas largas y las que cargaban estaban registradas y las pusieron en el piso. Ninguno disparó. Protestaban porque habían sido empleados por el gobierno como Fuerza Rural, luego disueltos y sin recibir pagos pendientes. Acabaron, con sus familiares y transeúntes del lugar, acribillados. Asesinados. Ejecutados. Y después de todo ello, el país calló.

Una mañana 20 camionetas de policías federales salieron de su cuartel y con el rostro cubierto, vestidos de negro, tomaron la plaza. Balearon a quien encontraron a su paso: a hombres desarmados, a jóvenes arrodillados, a mujeres indefensas. Patearon. Insultaron, Gritaron "¡Cállate, hija de tu puta madre o te vamos a matar!" Gritaron: "¡Esos gueyes están heridos, hay que rematarlos!" Dejaron tras de sí a una familia abrazada, tirada, acribillada, desangrándose. Plantaron armas. Impidieron el traslado inmediato de heridos a centros hospitalarios. Repartieron cadáveres en Semefos que no eran de Apatzingán. Diez días después los supuestos criminales detenidos en el "operativo" fueron liberados por falta de elementos probatorios. Entre ellos una mujer embarazada y una muchacha con retraso mental. Y México calló.

A pesar de las videograbaciones, a pesar de los testimonios en audio de 39 personas revelando que la policía federal había disparado contra civiles desarmados. A pesar de que han transcurrido años desde esa madrugada. A pesar del magnífico reportaje de Laura Castellanos sobre lo ocurrido, que después ganó el Premio Nacional de Periodismo. Seis días después, el entonces Comisionado de Seguridad –Alfredo Castillo– se limitó a decir que había sido "fuego cruzado". Y esa "verdad histórica" es la que persiste hasta ahora. "Verdad" invalidada por una reconstrucción minuciosa de hechos basada en entrevistas con sobrevivientes, con testigos circunstanciales, con empleados de la Semefo.

Sólo tres medios –Aristegui Noticias, la revista *Proceso,* y el noticiero Univisión– se abocaron a informar sobre lo sucedido. A diseminarlo. A airearlo, como ya lo había hecho *Reforma,* con la esperanza de que eso llevara a aclaraciones contundentes, investigaciones creíbles, castigos públicos. Pero eso no ha sucedido. Ante Apatzingán hay un pesado silencio, una ausencia inexplicable, un hoyo negro: mediático y político. Ante Apatzingán lo único que queda claro es el *modus operandi* de un Estado que actúa así, una y otra vez. Demostrando que la violencia perpetrada desde el poder no es un hecho aislado sino un patrón persistente.

Habrá quien justifique la matanza, argumentando que era merecida. Que los caídos eran criminales. Que el video "no muestra nada, no hay un solo hecho contundente" como lo dijo el entonces comisionado Nacional de Seguridad, Monte Alejandro Rubido. Que "la mayoría de las personas fallecidas el 6 de enero fueron blanco de sus propios compañeros". Pero hubo un hecho insoslayable: el uso desmedido y abusivo de la fuerza por parte de la policía federal. La arbitrariedad de su comportamiento en el momento de lidiar con civiles. La cerrazón de un gobierno que dio una versión distinta de los hechos pero no ofreció las pruebas imprescindibles para constatarla. Como en el caso de Tlatlaya. Como en el caso de Ayotzinapa. Como en el caso documentado de Apatzingán.

Hay una realidad que se asomó de manera brutal ahí, en Ostula, en tantos sitios más. Ante el surgimiento de las autodefensas, el gobierno intentó regularlas, convirtiéndolas en fuerzas con las cuales se asociaba. Les proveyó armas, les exigió colaboración, demandó su regularización y después se volteó contra ellas. Lo hizo porque las autodefensas se crearon para combatir al crimen organizado que el propio Estado, vía la policía o el Ejército, protege. Ese día en Apatzingán, alguien ordenó un "operativo" contra autodefensas que ya resultaban disfuncionales. Incómodas. Contraproducentes. Amenazantes. Eso explica el envío de 44 policías federales y 287 militares para responder a un informe sobre "personas armadas". Un operativo se convirtió en una acción de ejecución contra civiles, muchos desarmados, que la CNDH no logró documentar adecuadamente.

Emitió una recomendación y hay que congratularla por hacerlo, a la luz de la inacción de la CNDH en años anteriores. Pero no fue al fondo del asunto. Soslayó o dejó fuera información importante. No respondió preguntas que deberían ser contestadas por la máxima institución abocada a proteger los derechos humanos en el país. ¿Por qué el informe no mencionó a Alfredo Castillo, encargado de la seguridad de Michoacán en ese momento y luego director de la CONADE? ¿Por qué hubo un operativo tan masivo para enfrentar a un grupo tan pequeño, congregado para pedir que le pagaran los sueldos pendientes? ¿Por qué no se aclaró el misterio de cuerpos llevados a Semefos en ciudades distintas, cuyo objetivo pareció esconder lo que el gobierno se apresuró a negar? ¿Por qué se habló de sólo una ejecución extrajudicial cuando los minuciosos reportajes de Laura Castellanos describieron más muertos y más desarmados? La CNDH afirmó que "no está deslindando a nadie" y "se tiene que investigar". Y he allí el nudo gordiano: los encargados de investigar fueron los mismos que prefirieron no hacerlo.

APLAUDIR ASESINOS

Lamentable lo que se leyó y se escuchó por los sucesos en Palmarito, Puebla. Lamentable presenciar lo que James Baldwin llamó la "monstruosidad moral" mexicana desatada por un video en el que se ve a un militar ejecutando a un hombre postrado en el suelo. "Mátenlos en caliente." "Era un delincuente y merecía morir." "A las cucarachas hay que exterminarlas porque se reproducen." "Dejemos de victimizar a los criminales." "Bien por la ejecución; hay un criminal menos en las calles." Frases que evidencian la desafortunada lógica compartida por tantos, que corre contra la edificación del Estado de

Derecho. Que busca y encuentra justificación en la desesperación ciudadana ante la inoperancia estatal. Que borra la frontera entre ley y venganza, entre barbarie y civilización.

Pero todo se vale porque estamos en guerra, dicen. Para qué apelar al Estado de Derecho, si ni siquiera existe, argumentan. Sin darse cuenta de las implicaciones peligrosas y contraproducentes de lo que postulan. Sin percibir lo que pasaría si aceptamos que un miembro de las Fuerzas Armadas se convierta de manera simultánea en Ministerio Público, en juez, en verdugo. La opinión pública mayoritariamente colocándose en la falsa disyuntiva de aplaudir al Ejército bueno y condenar a los criminales malos, por encima de la ley, la Constitución, el debido proceso. Todo aquello que existe para que nadie pueda hacer justicia por su propia mano, para que un inocente no sea asesinado porque parecía un presunto culpable, para que usted o yo o cualquiera no recibamos una bala en la cabeza en lugar de enfrentar un proceso judicial.

Es comprensible que la mayoría se vuelque en favor de la acción cometida por el militar. Vemos juzgados corrompidos y jueces corruptos, ministerios públicos incompetentes e investigaciones malolientes, culpables encarcelados y culpables después liberados, militares que arriesgan la vida y soldados que la pierden. Ante la mano inepta, surge el clamor por la mano dura. Ante el Estado que no logra hacer valer la ley, mejor ignorarla. Aplaudir asesinos, siempre y cuando sean uniformados. Exigir sangre, siempre y cuando sea de huachicoleros. Justificar ejecuciones sumarias, siempre y cuando sean de criminales.

En eso hemos caído, a eso nos han orillado después de años de inseguridad en ascenso, luego de una década de violencia a la alza. La incapacidad del Estado para formar policías, transitar eficazmente al nuevo sistema de justicia penal, acabar con una guerra contra el narcotráfico, que nunca podrá ganar, está convirtiendo a los mexicanos en sanguinarios. Aquellos que celebran el tiro de gracia en Palmarito se asemejan a las turbas robespierranas de la Revolución francesa. A los que aplaudían y aplauden las guillotinas, y los ahorcamientos, y las hogueras. A los que a través de la historia han apedreado sin juicio, fusilado sin investigación, matado sin ley de por medio. Hoy renace La Santa Inquisición, quemando vivos a quienes parecen criminales pero en realidad no lo sabemos.

Y no lo sabemos dado que una ejecución acaba a tiros con la posibilidad de una aprehensión, de un juicio. Implica —como lo argumenta Alejandro Madrazo— renunciar al Estado de Derecho. Entraña permitir que la ley del más fuerte se imponga a la ley consensada dentro de la Constitución. Todos contra todos. El México hobbesiano que en lugar de componer el sistema policial y judicial, provee de armas y argumentos para la actuación arbitraria. Para la aceptación de la ilegalidad. Para el castigo de un crimen con otro crimen. Para la negación de que las Fuerzas Armadas —a pesar de sus buenas intenciones— pueden cometer abusos, pueden equivocarse, pueden violar los derechos humanos. Las Fuerzas Armadas están cometiendo crímenes de lesa humanidad que no prescriben jamás.

Hay tantas razones por las cuales —como escribe el periodista Manuel Hernández Borbolla— deberían importarnos la refriegas de soldados contra civiles. Porque tú y yo y cualquiera es un civil, que en una noche de tantas podría encontrarse en el lugar equivocado, en el momento equivocado, en el retén equivocado. Boca abajo, sometido, y de pronto, un balazo. Si no entendemos que eso es condenable, la plaza pública se alzará enardecida a celebrarlo. Y México se volverá un país que en lugar de proteger el debido proceso, acaba aplaudiendo asesinatos.

EL AUTOGOLPE

El General Cienfuegos chantajeó al presidente de la República y Enrique Peña Nieto se dejó chantajear. Un mando militar buscó imponerse a un mando civil y pocos en la clase política respingaron. Décadas de tradición y práctica constitucional que le permitieron a México evitar la militarización, ahora amenazadas por el Ejército empoderado con la Ley de Seguridad Interior que busca darle protección legal a aquello que los militares hacen extralegalmente. Con la propuesta para suspender las garantías individuales sin controles, sin transparencia, sin vigilancia civil al ámbito militar. Generales que crecen mientras civiles se encogen. Soldados cada vez más presentes, ante policías cada vez menos profesionalizados. México encaminándose a un Estado de excepción, donde la excepción se vuelve la regla.

Porque el general Milfuegos amenazó con un motín militar si no le daban la cobertura constitucional que requieren las Fuerzas Armadas para seguir en las calles. Porque después de años de guerra, 52,000 elementos desplegados, 84 operaciones regionales para "reducir la violencia", el despliegue de 75 puestos de seguridad, más de 200,000 muertos, un índice de letalidad espeluznante en el cual el Ejército mata a 8 por cada uno que hiere, 12,408 quejas ante la CNDH y el involucramiento de mandos militares en Tlatlaya y Ayotzinapa, el general necesitaba leyes que le lavaran la cara. Leyes que lo protegieran a él y a otros altos mandos. Leyes para evitar que algún día la Fiscalía General o la comunidad internacional lo llamen a rendir cuentas. Como sabe que eso es posible, anunció que si no las conseguía, regresaría a los cuarteles, a sabiendas del temor que eso inspiraría. Incitó a la desobediencia castrense para producir la protección civil.

Lo que hay detrás de la demanda constante para "regular el uso de la fuerza" es el permiso para aplicarla inconstitucionalmente. Para darle atribuciones al Ejército que no debería tener. Para centralizar el poder y debilitar el federalismo después de criticar a los gobernadores y a los presidentes municipales por no ejercerlo adecuadamente. Para militarizar a México de modo sigiloso, tramposo. El propio Peña Nieto lo admitió al declarar que "el Ejército hace funciones de investigación y funciona como Procuraduría". He ahí una cesión voluntaria del poder civil al poder militar para que ocupe los vacíos que las policías y el sistema de justicia penal no han podido llenar. Los vacíos que deberían llevar a la pregunta central: ¿Quién debe estar a cargo de la seguridad pública del país? ¿El Ejército o las policías?

La respuesta no debería siquiera estar a debate. La respuesta se halla en la limpieza, fortaleza, regulación y profesionalización de civiles. De allí deberían partir las leyes, los recursos, las asignaciones presupuestales, las reformas constitucionales. Pero en los últimos sexenios, tanto Calderón como Peña Nieto demostraron donde están sus preferencias, donde están sus compromisos. No con los azules sino con los verdes. No con las patrullas sino con los tanques. La evidencia está en el crecimiento del presupuesto para el Ejército *vis a vis* el decrecimiento de lo que la Federación destina a policías locales y estatales. La autoridad civil destruye la posibilidad de la profesionalización policial, creando un círculo vicioso: como no hay buenas policías necesitamos al Ejército, pero mientras usemos al Ejército jamás profesionalizaremos a a las policías.

Enrique Peña Nieto permitió esto por débil, por el miedo que tenía de perder el poder si el Ejército no lo apuntalaba. Por el temor que cargaba ante tantos homicidios, tantos desaparecidos, tantas fosas, y el juicio internacional e histórico que invitarán. Para protegerse estuvo dispuesto a hacerle concesiones inaceptables al general Cienfuegos y a los suyos. Estuvo dispuesto a violar la Constitución y volver legal lo que ningún presidente civil ha permitido por los peligros que entraña. Una situación de la cual no habrá ruta de regreso o será después de muchos más muertos, desaparecidos, torturados o ejecutados extrajudicialmente. Avaló –de mano del Congreso y sus iniciativas– un autogolpe de Estado. Porque en lugar de regresar al Ejército a los cuarteles, el gobierno de Peña Nieto permitió la cuartelización del país.

Nuestra clase política de botas y casaca, disciplinada, displicente. Entregándole, vía la Ley de Seguridad Interior, un poder a quienes desde hace más de 60 años no lo habían tenido. El PRI devolviéndole a las Fuerzas Armadas lo que un pacto posrevolucionario les había quitado. Los militares ahora, de nuevo, como actores políticos. Presionando, legislando, pronunciándose, imponiéndose. Armados con una ley golpista que les permitirá actuar como policías sin estar entrenados para ello, que les dará libertad para actuar sin controles o vigilancia o contrapesos, con permiso para intervenir contra protestas sociales de manera discrecional, que les dará cobertura legal para permanecer en las calles de manera indefinida.

Tanto más peligroso y perdurable. Lo que la ONU y el Alto Comisionado para los Derechos Humanos y la CNDH y la Comisión Interamericana y el colectivo #SeguridadSinGuerra llevaban un largo tiempo señalando y tratando de corregir. Los riesgos de una mala ley que acentuaría los problemas de violencia en vez de resolverlos. Los problemas de una mala normatividad que no protegería a las

Fuerzas Armadas sino contribuiría a su desprestigio. Focos rojos y señales de alerta por todas partes. Alarmas encendidas, ignoradas por diputados y senadores que optaron por pararse en fila y en silencio, cómplices voluntarios de una militarización que muchos aplauden por ignorancia o miedo o abyección.

REPENSAR LA GUERRA

Mientras procede la guerra y la militarización y la violencia y los desaparecidos a la violación a los derechos humanos, nosotros aquí postrados ante una guerra que nadie, nunca, podrá ganar. Peleando contra un enemigo –el mercado del narcotráfico– que nadie, nunca, podrá vencer. Una guerra repleta de sacrificios humanos, alianzas inconfesables, corrupción corrosiva y estadísticas brutales que no ha producido los resultados prometidos. En lugar de contener la violencia, ha llevado a su implosión. En lugar de desmantelar a los cárteles, ha llevado a su dispersión. México hoy es un país más inseguro, más inestable, más violento que cuando el gobierno decidió señalar a la mariguana como el mayor mal del país. Con resultados cada vez más contraproducentes como la disputa intestina por el control territorial, la complicidad gubernamental y el poder creciente de los cárteles mexicanos, en las cárceles del Altiplano hasta Iguala.

Desde hace décadas nos han dicho que la "guerra contra la drogas" sirve para algo. Sirve para reducir la producción, dicen. Sirve para disminuir el suministro, argumentan. Sirve para limitar el consumo, sugieren. Pero más bien ha servido para otra cosa. Ha servido para exacerbar el consumo y generar un creciente tráfico ilegal que ahora constituye uno de de los mercados no regulados más grandes del mundo. Ha servido para criminalizar y castigar y encarcelar y militarizar. La guerra contra las drogas se ha vuelto una guerra contra las personas.

Más que cumplir con las metas propuestas, el enfoque prohibicionista ha generado consecuencias colaterales no previstas. La creación de un mercado negro criminal en ascenso. El desplazamiento de políticas del sector salud al sector policial. El "efecto globo", ya que cuando se aprieta el control en una zona, el consumo simplemente se traslada a otra. El desplazamiento del consumo a otras sustancias, cuando la ley interviene para atacar una en particular. La estigmatización a las personas que usan drogas en vez del apoyo a ellas.

Pero a pesar de lo que claramente constituye una política fallida, sigue allí. A pesar de que ha generado más problemas de los que ha resuelto, sigue allí. Por intereses populistas. Por presiones geopolíticas. Por el uso político de la retórica de la "mano dura". Por la perpetuación de una lógica circular autojustificatoria que funciona para apuntalar este enfoque, en el cual los daños de la política prohibicionista son fusionados con los daños derivados del consumo. Y así se intensifica una guerra que causa muchos de los problemas que supuestamente fue diseñada para afrontar.

Además hay intereses enquistados a los que conviene que todo se quede igual. Grupos de poder, tanto en México como en Estados Unidos, que han invertido capital político en combatir a las drogas "porque son peligrosas". Líderes políticos que obtienen réditos electorales. El Ejército y la policía que finalmente cuentan con financiamiento y apoyo popular para desplegarse. Todo ello aunado a la difundida percepción sobre la intrínseca amoralidad de las drogas. Con demasiada frecuencia la evidencia es remplazada por la fanfarronería moral. Una guerra que ni siquiera deberíamos estar peleando, durante demasiado tiempo se volvió inmune al escrutinio. A la crítica. A opciones distintas y enfoques nuevos.

Ahora, finalmente, el cambio está empezando, porque los costos de la guerra contra las drogas se han vuelto intolerables para México. Porque siete de los ocho países más violentos del mundo se ubican en la ruta del tráfico de la cocaína, que va de los Andes a Estados Unidos. Porque un gran número de estados de la Unión Americana han despenalizado la posesión del *cannabis* y cuentan con dispensarios de marihuana medicinal, así como puntos de venta para su uso recreacional. Hay una creciente receptividad a las posturas reformistas, a los argumentos que sugieren que siempre será mejor aspirar a cierto nivel de regulación a no tener ninguno, tal y como demuestra la regulación del tabaco. Hay cada vez más apertura a las propuestas de quienes enfatizan que la regulación legal contribuiría a eliminar una de las áreas de oportunidad más importantes para el crimen organizado, restándole poder a los cárteles. Están cobrando fuerza las posiciones de quienes reiteran que la guerra contra las drogas no protege a los niños; los expone a muchos más riesgos.

Por ello la importancia de emprender un debate serio, informado, profundo, sobre la regulación legal de las drogas en México, para que el Estado retome la posibilidad de decidir quién vende qué drogas, cuándo y dónde. Para que los esfuerzos estatales se canalicen a atender los daños a la salud antes que perseguir y descabezar capos. Para que las drogas peligrosas estén reguladas por el gobierno y no comercializadas por los delincuentes. El objetivo debe ser que haya menos delincuencia relacionada con las drogas y menos personas involucradas con ella. La meta debe ser menos violencia a todo nivel, incluyendo autoridades y cárteles. La despenalización entrañaría menos presión sobre el sistema de justicia penal, incluyendo una reducción de la población penitenciaria. Regular significa pacificar, racionalizar, civilizar, ahorrar. Regular significa terminar con una guerra que ningún gobierno podrá ganar.

Pero habrá que pensar más allá de la regulación. Habrá que hacer de México un *Rat Park*, como aquel famoso experimento de Bruce Alexander de los años setenta, diseñado para probar que las adicciones son resultados de variables ambientales y no neurológicas. Diseñó un parque para ratas en el cual les proveyó una especie de cielo en la tierra, con amigos, con juegos, con buena comida, con agua y con agua que contenía morfina. Y poco a poco las ratas dejaron de consumir el agua drogada. Hasta las ratas adictas dejaron de hacerlo. En la medida en la que México sea capaz de proveer parques públicos, ciclopistas, agua potable, seguridad, transporte que puedan usar los niños y adolescentes, arte, música, esparcimiento, un sistema judicial decente, las adicciones disminuirán. El país producirá más personas que prefieren beber horchata antes que inyectarse heroína.

Enhorabuena que el ministro de la Suprema Corte, Arturo Zaldívar, haya reconocido la realidad que muchos quisieran rechazar, vía un proyecto que proponía despenalizar para consumo personal el uso de la mariguana. Enhorabuena por la intervención del grupo SMART cuyo cabildeo llevó a aliviar –vía mariguana medicinal– el sufrimiento de Grace, una niña doblada de dolor. Aplausos a quienes entienden que millones de personas alrededor del mundo pueden acudir a un dispensario a recibir mariguana por razones médicas o la consumen por razones recreativas. Legalmente.

Si el país hiciera lo que el Ministro Zaldívar propone y la Suprema Corte apoya cada vez más, habría beneficios que ni siquiera han sido contemplados o sopesados. Al despenalizar, podríamos tratar a los verdaderos adictos como enfermos y no como criminales. Podríamos disminuir los ingresos de los cárteles y bajar la violencia vinculada con el narcomenudeo. Más importante aún: podríamos llevar a las fuerzas de seguridad a enfocarse en la tarea que le toca. Hoy la policía pasa demasiado tiempo deteniendo a consumidores y vendedores de mariguana, que rápidamente son remplazados por otros. Hoy la policía extorsiona a 2 de cada 3 detenidos y se vuelve así soldado de una guerra fútil que no extermina a los enemigos pero sí corroe a las instituciones. Hoy la policía corretea a pachecos en lugar de perseguir a ladrones. Hoy la policía va tras los muchachos de Ecatepec pero no por los de Polanco.

En esta guerra, que postra a las instituciones y a las personas, encarcelamos por años a quienes sólo portaban o consumían: 60% de los presos están allí por delitos de drogas y 80% por portación o consumo. Y la mariguana es una droga que no necesariamente produce "enfermos" o "adictos". Hay profesores universitarios, ex miembros del gabinete presidencial, grandes empresarios, médicos y deportistas, que la han usado recreativamente a lo largo de su vida sin tener un problema de dependencia. En lugar de argumentar que cierto tipo de despenalización produciría una catástrofe social, lo cual no está demostrado en países que lo han hecho, centremos la discusión en los beneficios concretos que sí podría entrañar. Preferible un país con algunos pachecos a un país de 120 millones de postrados.

Tiempo entonces de repensar la "guerra contra el narcotráfico" de Felipe Calderón y Enrique Peña Nieto y el país que dejan tras de sí. Imperativo hablar del tema incómodo que nadie en el gobierno quiere tocar; la guerra fallida que nadie se atreve a repensar. Pero habrá que hacerlo ante la realidad irrebatible de un conflicto que empeora, día con día, calle tras calle, municipio tras municipio. Para enfrentarlo no bastará crear una Gendarmería Nacional o hablar de amnistías a grupos vulnerables o centralizar la estrategia de seguridad en el "Comandante de las Fuerzas Armadas" como ha sugerido Andrés Manuel López Obrador. Todas ellas medidas insuficientes en comparación con el efecto sobre el mercado que la única solución real, la legalización de las drogas, acarrearía. Si no empujamos la despenalización, cualquier otra estrategia acabará siendo la continuación de la ineficacia por todos los medios.

Los registros de violencia y los índices de delincuencia en aumento. Las cifras que estremecen. La realidad cotidiana en tantas ciudades que compromete la viabilidad del Estado mismo. Todo lo que el regreso del PRI –y sus promesas– no ha logrado resolver. La demencial dinámica de números que no cambian. Si al término del gobierno de Felipe Calderón hubo alrededor de 120,000 homicidios dolosos, en los cinco años del gobierno de Enrique Peña Nieto la cifra llegó a más de 117,000. De mantenerse este ritmo, al término de la gestión de Peña Nieto, se habrá superado casi en 50% el número de muertes ocurridas bajo su predecesor. El hecho innegable de que en zonas amplias del país –ahora Michoacán y Tamaulipas– el Estado ha sido suplantado. O ha desaparecido. O ha sido capturado.

México tiene más opciones que la *Pax Mafiosa* que el PRI permitió. México puede aspirar a más que un Estado relegado a administrar la actividad criminal. Puede y debe enfocarse en lo que el experto llama "la seguridad humana" por encima de "la seguridad nacional". Puede y debe enfatizar la seguridad del individuo por encima de la protección de las instituciones del Estado. Pero para ello, el Estado mismo necesita llenar el "vacío explicativo" en el que vivimos. Necesita lograr que cada mexicano entienda qué provocó lo que tenemos enfrente y cómo trascenderlo. El Estado debería explicar –de manera consistente y coherente– cómo lidiará con la persistencia de la impunidad. Cómo reformará a un poder judicial colapsado. Qué hará con políticos corrompidos que se aprovechan de los vacíos del Estado para enriquecerse. Cómo concientizará a la sociedad para que juegue un papel de control frente a la delincuencia en vez de solaparla.

La delincuencia florece en contextos de debilidad institucional. En donde persisten los vacíos generados por sistemas judiciales disfuncionales. En donde prevalece la corrupción gubernamental en todos los niveles. En donde no existen sistemas de control patrimonial. En donde no hay mecanismos de prevención social de los delitos. En donde personajes impunes como Emilio Lozoya y Rosario Robles y Gerardo Ruiz Esparza y César Duarte actúan y han actuado sin sanción legal u oprobio social. En donde el Estado es débil o corrupto o impune o inexistente y las empresas criminales llenan esos vacíos con negocios ilícitos. Con violencia. Con conflicto armado.

Las soluciones abarcan la reforma profunda del sistema judicial. La capacitación de unidades de inteligencia financiera. La instalación de redes entre organizaciones no gubernamentales para la prevención y la actuación frente a la delincuencia organizada. La importancia de darle a los poderes legislativos federales y estatales la capacidad de llevar a cabo investigaciones especiales. La única forma de llenar los huecos imperantes es mediante la coordinación interinstitucional del Estado mexicano y la lucha que necesita dar una sociedad fuerte. Tiempo entonces de mirarnos al espejo, hacer las preguntas difíciles y obligar a cada persona que aspira a gobernarnos a hablar sobre aquello que elude. A preguntar entonces a todos los que ocupan puestos de poder o aspiran a llegar ahí: ¿Qué proponen para lograr la seguridad sin guerra?

6. PAÍS DE FOSAS

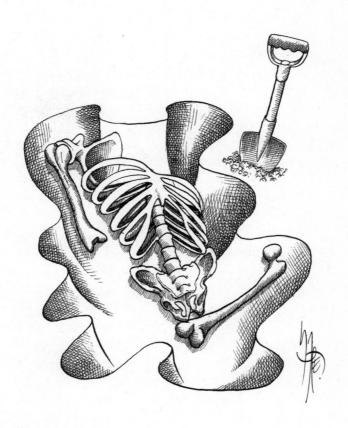

DAÑOS COLATERALES

¿Y si su hijo o su esposo o su hermano desapareciera un día cualquiera? ¿Y si pasaran semanas y meses sin saber de él? ¿Y si colocara fotos y descripciones y peticiones de ayuda —"Delgado, moreno, de pelo corto"— en lugares públicos? ¿Y si después de años no supiera nada sobre su paradero? ¿Y si después se enterara de que las fuerzas de seguridad, el Ejército o la Marina o la policía, estuvieron involucrados en su desaparición? ¿Y si después su cuerpo fuera encontrado en una fosa común? ¿Y si le entregaran los restos de su ropa en una bolsa de plástico? ¿Y si las autoridades responsables no le prestaran atención? ¿Y si el gobierno le dijera que no puede intervenir porque "es un asunto del Ejército"? ¿Y si, aunque usted contara su caso cientos de veces, prevaleciera el silencio?

En México, quienes buscan a hombres y mujeres desaparecidos encuentran mutismo o huesos en el desierto. Desde 2007 y el inicio de la "guerra contra las drogas", miles de personas salen de casa y no regresan a ella; terminan de trabajar y nadie los vuelve a ver; toman un camión y acaban con su rostro plasmado en una pancarta. Son estudiantes y amas de casa y campesinos y plomeros y albañiles. Son levantados sin órdenes de arresto o causa probable. Son detenidos en sus lugares de trabajo o en bares. Con frecuencia son aprehendidos por personas que portan uniformes y manejan vehículos oficiales. Cuando sus familiares preguntan por ellos en los cuarteles del Ejército o en los ministerios públicos les dicen que las detenciones nunca ocurrieron. De pronto se vuelven desechables, anónimos.

Pero no es así. Sus madres y sus hijos y sus esposas y sus hermanas los conocen. Saben que se llamaban Brandon Esteban Acosta Herrera y Gualberto Acosta Ramírez y Valentín Alamilla Camacho y Antonio Adame Aldaco Juárez y Juanita Alemán Hernández, entre tantos más. Saben que fueron víctimas de las fuerzas de seguridad o el crimen organizado. Saben que forman parte de los más de 33,000 casos de desapariciones y muchos de sus nombres están en una lista compilada por la organización Data Cívica.

Más que perseguir, las autoridades se dedican a encubrir, más que investigar las autoridades se abocan a tapar. Durante su sexenio Felipe Calderón cerró los ojos y se lavó las manos y habló de "daños colaterales". En México no ha habido muchos criminales condenados, pero sí muchas autoridades condenables. Los procuradores que atribuyen las desapariciones a la "doble vida" que los levantados llevaban o al crimen organizado con el cual colaboraban. Los peritos que, por descuido, ignoran huesos, pelo y ropa en el sitio donde son encontrados numerosos cuerpos. Los policías que obligan a las familias a hacer sus propias investigaciones, con el riesgo que ello entraña. La ausencia de herramientas críticas como una base nacional de desaparecidos. El patrón de inacción e incompetencia que prevalece en torno a este tema. Porque muchos piensan que los desaparecidos son pobres y marginales y poco importantes. Porque muchos creen que seguramente participaban en actividades ilícitas y encontraron su merecido. Y por eso allí están los fantasmas. En busca de voz, en busca de justicia, en busca de descanso.

En este país de fosas. País de calcinados. País de fragmentos de hueso. Años de cuerpos sin nombre, semanas de cuerpos sin nombre, días de cuerpos sin nombre. Nuestras constantes ausencias que resonaban poco hasta Ayotzinapa. Un caso singular pero a la vez similar a los miles con los cuales México vive desde hace una década. Singular porque el gobierno se vio obligado a responder; similar porque no lo logró hacer bien. A pesar de las especificidades del caso, Ayotzinapa revela un patrón. Ayotzinapa ya ocurrió y sigue ocurriendo para miles de familias en busca de un hijo perdido, una hija secuestrada, un padre que nadie encuentra.

El patrón perverso de autoridades federales y estatales que no inician investigaciones criminales sobre desapariciones forzosas, que no proveen justicia, que no ofrecen reparaciones a los familiares. El patrón pérfido de la impunidad que genera incentivos para más raptos y más personas en riesgo. El patrón maligno derivado de la falta de mecanismos, protocolos y recursos para lidiar con un problema que ya no podemos ignorar. Documentado por Amnistía Internacional, por Human Rights Watch, por el Centro Prodh y tantos organismos más. Una historia de deudas y dudas, de criminales y cómplices, de corazones destrozados y muertos en vida, de gobiernos omisos y fosas descubiertas día tras día. Una historia de rostros, nombres, culpables, complicidades. 12,930 historias con Felipe Calderón. 19,156 historias entre julio de 2013 y julio de 2017 con Enrique Peña Nieto. En Tamaulipas. En Chihuahua. En Sonora. En Baja California. En Guerrero. Una pérdida principalmente de jóvenes; una sangría semanal.

Sangría que al Estado no parece quitarle el sueño. Como señala el informe de cuatro ONG's especializadas en la materia, incluyendo la Red Guerrerense de Organismos Civiles de Derechos Humanos, las investigaciones por desparición forzada no se inician inmediatamente ni de manera oficiosa. Frecuentemente se dejan pasar momentos decisivos para el esclarecimiento de los hechos. Las respuestas institucionales son insuficientes, irrelevantes, incapaces de lidiar con un fenómeno cada vez más escandaloso. Las respuestas de diplomáticos mexicanos en foros internacionales contienen muchas evasiones y lugares comunes pero poca claridad. El Estado mexicano simula. Incumple. Compra tiempo. Evade. Posterga. Mientras más mexicanos desaparecen y más madres los buscan desesperadamente.

ATROCIDADES ACEPTADAS

Ayotzinapa, Tlatlaya y San Fernando son los sitios que recordamos por quienes murieron allí, por quienes desaparecieron allí, por quienes fueron ejecutados allí. Casos conocidos, casos emblemáticos, casos que han aparecido en la prensa nacional e internacional. Pero más allá de ellos hay un país herido. Un país donde según el reporte *Atrocidades innegables*, elaborado por el Open Society Institute, no sólo hay crímenes constantes. Hay crímenes calificados de "lesa humanidad". Crímenes cometidos por narcotraficantes pero también por las Fuerzas Armadas. Una década de agresiones a la sociedad civil. Una década de dolor. Una década que ha producido más de 240,000 personas asesinadas.

Las atrocidades cometidas no son "casos aislados"; son un fenómeno generalizado que comienza a ocurrir con tanta frecuencia que, de 2007 a 2010, México fue el país con la mayor tasa de crecimiento de homicidios dolosos en América Latina. El crimen organizado comenzó a matar más, pero el Estado también, vía el uso indiscriminado de la fuerza, vía las ejecuciones extrajudiciales. Y las cifras oficiales no son confiables, miles de casos siguen sin resolverse, "desapariciones forzadas" no son clasificadas como tales, fosas clandestinas aparecen en estado tras estado. Peor aún: ante las atrocidades innegables la respuesta del Estado mexicano ha sido el silencio, o la pasividad, o el ocultamiento. A febrero de 2015 sólo se habían producido 313 investigaciones federales correspondientes a desapariciones forzadas y sólo 13 condenas. A pesar del involucramiento documentado del Ejército, no fue sino hasta agosto de 2015 cuando se condenó al primer soldado por este delito.

En México no hay ni una cosa, ni la otra: ni derechos, ni seguridad. Ni respeto a los derechos humanos, ni Fuerzas Armadas que se encarguen de protegerlos. Un país cada vez más violento, cada vez más caracterizado por tortura y torturadores, homicidios e impunidad, "levantones" y quienes los llevan a cabo. Unas fuerzas de seguridad nacional que al pelear de mala manera la guerra contra el narcotráfico, reducen los crímenes cometidos contra la población a un simple "daño colateral".

Hace algunos años, Human Rights Watch llevó a cabo una investigación a fondo en cinco estados asolados por la violencia vinculada con el narcotráfico: Baja California, Chihuahua, Guerrero, Nuevo León y Tabasco. Lo que encontraron los investigadores –después de más de 200 entrevistas– es profundamente preocupante. La política de seguridad pública no ha logrado reducir la violencia y en cambio sí ha resultado en un incremento dramático en las violaciones a los derechos humanos. Violaciones sistemáticas que rara vez son denunciadas, investigadas, sancionadas, castigadas. Prácticas endémicas e inaceptables.

Hombres torturados y mujeres violadas. Hombres electrocutados y mujeres golpeadas. Hombres asfixiados y mujeres amenazadas. Todo ello con el objetivo no sólo de obtener información sobre el crimen organizado, sino también conseguir confesiones forzadas para admitir la culpabilidad y *a posteriori* esconder los abusos cometidos por las fuerzas de seguridad durante las interrogaciones coercitivas. Las investigaciones llevadas a cabo por Human Rights Watch sugieren que las fuerzas de seguridad con frecuencia manipulan la escena del crimen para crear la impresión de que los asesinatos fueron cometidos por cárteles rivales. Los encargados de proteger el Estado de Derecho terminan violándolo.

He allí la realidad: cientos de casos de tortura, de "desapariciones", de asesinatos extrajudiciales. Y la mayoría de las víctimas son hombres jóvenes, de extracción humilde, con múltiples trabajos; mecánicos y taxistas, obreros y albañiles. Sus familias insisten en su inocencia y muchas veces son presionadas por el Ejército para intercambiar una investigación por una compensación. Dinero a cambio de impunidad.

Una y otra vez, el gobierno insiste en catalogar a las víctimas como criminales. Una y otra vez, el gobierno insiste, sin presentar pruebas, en que 90% de los asesinados estaban vinculados con el narcotráfico y el crimen organizado. Siguiendo esta lógica, merecían morir, merecían ser torturados, merecían ser electrocutados, merecían ser levantados. Por un lado Peña Nieto afirmó que los derechos humanos eran una "premisa central" de su gobierno, y por el otro su equipo demostró exasperación y escepticismo frente a las violaciones cometidas y documentadas. Para las víctimas o sus familiares quedan pocas opciones ante esta indolencia gubernamental. Pueden llevar a cabo las investigaciones por su propia cuenta y enfrentando grandes riesgos al hacerlo. O pueden presenciar como sus casos languidecen dentro de una burocracia abotagada, una policía impune, un Ejército protegido.

El Estado ha sido cómplice callado de los crímenes de lesa humanidad o no ha actuado para encararlos. Desde el momento en que Calderón envió al Ejército a las calles, las denuncias por maltrato y tortura presentadas ante la CNDH se cuadriplicaron. La magnitud y las características del maltrato –según el informe devastador de Open Society– constituyen crímenes de lesa humanidad según el Estatuto de Roma que México suscribió. Son "parte de un ataque generalizado o sistemático contra la población civil y con conocimiento de dicho ataque", de conformidad con una política de Estado. Fue el Estado. Ha sido el Estado. Es el Estado.

El Estado mexicano que en aras de someter al crimen organizado ha matado a su propia población. El Estado mexicano que ha permitido el uso de una abrumadora fuerza extrajudicial contra la población civil. El Estado mexicano que ha actuado sin una regulación adecuada del uso de la fuerza, sin una determinación de responsabilidades por los abusos resultantes. El Estado mexicano que acepta el uso de la tortura para extraer confesiones y fabricar "evidencias". No por accidente, no como simple "daño colateral", no como "hechos aislados". Se trata de una política que persigue a personas vinculadas con el crimen organizado, pero también a civiles acusados sin ningún fundamento. Una sucesión de gobiernos protege al Ejército y a la Marina de investigaciones creíbles sobre su participación en crímenes atroces contribuyendo a que el Estado evada su culpa. Eso explica las obstrucciones procesales, la falta de independencia de los peritos y los procuradores, la aprobación de aparatosas reformas que después se instrumentan tarde y mal.

El patrón que Open Society –y las ONG's con las que colaboró– revela conductas generalizadas. Revela actos que no se cometen al azar. Revela actos sistemáticos que deben recaer bajo la jurisprudencia internacional, porque el Estado mexicano jamás va a juzgarse a sí mismo, por la retórica de la negación que ha caracterizado tanto a Felipe Calderón como a Enrique Peña Nieto. Por la forma en que funcionarios de antes y ahora minusvaloran lo ocurrido. Por la estrategia gubernamental de atacar a funcionarios de las Naciones Unidas o de la Comisión Interamericana de Derechos Humanos o del Grupo Interdisciplinario de Expertos Independientes (GIEI) traído para investigar el caso de Ayotzinapa. Por las promesas hechas una y otra vez que nunca se cumplen. Desde Tlatelolco, desde la Guerra Sucia, el Estado mexicano resta importancia a los crímenes cometidos y va construyendo el andamiaje de la impunidad. Una impunidad que no ceja porque los funcionarios encargados de combatirla no reconocen que existe. No reconocen lo que deberían hacer para terminar con ella.

LA "MENTIRA HISTÓRICA"

En México una tragedia tapa otra tragedia y el país se olvida de muchas cosas que no debería pasar por alto. Pasta de Conchos. Villas de Salválcar. San Fernando. Tlatlaya. Apatzingán. La barbarie se va asimilando, normalizando, atenuando. Deja de sorprender. Deja de horrorizar. Deja de sacudir. Pero en cada una de esas instancias hay viudas y huérfanos y madres con hijos asesinados o torturados. La aritmética de la angustia, las matemáticas de la matanza. La herida abierta, el corazón espinado, el puño crispado por ese dolor para el cual ya ni siquiera sirve el llanto. Aquello que motivó a Esteban Illades a preguntarse en el libro *La noche más triste* qué pasó con los 43 normalistas de Ayotzinapa. A averiguar si hay algo más allá de la "verdad histórica" que la PGR grabó con cincel sobre el granito que es la historia oficial.

En México ya no se hablaba de la violencia, según la historia oficial con la cual comenzó el sexenio de Enrique Peña Nieto. La violencia no formó parte de la campaña presidencial, las primeras planas de los periódicos cambiaron de tono, la prensa extranjera se desvivía en elogios. Hasta la noche del 26 de septiembre de 2014. Hasta que Iguala demostró que los responsables de la violencia de la que ya nadie hablaba no eran nada más los Zetas o la Familia o el Cártel del Golfo. Eran también los Guerreros Unidos y los Rojos, con el apoyo del gobierno municipal y la complicidad tácita, o el involucramiento, de los gobiernos estatal y federal. Eran también las secuelas del quiebre entre "El Chapo" Guzmán y los Beltrán Leyva. Era también lo que ocurría en Guerrero, la joya de la corona por la zona conocida como "El Pentágono de la Amapola", el lugar donde se produce 42% de ella en México.

En uno de los estados más pobres del país, bandas criminales protegidas o permitidas por el Estado libran batallas por una de las drogas más lucrativas del mundo. En uno de los municipios más violentos del país, estudiantes de la normal de Ayotzinapa entraban en conflicto constante con el gobierno por la falta de dinero, la falta de mantenimiento de las instalaciones, la falta de oportunidades laborales. Y sí, cerraban casetas para manifestarse. Y sí, tomaban casetas para recaudar fondos. Y sí, retenían autobuses para sus actividades. Pero aquella noche fatal no merecían morir y su muerte pudo haber sido evitada si el Estado —vía el presidente municipal, la policía estatal, la policía municipal, el Ejército— hubieran hecho el trabajo legal e institucional que les tocaba. En lugar de ello dispararon, torturaron, desollaron. Guerreros Unidos, policías de Iguala y de Cocula, el Ejército, José Luis Abarca, todos en comunicación esa noche. Todos después mintiendo para tratar de tapar lo que habían hecho. O torturados para reinventar lo sucedido en el basurero de Cocula, que en náhuatl quiere decir "lugar de riñas o discordias".

Ayotzinapa es la herida que no cierra porque nos mintieron sobre qué la provocó. La herida supurante porque la cura fue una farsa. La sospecha y la conversión —en la opinión pública— de la "verdad histórica" en una táctica gubernamental destinada a cerrar el caso, darle vuelta a la página, superar la desaparición de los hijos, olvidar a los muertos. Esa "verdad histórica" que resultó ser "mentira histórica". Esa versión que nos dio el entonces procurador Murillo Karam desnudada, descubierta, evidenciada por el Grupo Interdisciplinario de Expertos Independientes nombrado por la Comisión Interamericana de Derechos Humanos. Allí, en dos informes repletos de gráficas, peritajes, testimonios, y entrevistas, lo que realmente ocurrió esa noche del 26 de septiembre de 2014. Allí se encuentra la evidencia de que el Estado mexicano no supo elucidar por incompetencia. O negligencia. O complicidad. O encubrimiento.

Tantas preguntas sin respuesta: ¿Cómo pudo haber sido postulado José Luis Abarca a la presidencia municipal por el PRD cuando su esposa tenía cinco parientes directos vinculados con uno de los cárteles más importantes de la zona? ¿Por qué la PGR no actuó meses antes cuando ya contaba con información de las actividades delictivas del líder perredista? ¿Qué llevó a la desmedida reacción de los policías de Iguala y Cocula contra los estudiantes? ¿Por qué les dispararon policías federales y cuál fue el papel de Guerreros Unidos? ¿Por qué en la pira de Cocula no se encontraron hebillas, botones y otros objetos de metal que habrían sobrevivido al fuego? ¿Por qué las fuerzas federales y el Ejército, enteradas por las comunicaciones del C4, no actuaron en defensa de ciudadanos indefensos? ¿De dónde sacaron el hueso de Alexander Mora Venancio que Tomás Zerón –funcionario de la PGR– "halló" en el río San Juan? ¿Por qué desaparecieron los videos en el Palacio de Justicia de Iguala? ¿Por qué evadió la PGR seguir la línea de investigación que involucraba a la policía de Huitzuco? ¿Por qué la PGR insiste en que llevaron a los 43 al basurero de Cocula si evidencias y testimonios muestran una dispersión, y la evidencia científica comprueba que no fueron quemados allí?

Imposible entonces "superar" lo ocurrido por la falta de certeza científica sobre lo que pasó en el basurero de Cocula. Por las declaraciones inconsistentes de los involucrados, muchos de ellos torturados. Porque a años del incidente, el Estado mexicano no ha detenido a todos los supuestos responsables. Porque no se ha indagado la actuación del Ejército esa noche fatal. Porque no ha empezado la atribución de responsabilidades por el contexto de corrupción política en Guerrero que hizo posible lo que pasó. Y porque los expertos convocados –el Grupo Interdisciplinario de Expertos Independientes y el equipo Argentino de Antropología Forense– se deslindaron de los resultados presentados por la PGR y evidenciaron sus fallas.

Hay tanto que resultó falso en la versión oficial de los hechos. Hay tantas mentiras que el gobierno insistió en diseminar. Que los estudiantes de Ayotzinapa iban armados. Que pertenecían a un grupo criminal denominado Los Rojos. Que fueron a Iguala a interrumpir el acto de la esposa del presidente municipal de Iguala. Que fueron entregados por la policía municipal a Guerreros Unidos. Falsedad tras falsedad. Invención tras invención. Engaño tras engaño. Y la patraña más importante de todas, la que más cala: nunca hubo una pira gigantesca en el basurero de Cocula. Nunca hubo 43 normalistas incinerados allí. Nunca fueron quemados con leña y neumáticos como los supuestos perpetradores afirmaron y la Procuraduría confirmó. La verdad es otra, muy distante, muy distinta.

La verdad de normalistas que fueron a botear y a tomar autobuses a Chilpancingo para suplir sus necesidades, como lo habían hecho durante años sin incidentes de violencia o sanción. Los propios choferes de los camiones tenían instrucciones de diversas compañías de acompañar a los muchachos y recibían incluso su sueldo por hacerlo. Acabaron en Iguala por motivos puramente circunstanciales y no por razones políticas o con una agenda de confrontación criminal. Acabaron en un lugar equivocado, en un momento equivocado, en un transporte equivocado. Cinco autobuses que fueron atacados por la policía municipal en el momento de salir de la central. Ráfagas de balas, tiroteos no al aire sino a los muchachos, violencia inexplicable y en ascenso conforme transcurrió la noche. Nueve episodios a lo largo de la zona, con muertos y heridos. Durante esta jornada trágica, agentes del Estado –la policía federal, la policía municipal y miembros del Batallón 27 del Ejército, miembros del C4– estuvieron en comunicación. Algunos atacando a los estudiantes, algunos absteniéndose de protegerlos.

Hoy el paradero de los 43 estudiantes subidos a seis patrullas de la policía sigue siendo un enigma. Hoy lo ocurrido después de ese secuestro sigue siendo un misterio. El Grupo Interdisciplinario habló de un operativo coordinado por alguien que no lograron identificar. Habló de un quinto autobús que desapareció y que quizás contenía droga. Habló de la posibilidad de una red de narcotráfico basada en Guerrero que usaba autobuses como forma de transporte de estupefacientes. Habló de todo aquello que falta por investigar, procesar, recabar. Lo que México necesita saber para explicar el grado de violencia y de agresión desatado contra 43 muchachos desarmados. ¿Por qué el objetivo de la policía y el Ejército fue impedir que los autobuses con normalistas salieran de Iguala esa noche, a toda costa?

El GIEI puso el dedo en la llaga. Escenas del crimen que no fueron procesadas aún por la PGR. Investigaciones sobre hornos de incineración en la zona todavía pendientes. Expedientes repletos de contradicciones y testimonios falsos. Confesiones insostenibles extraídas bajo presión policial. Ayotzinapa es un caso paradigmático que resume lo que está fundamentalmente podrido en el país. Las policías. El Ejército. La Procuraduría General de la República. Los peritos. Lo que le pasó a 43 normalistas podría pasarle a cualquier otro mexicano, cualquier día. Desaparecer sin rastro y que el Estado no sea capaz de proveer una explicación. Hay demasiados intereses que proteger o incompetencia que ocultar. Una larga lista de reportes contradictorios, pistas falsas, manipulaciones evidentes, líneas rojas y fuerzas intocables, como describe el periodista Témoris Grecko en el libro *Ayotzinapa. Mentira histórica. Estado de impunidad, impunidad de Estado.* Una mezcla tóxica de maldad y descuido, torpezas y prevaricación.

Habrá quienes ya estén cansados del tema; los que dicen "ya chole", los que insisten en que los normalistas eran criminales y secuestradores y merecían morir. Pero más allá del cansancio de los cínicos o el reproche de los malinformados hay un tema central. Ayotzinapa merece ser desentrañado por lo que revela. Necesitamos entender el histórico y geográfico vital que explica cómo pudo ocurrir una atrocidad de este tamaño. Necesitamos comprender lo que significa el "Pentágono de la Amapola" y las complicidades que ha generado entre las "fuerzas del orden" en Iguala y más allá. Necesitamos evidenciar las complicidades criminales que han llevado a ocultar lo que verdaderamente ocurrió esa noche. Todo lo que el Estado mexicano –con el grupo delincuencial que enquista– no quiere explicar sobre la actuación de la policía municipal, la policía estatal, la Policía Federal y el 27 Batallón del Ejército.

En lugar de respuestas, la PGR ha ofrecido engaños, mentiras históricas, obstaculización y el traslado de Tomás Zerón –acusado de sembrar evidencia– a otra dependencia gubernamental. Ha negado que el caso de los 43 se trata de desapariciones forzadas. Ha extraído confesiones bajo tortura, perdido evidencias, fabricado culpables, solapado peritajes de baja calidad, fragmentado la investigación, y reiterado que la "verdad" se encuentra en el basurero de Cocula para así responsabilizar al crimen organizado y no a miembros del Estado. Ha ignorado las hipótesis sobre el quinto autobús y la multimillonaria industria de la heroína en la región. Ha intentado desprestigiar al Grupo Interdisciplinario de Expertos Independientes sobre Ayotzinapa vía plumas pagadas, televisoras cómplices y activistas manipulados. Y finalmente ha colocado una línea roja alrededor del Ejército, involucrado en Ayotzinapa por lo que hizo o lo que dejó de hacer.

Subsiste un tema que nadie quiere tocar, a años de distancia. El que le da contexto y sustancia a lo ocurrido esa noche. El negocio de la droga que no aparece ni por asomo en los expedientes de la PGR, ni en la prensa, ni en las presentaciones de los voceros de la PGR, ni en los discursos de los generales, ni en las palabras de Peña Nieto. Años después, una explicación coherente y creíble sigue tan ausente como los 43.

FUE EL ESTADO

Decía Abraham Lincoln que es posible engañar a algunas personas todo el tiempo, y a todas las personas algún tiempo, pero no es posible engañar a todas las personas todo el tiempo. Sin embargo eso es lo que la PGR buscó desde su primera "verdad histórica" sobre el basurero de Cocula y el caso de Ayotzinapa. Tapar y manipular de manera burda y con resultados cada vez menos creíbles. La opinión pública lo sabe, la comunidad internacional lo entiende. El gobierno de México vía sus instituciones de procuración de justicia y los medios que manipula trató —desesperadamente— de ocultar lo que realmente ocurrió en Iguala esa noche. Y recurrió a los golpes más bajos para lograrlo. Una escenificación fársica en tres actos, cada uno peor que el anterior.

Primer acto: cuando ya lo inocultable comenzó a ser visible a través del trabajo del Grupo Interdisciplinario de Expertos Independientes, intentó obstaculizar el trabajo que todavía tenían que hacer. Durante semanas que se volvieron meses, la PGR fue negando acceso, información, colaboración. De allí pasó a la segunda etapa del proceso de desinformación. Comenzó a desacreditar a los miembros del GIEI, sobre todo a las dos mujeres que habían sido fiscales y procuradoras en Colombia y Guatemala. Comenzó a filtrar información falsa a medios que la reprodujeron sin chistar. Construyó una narrativa que pintaba al GIEI como mercenarios, vinculados a intereses oscuros, manipulados por la izquierda y ONG's antigubernamentales. Acribilló a hombres y mujeres independientes invitados aquí para hacer lo que instituciones mexicanas no han logrado. Una investigación profunda. Una indagación imparcial. Una labor intachable.

Segundo acto: al presenciar el montaje grotesco, la comunidad internacional reaccionó con vigor y solidaridad. Premios Nobel y tantos más unidos en su respaldo al GIEI, aplaudido afuera mientras era vilipendiado adentro. Atacado por "activistas" de reputación cuestionable como Isabel Miranda de Wallace, sembrando infundios, diseminando falsedades, esparciendo rumores. En el tercer acto de esta farsa vimos cómo la PGR —tan ineficaz para actuar contra gobernadores corruptos del PRI— eficazmente aceptó la demanda contra Emilio Álvarez Icaza, el entonces Secretario General de la Comisión Interamericana de Derechos Humanos. El que fuera presidente de la Comisión de Derechos Humanos del Distrito Federal y "defensor del pueblo" durante el plantón, y el caso del *News Divine*, y la acción de inconstitucionalidad contra la despenalización del aborto.

Tercer acto: una PGR que hizo públicos de manera unilateral los resultados parciales del tercer peritaje del basurero, rompiendo acuerdos de confidencialidad suscritos con el GIEI. Una PGR que presumió el peritaje inmediatamente cuestionado por el equipo de forenses argentinos que afirmaba "hasta la fecha no hay ninguna identificación de restos de los 43 estudiantes desaparecidos realizada sobre restos que se hayan recuperado en el basurero de Cocula". Sí, en efecto, hay restos óseos allí, ha habido fuego allí. No hay evidencia de que los restos correspondieran a los normalistas o que fuegos anteriores estén vinculados a su supuesta incineración. Pero la PGR ha insistido en la versión del basurero porque necesita esa falsificación para hacer habitable el pasado. Si la "verdad histórica" resulta ser la "mentira histórica" detectada por el GIEI, habría mucho que el Estado mexicano aún tendría que investigar, explicar, justificar, reconocer.

Todo lo que está contenido en los dos informes del GIEI que fueron desestimados por la PGR, obsesionada con regresar al basurero de Cocula. La existencia y el destino del quinto autobús. La participación de la policía municipal, estatal y federal en el ataque perpetrado a los jóvenes —y a tantos más en Iguala— esa noche. La presencia inexplicada del Ejército, descrita en el magnífico documental *Mirar Morir*. Las líneas de investigación que el GIEI señaló y la PGR ignoró porque prefiere ofrecer excusas o mancillar a los mensajeros o pensar que puede seguir engañando a algunos todo el tiempo. Quizás ha "ganado", dejando que el tiempo transcurra porque cuenta con la fuerza mediática y política del Estado. Pero no convencerá, porque para convencer necesita persuadir. Y para persuadir necesitaría lo que no tiene: derecho y razón.

Fue el Estado por acción o por omisión. Fue el Estado en un esfuerzo por encubrir lo que realmente ocurrió, con la historia de una incineración que nunca hubo, que nunca ocurrió. Un perito de talla internacional, José Torero, lo constató: no hay evidencia científica para sustentar la tesis de una pira. No hay restos. Lo que sí hay es una historia fabricada por la PGR y presentada como versión final, imprescindible para enterrar Ayotzinapa como nos conminaron. Según la narrativa oficial, la culpa fue sólo de Abarca y la policía municipal y Guerreros Unidos cuando la historia es mucho más compleja y toca a quienes quisieran permanecer intocables.

Hasta el momento contamos con un mapa temporal de lo sucedido. Pero falta tanto aún por saber, aclarar. Falta la respuesta a la petición de entrevistar a miembros del Batallón 27 del Ejército porque "el Estado continúa analizando la procedencia de la solicitud". Falta que el gobierno responda a las más de cien peticiones de información relevantes o de diligencias significativas hechas por el GIEI, porque sólo se cumplió un 30% de forma completa, un 24% de forma parcial, un 47% están pendientes.

En lugar de proveer respuestas, el Estado mexicano se ha abocado a mentir y confundir. Esa ha sido la tarea de distintas agencias del gobierno desde que el GIEI reveló que la "verdad histórica" sobre Ayotzinapa resultó ser una ficción. Han utilizado a distintos medios para diseminar información falsa. Han producido peritos con el objetivo de crear nuevas versiones sobre el supuesto incendio en el basurero de Cocula. Han usado todos los instrumentos disponibles en el arsenal del Estado mexicano para aislar y debilitar y deslegitimar a un grupo por lo que intentó hacer. Descubrir la verdad.

El GIEI tenía mucho trabajo todavía por hacer, antes de ser obligado a irse de México. Y en lugar de apoyar, el Estado negó el acceso a nuevas evidencias relacionadas con la investigación. Negó el acceso a nuevos peritajes y a presuntos inculpados, incluyendo los últimos en ser detenidos. Fragmentó las indagaciones en juzgados a lo largo del país, dificultando la investigación y la información con la cual los familiares deberían contar. No entregó fotos, documentos y videos tomados por miembros del Batallón 27 la noche de los hechos. Múltiples niveles del gobierno no hicieron lo que debieron. La estrategia coordinada fue comprar tiempo hasta que los extranjeros incómodos salieran de México y se llevaran la verdad consigo.

Dejando tras de sí un país en el cual el sistema de procuración de justicia es una vergüenza. Donde se investiga con base en confesiones, muchas de ellas extraídas bajo tortura. Donde los peritos están bajo el mando de la PGR y por ello tienen incentivos para crear culpables en lugar de llevar a cabo investigaciones creíbles. Donde en lugar de integrar una sola investigación previa para facilitar los juicios, se dispersa, se fragmenta, se involucra a cinco juzgados distintos. Donde la PGR inventa testigos y siembra evidencia y procuradores mienten –como en su momento Murillo Karam– gozando de la más absoluta impunidad.

Los que vinieron de fuera a auscultar Ayotzinapa expusieron a un Estado que no puede o no quiere investigar, que dejó pasar meses antes de abocarse a los hechos, que aún después del primer informe del GIEI no siguió las líneas de investigación sugeridas, que sigue encarcelando a presuntos culpables dedicados a declarar falsedades sobre el basurero de Cocula. Ante tanta evidencia, sólo es posible una conclusion: el Estado está contando historias porque no quiere que, algún día, alguien desentierre la verdadera. El Estado está desestimando otras declaraciones, ignorando evidencia científica y enlodando a quienes la presentan porque no puede lidiar con lo que Ayotzinapa demuestra. Un sistema de justicia penal podrido de pies a cabeza.

El Informe del Grupo Interdisciplinario de Expertos Independientes me parece uno de los documentos más valiosos que ha aparecido en México en mucho tiempo. Conozco la trayectoria profesional –impecable y prominente– de quienes lo elaboraron. Vi la reacción de los padres de 43 hijos desaparecidos cuando escucharon la explicación provista y tuvieron confianza en ella. Sé que entrevistaron a decenas de testigos y sobrevivientes, revisaron 115 volúmenes de documentos del caso, y llevaron a cabo peritajes que ni la propia PGR había pedido. Sé que descubrieron una investigación oficial viciada, fallida, incompleta. Por todo ello, agradezco al GIEI su profesionalismo.

También por ello me parece tan importante combatir el esfuerzo de algunos por desacreditar lo que han hecho con argumentos espurios. Con argumentos tramposos. Con argumentos de mala fe cuyo único objetivo es apuntalar la "verdad histórica" que se ha vuelto indefendible. Que los Informes contenían errores que los desacreditaban. Que las instituciones mexicanas eran lo suficientemente sólidas para lidiar con Ayotzinapa por sí mismas. Que el caso de los normalistas debe ser visto como uno de secuestro y no de desaparición forzada.

Uno por uno, estos argumentos tramposos no resisten el escrutinio. Como señaló la académica del CIDE, Ximena Medellín Urquiaga, en el artículo "¿Cúal es, en realidad, la naturaleza jurídica del GIEI-Ayotzinapa?", el diálogo entre el Estado mexicano, los representantes de las víctimas y la CIDH condujo a la adopción de un acuerdo de "asistencia técnica internacional" como parte de las medidas cautelares dictadas ante la desaparición de los muchachos. No fue una ocurrencia o una imposición como algunos han argumentado.

Las partes convinieron en la creación del GIEI cuyo mandato fue: 1) la búsqueda con vida de las personas desaparecidas; 2) el análisis de las líneas de investigación criminal; 3) el análisis técnico del Plan de Atención Integral a Víctimas. El propio Estado mexicano solicitó la ayuda, pero al GIEI se le dotó de autonomía técnica y de gestión de las partes, incluyendo *vis a vis* la propia Comisión Interamericana. No fue un grupo nombrado por Álvarez Icaza ni estuvo jamás bajo sus órdenes. Sugerirlo es demeritar la trayectoria destacada y admirable de cada uno de sus miembros, incluyendo a Claudia Paz –ex fiscal guatemalteca– que ya no puede vivir en su propio país por el trabajo en contra de la corrupción que llevó a cabo allí. Ninguno de los miembros del Grupo recibió pagos de ONG's mexicanas como ha sido sugerido y su independencia fue incuestionable. Llegaron a México con la sola agenda de encontrar la verdad y proveer de reparación a las víctimas.

¿Qué reveló su investigación? Una PGR que no siguió líneas de investigación que debió abrir. Una PGR que manejó mal la evidencia y la cadena de custodia con restos, huesos, cenizas, ropa, balas. Una PGR que en la versión de la "verdad histórica" negó el involucramiento o la presencia de la policía federal y el Ejército en Iguala esa noche. Una PGR que negó la existencia del quinto autobús que sugiere hipótesis alternativas sobre las razones detrás de la desaparición de los normalistas. Una PGR que basó sus conclusiones en confesiones hechas con base en tortura. Una PGR que intentó darle carpetazo al caso a pesar de las múltiples incongruencias en los expedientes.

Preocupante, entonces, el esfuerzo por poner en tela de juicio un Informe sobre Ayotzinpa riguroso, sistemático, imparcial y profesional. Preocupante el esfuerzo concertado para tumbar una versión que esclarecía y buscaba llegar a una versión compartida en un país polarizado. En lugar de rechazar al GIEI debimos haberlo arropado y apoyado para que pudiera continuar lo que comenzó. Debimos fortalecer su mandato, reorientado la investigación, allanado el camino y exigido un nuevo grupo de investigación dentro de la PGR.

Los miembros del GIEI dicen que fueron como una vacuna que vino a generar anticuerpos para que Ayotzinapa no se repita. Para que la oralidad del nuevo sistema de justicia penal evite la opacidad que le permite a la PGR fabricar culpables y contar cuentos y presumir muchos detenidos y muchos encarcelados. Para que haya una ley de desaparición forzada que funcione conforme a los mejores estándares internacionales. Pero sabían que estaban pidiendo algo que parece imposible: un proceso para que quienes hicieron todo mal lo hagan bien. Estaban pidiendo que el Estado mexicano se reformara a sí mismo, cuando le ha convenido no hacerlo. El problema ahora es que hay Ayotzinapas todo el tiempo, y como México no acepta la vacuna, continuamos muriendo.

SOS INTERNACIONAL

Es oficial. La verdad está muerta. Los datos, las cifras, los hechos no importan. Así lo confirmaron los Diccionarios Oxford al declarar *Post-truth* —postverdad— la palabra del año. Así los constató la PGR, cuando fue encabezada por Raúl Cervantes, en su respuesta al

reportaje de *The New York Times* sobre cómo el gobierno había violado la ley en la investigación sobre Ayotzinapa. La vocera del Fiscal
Carnal simplemente dijo que el documento incriminatorio, producto
de una investigación interna, era "legalmente inexistente". Es decir,
existió pero no realmente. Existió pero no para la opinion pública o
para los padres de los 43. Ciento setenta y siete páginas que describieron una realidad consignada a la postverdad.

A las narrativas oficiales en las cuales se sigue insistiendo mientras el tiempo pasa, el horror se normaliza, la mentira histórica se
repite. Los normalistas fueron agredidos únicamente por el crímen
organizado. Todos fueron quemados en el basurero de Cocula. No
se trata de desapariciones forzadas. No fue el Estado. Eso que el documento negado y también citado por Anabel Hernánez en el libro
La verdadera noche de Iguala contradice. Las numerosas irregularidades
detectadas a lo largo de una investigación que desembocó tramposamente en el basurero de Cocula y hoy no va a ningún lado. Cómo Tomás Zerón llevó a un testigo al río San Juan sin su abogado presente,
y el hecho de que esa visita –que derivó en la acusación de siembra
de evidencia– no fue consignada en el expediente. Y más.

Todo lo detallado en la "Evaluación Técnico Jurídica" elabo-
rada por el ex visitador de la PGR, Alejandro Chávez Flores y entre-
gada a Arely Gómez, antes de que fuera removida del puesto. Todo
lo que incrimina al Estado mexicano en la falsificación de evidencia,
la tortura a testigos, los documentos apócrifos, el ocultamiento deli-
berado de la verdad. Todo lo que el reporte sugiere que la PGR debe
hacer y no ha hecho: seguir las líneas de investigación que el GIEI indicó antes de su salida obligada del país: replantear la investigación
para enfocarse en la Policía Estatal de Guerrero, la Policía Federal,
el 27 Batallón de Infantería y lo acontecido particularmente con los
autobuses que podrían haber contenido heroína. Pero en lugar de
reencauzar la indagatoria, el gobierno archivó el informe incómodo,
removió a la procuradora que lo había solicitado, le proveyó protección política a Tomás Zerón enviándolo a otro puesto, le apostó
al olvido. El *whistleblower* Chávez Flores renunció, diciendo que lo
habían colocado "ante la disyuntiva de hacer lo correcto y conservar
el cargo".

Esto pudo ocurrir porque hay personas a las cuales el Estado mexicano quiere proteger, investigaciones que el Ejército busca frenar, verdades que Enrique Peña Nieto prefirió enterrar. Los encargados de construir la narrativa postverdad siguen allí, intocables. Luis Enrique Miranda Nava, Humberto Castillejos Cervantes, Tomás Zerón de Lucio, Jesús Murillo Karam. Los que han logrado distorsionar a tal grado que cuando un medio internacional publica una nota describiendo cómo el gobierno violó la ley reiteradamente, no pasa nada. Nada.

No pasa nada porque en la PGR ha habido un protector del presidente, quien respondió que el documento citado no era legal, ya que no cumplía con formalidades no especificadas. Porque ha habido una acción concertada para desprestigiar todo lo asociado con los normalistas, valiéndose incluso de la medalla Belisario Domínguez para hacerlo. Porque en la era de la postverdad, los prejuicios están desconectados de los hechos. Hechos irrefutables como los descritos en una auditoria interna que la PGR quiso minimizar, calificándola como un "simple proyecto" o un escrito informal que nunca se terminó.

Esta obfuscación no es novedosa. Ocurre desde el 2 de octubre de 1968 cuando se instaló la impunidad, cómoda y apoltronada en el sistema político. La impunidad de ayer viva hoy. Producto de gobiernos coludidos o ineptos o incapaces de llevar a cabo investigaciones confiables. Como la PGR y su "cadena de custodia" en Ayotzinapa. Como la PGR y su siembra de armas a adversarios políticos. Como la PGR y su resistencia a instrumentar las medidas cautelares que le son exigidas para proteger a periodistas o a testigos. Obligando así a los familiares a descubrir y desenterrar fosas por sí mismos. A ir de organización en organización en busca de información que no encuentran. A cargar carteles con las fotografías de sus desaparecidos, con la esperanza de que alguien, algún día, en el gobierno los escuche. A colar tierra en busca de las dentaduras de sus hijos. Los angustiados, los desconsolados, en búsqueda perpetua porque el Estado no cumple con su deber de investigar, de documentar, de apoyar, de reparar. A pesar de las importantes reformas en derechos humanos introducidas en México, persiste una profunda brecha entre el andamiaje legislativo y judicial y la realidad de millones de mexicanos.

Hay algunos avances, hay algunas leyes nuevas. Pero la Comisión Interamericana de Derechos Humanos tiene razón al hacer el llamado enérgico de atención que le hace al Estado mexicano. Tiene razón al sostener lo que recomienda. Investigaciones diligentes e imparciales en los casos de Apatzingán, Tanhuato y Tlatlaya. Instrumentación de las medidas pendientes pedidas por el GIEI en el caso de Ayotzinapa; medidas para lidiar con y prevenir la tortura y las ejecuciones extrajudiciales y las desapariciones forzadas y las agresiones a periodistas y los asesinatos. Pero eso sólo ocurrirá si el Estado mexicano es capaz de aceptar la verdad en lugar de desacreditarla. Si en lugar de mancillar la reputación del mensajero, atiende el mensaje. Ralph Waldo Emerson escribió que cuando la verdad es lastimada, hay que defenderla. Lo terrible del caso mexicano es que los ataques a esa verdad a la vista provienen del propio Estado.

Al igual que Estados Unidos bajo Trump, México bajo Peña Nieto aceptó vivir en un mundo postverdad. Un espectáculo perfectamente controlado, Orwelliano, en el cual los hechos eran "negativos". Los hechos eran "pesimistas". Los hechos eran "antipatrióticos". Así el gobierno logró volver a la verdad una mentira a conveniencia. Pero la verdad insoslayable es una crisis de naturaleza y magnitud insospechadas e inimaginables. Lo que ha ocurrido en México bajo las presidencias de Felipe Calderón y Enrique Peña Nieto merece la atención de la Corte Penal Internacional. Merece que la comunidad internacional inicie investigaciones que tengan consecuencias penales para los involucrados. Porque esos involucrados no sólo son Los Zetas o los cárteles de la droga. Son miembros de las fuerzas de seguridad del Estado –policía y Ejército– cuyo deber es combatir el crimen, no perpetrarlo.

La urgencia del involucramiento internacional deviene de lo que no pasa en el país. Lo que no se investiga. Lo que se tapa. Lo que se oculta. Los crímenes que ni siquiera son considerados como tales. Ni el gobierno de Calderón ni el de Peña Nieto han mostrado interés por establecer responsabilidades por las atrocidades cometidas. En lugar de la investigación, prevalece la obstrucción. En lugar de la premura, prevalece la obstaculización. Son necesarias decisiones difíciles, decisiones valientes. Decisiones como la creación de una entidad de investigación internacional –con sede en México– que tenga el poder de investigar y perseguir crímenes de lesa humanidad y corrupción de manera independiente. Para que así las atrocidades innegables dejen de serlo. Para que las atrocidades aceptadas dejen de serlo. Para que México no viva con la lesa humanidad de hoy, sino con la recuperada humanidad de mañana.

SEGUIR HABLANDO DE LOS 43

Debemos hablar de lo que nadie quiere hablar ya. Hablar contra el silencio, contra la hipocresía, contra las mentiras. Compartir, como lo hizo Sergio González Rodríguez en su libro *Los 43 de Iguala*, la certeza de que lo perverso ha devorado el bien común en nuestro país. Compartir la terquedad de los hechos. El color gris que se extiende sobre lo que era un espectro cromático. Las cenizas de los muertos. Fotografías, documentos, informes, transcripciones jurídicas. Testimonios, grabaciones, videos de lo que ocurrió aquella noche en Ayotzinapa. El retrato fiel del México que nos negamos a enfrentar: la normalidad de lo atroz en medio de la política formal. La barbarie envilecida al amparo del formalismo institucional. Los tiempos sombríos de abusos e injusticias.

En nuestro país la atrocidad sucede como si nada aconteciera. Con la muerte de tantos –no sólo de los 43– se tritura el estatuto humano. Por ello el llamado a no callar, a no caer en la amnesia o el desdén. Dijo González Rodríquez y con razón: "Gritar es poder, al igual que sobrevivir es hacerse presente." Gritar que el Estado tiene responsabilidad política y judicial en la masacre de Iguala, en la masacre de México. Gritar que rechazamos por inconsistente e incompleta la investigación oficial al respecto. Para así recobrar la lucidez ante el error consentido. Para así ejercer la libertad de transformar lo aciago. Lo indecible. Cuarenta y tres estudiantes a los cuales la policía les disparó. Cuarenta y tres estudiantes golpeados, perseguidos, desaparecidos. Autoridades federales –incluyendo la policía y el Ejército– que "se negaron a intervenir" aunque estuvieron presentes o dieron órdenes o fueron descuidadas.

Descuidadas desde hace décadas con una normal en Ayotzinapa donde las frases reiteradas –voces dulces y broncas a la vez– se expresaban en tono de proclamas, convicciones, denuncias. "Queremos un gobierno justo." "Estamos decepcionados con el gobierno." "Tenemos bastante rabia." "Extrañamos mucho a nuestros compañeros." "Los funcionarios no se preocupan por nosotros." "Exigimos justicia, no olvido." "Fue el Estado." Voces que surgen del segundo territorio de la República con mayor índice de pobreza. Donde 71% de la población está por debajo de la línea de bienestar, definida por el propio gobierno mexicano,

Un foco de agravio, advertido desde hace tiempo. Un lugar olvidado por el júbilo reformista, debajo del cual subyace un severo deterioro social e institucional. Pero quienes señalaban lo que estaba ocurriendo en el sur de México eran tachados de aguafiestas, resentidos, amargados, activistas, radicales. Mientras el juvenicidio crecía, condenando a 16 millones de muchachos a algo peor que la escasez de futuro. La mitad de todos ellos viven en la pobreza. Padecen la discriminación diaria, la agresión incesante, algún tipo de violencia o maltrato. Enfrentan la disyuntiva diaria de la legalidad o la ilegalidad, la supervivencia o la autodestrucción, la inercia o la rebelión. En Guerrero la insurrección contra el orden instituido ha sido un acto de fe, constante. Las movilizaciones se nutren de la exasperación creciente, cíclica ante gobiernos, uno tras otro, que sólo parecen voltear a la region para enviar al Ejército allí.

Ante la corrupción e ineficacia del Estado los estudiantes fueron radicalizándose, no siempre para bien. En 2011 hubo un enfrentamiento con la policía que llevó a la muerte a dos de ellos, con un empleado de gasolinería. Para lograr la "cooperación con la causa" los estudiantes de Ayotzinapa acostumbraban impedir el libre tránsito de automóviles y gente. Se apropiaban de vehículos, mercancías y productos. Privaban de la libertad a personas. Exigían donaciones en especie mediante amenazas o violencia. Causaban daños en propiedad ajena y realizaban actos de vandalismo. Todo eso es cierto, aun así no merecían el destino –rodeado de incógnitas– que padecieron. Su desaparición está directamente vinculada con los abusos de las fuerzas del orden contra los derechos humanos en Guerrero desde hace años.

Guerrero, como tantos otros estados, sitio de detenciones ilegales y golpizas y torturas y violaciones y desapariciones forzadas. Sitio de encono incesante. Matar a personas o desaparecerlas se ha vuelto una costumbre. En 2013 Guerrero concentraba los cinco municipios más violentos del país. Personas que pasaron a formar listados de datos o gráficas o cuadros, y en la oscuridad de las cifras, el resplandor de cada víctima. La barbarie de Iguala fermentó mucho antes de la noche de los 43. Un lugar que registró —en 2013— una tasa de homicidios por cada 100,000 habitantes 210% superior a la nacional. Un lugar donde el gobierno, para y con los ciudadanos, no existía. Un lugar que se convirtió en un punto estratégico para la producción y tráfico de heroína, con la complicidad de la autoridad. Allí, el ascenso del imperio del crimen. Allí, un lugar barbárico del cual Enrique Peña Nieto no se atrevió a hablar hasta once días después de la desaparición de los 43.

Mientras persiste el estira y afloja entre investigaciones, informes y contrainformes, "verdades históricas" y las mentiras que contienen, Sergio González Rodríguez nos recuerda la tarea de seguir hablando. No permitir que la matanza de Iguala desaparezca de la memoria. No tolerar que la palabra se oscurezca y se extinga en lo impío de la autoridad que preferiría eso. No consentir que las autoridades minimicen o soslayen los hechos o argumenten que se trataba de casos aislados. No aprobar que la ciudadanía sea ajena a la causa de los padres sin hijos que es la de todos. Rechazar el país en el cual nos hemos convertido, de balas y esquirlas y gritos y pavor y cadáveres verdes y huesos opacos. Iguala proviene de la palabra náhuatl "yohualcehuatl" que quiere decir "donde se sosiega la noche". Pues llega la penumbra e Iguala no encuentra sosiego. Llega la noche y México no encuentra paz. Habrá que buscarla resistiendo la impunidad, exigiendo mejoras auténticas, demandando colectivamente que la desaparición de los 43 se vuelva un punto y aparte y no sólo una anécdota más. Para que aquellos a quienes se les arrebató la esperanza sean quienes nos la devuelvan.

La tarea es sencilla: seguir hablando y seguir exigiendo. Como afirma la madre de una de las víctimas: "Nunca dejaré de hablar. No puedo parar hasta que termine la violencia." Sólo así será posible cambiar a una sociedad ciega, sorda y apática. Sólo así será posible lograr que no haya un muerto más, ni un hombre faltante, ni una mujer desaparecida. Sólo así se cobrará conciencia de que el gobierno de Enrique Peña Nieto tiene que responder ante lo ocurrido; que los crímenes cometidos y ocultados tienen que ser resueltos y resarcidos. Cambiando leyes e instaurando protocolos de acción. Investigando a fondo y reformando todo aquello que permite la impunidad del Ejército. La impunidad de la Marina. La impunidad de la policía. Para que los hombres y las mujeres en Iguala y Torreón y Saltillo y Monterrey y Nuevo Laredo y el Estado de México y el resto del país vivan sin miedo. Para que los familiares de los desaparecidos no tengan que marchar vestidos de luto, vestidos de negro.

Sin duda habrá más noches como la de Ayotzinapa, y ojalá no nos acostumbremos a ellas. Porque si el Estado mexicano hubiera tenido la fortaleza institucional para lidiar con Ayotzinapa no se habría producido una "verdad histórica" que resultó una mentira monumental. Ahora habrá que erradicarla y eso sólo se logrará echando a andar una maquinaria moral colectiva, oxidada y en desuso. En el país de la duda permanente, puede y debe existir la verdad. Debemos encontrarla. En Ayotzinapa y en todo México.

7. MUJERES MIGAJA

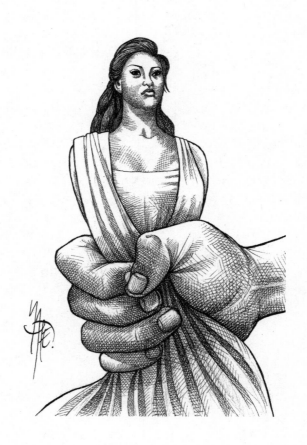

CIUDADANAS DE SEGUNDA

Mi información preferida en un informe sobre género en la UNAM es la sección donde dice que el promedio de calificación de las mujeres es superior al de los hombres. O la parte donde se afirma que su eficiencia terminal es mayor. Estudio tras estudio revela que las mujeres suelen ser mejores estudiantes que los hombres. Quizá –al leer esto– piensen que no me gustan los hombres. No es cierto. Estuve casada con un hombre y mis gemelos son hombres de bien. Mi padre fue hombre. Algunos de mis mejores amigos son hombres. En México hay algunos muy distinguidos. Pero sencillamente creo que las mujeres son mejores que los hombres.

Bueno, ya. Lo dije. Allí está. Es el negro y oscuro secreto que no quería revelar, pero con el cual cargo. Y se supone que no debemos hablar así porque en los viejos tiempos, los hombres solían repetir que las mujeres éramos superiores. Pero lo que en realidad querían decir es que éramos demasiado "maravillosas" para entrar a las universidades, ser presidentes, participar en el gobierno, decidir sobre nuestros propios cuerpos o influir en los temas importantes sobre el futuro del país. Obviamente ésto no es lo que quiero sugerir o reproducir.

Pero como escribió alguna vez la periodista Anna Quindlen y con razón: "¿Te has dado cuenta de que lo que es clasificado como un hombre fantástico sería sólo una mujer adecuada"? Y como dice el dicho: "Me cayó el veinte." Lo que espero de mis amigos hombres es que sean limpios, tengan buenos modales y buena ortografía. Lo que espero de mis amigas mujeres es el amor incondicional, la habilidad para entender cuándo estoy desconsolada, la total voluntad para acompañarme en cualquier batalla a cualquier hora y la habilidad para decirme si la pasta para la cochinita pibil se debe disolver con agua o jugo de naranja.

La inherente "superioridad" de las mujeres me viene a la mente al pensar en las universitarias de México. La historia con frecuencia se escribe en términos de invenciones y sucesos e ideas revolucionarias. Pero es esencialmente la historia de personas. De individuos. De mujeres que antes no asistían a la universidad y ahora —en 52%— pueblan sus aulas. Esas mujeres que cargan la promesa de ser extraordinarias. Son sencillamente mucho mejores de lo que yo lo era a su edad. Más interesantes, más seguras, mejor educadas, más creativas y, de alguna manera escencial, menos temerosas. Como mi hija Julia quien dice que sí, quiere casarse y tener hijos, pero después de que termine su segundo doctorado.

Nosotras, las que estamos aquí en el nuevo milenio podemos decir con una pizca de orgullo que éste es el México que hemos contribuido a crear. Un país más abierto, más libre, donde las mujeres han crecido viendo y entendiendo que somos tan capaces como los hombres sentados a su lado. Donde saben que sus opciones no son sólo ser secretarias o mamás o monjas. Donde entienden que su vida puede estar definida por su talento y no por su género. Y todo esto es bueno no sólo porque satisface demandas milenarias de justicia, sino porque también despierta el reto de la generosidad con aquellas que no tienen la fortuna de ser privilegiadas. Exige el compromiso de las hijas de la pluralidad y la democratización y la tolerancia y el avance con quienes aún no gozan de sus frutos.

Por eso, voy a pedirles a quienes lean estas líneas que abran los ojos y miren el país en que viven. Ese país habitado por millones de mujeres mexicanas que se levantan al alba a prender la estufa, a preparar el desayuno, a remojar el arroz, a planchar los pantalones, a terminar la trenza, a correr detrás del camión, a trabajar donde puedan y donde les paguen por hacerlo. El país de muchas mujeres que duermen poco porque cargan con mucho; con la mitad del cielo, como diría Mao. Aun así, en México ser mujer entraña tener sólo

7 años de escolaridad promedio. En México ser mujer y vivir en el Estado de México o en Puebla significa estar en peligro de muerte, por el número de feminicios crecientes ahí. En México, ser mujer implica 30% de probabilidad de tener un hijo antes de los 20 años. En México, ser mujer todavía entraña luchar por el derecho a serlo con derechos plenos.

Con una frecuencia casi obsesiva, la mira del país está puesta en los políticos. En los partidos. En los abusos que ambos cometen. En la baja calidad de la democracia mexicana y cómo mejorarla. Pero esa agenda pendiente trasciende a los hombres y a sus pequeños pleitos en torno a quién dijo qué y quién ganará la próxima elección. Abarca más que las reglas del juego electoral y su transformación. Incluye más que las reglas del financiamiento público y su reconsideración. La profundización de la democracia mexicana también pasa por la reconfiguración del mapa mental de su población. Ese mapa mental que asigna a las mujeres de México un lugar inferior. Una nota de pie de página. Un apéndice. Un vagón de segunda clase.

Por ello muchas niñas son obligadas a abandonar la escuela para ocuparse del trabajo doméstico. Por ello las mujeres adultas ganan menos aunque trabajen igual o más. Aunque encuentren empleo, su salario suele ser menor al de los hombres sentados a su lado. Aunque han avanzado en la docencia en la UNAM, están casi 10% debajo de los hombres. Siguen faltando mujeres en los foros, los congresos, los podiums, los cuerpos directivos de las corporaciones, las páginas editoriales, El Colegio Nacional.

México sigue siendo una democracia incompleta y sobre todo para sus mujeres. Sigue siendo un país mayoritariamente de mujeres pobres, de mujeres analfabetas, de mujeres subempleadas, de mujeres sin representación política real, de mujeres violadas, de mujeres golpeadas, de mujeres sin la capacidad de decidir sobre sus propios cuerpos fuera de la Ciudad de México. Sigue siendo un país donde se elogia a las mujeres pero se les paga menos por trabajar más. Sigue siendo un país donde el acoso sexual sólo es penalizado en un manojo de estados. Sigue siendo, como dice Elena Poniatowska, un país de culpables.

SER VIOLENTO SE VALE

Un país sentado en la banca. En las gradas. Contemplando lo que le sucede a sus mujeres, día tras día, año tras año, década tras década. En las casas y en las calles. En las oficinas y en las fábricas. En Ciudad Juárez y en la Ciudad de México y en Puebla y en el Estado de México. Todos los días en México alguien acosa sexualmente a una mujer. Alguien golpea a una mujer. Alguien viola a una mujer. Alguien deja de educar a una mujer. Alguien discrimina a una mujer. Millones de mujeres subestimadas, acosadas, hostigadas, golpeadas, violadas, asesinadas. Decenas de depredadores y decenas de ciudadanas que los padecen. Mientras México mira. Mientras el país entero come cacahuates y trata a sus mujeres como tales. Todos los días, millones de mexicanos permiten que eso ocurra. Permanecen sentados, presenciando a los políticos y sus evasiones, a los jueces y sus justificaciones, a los ministerios públicos y sus claudicaciones. Mirando a través de sus lentes oscuros como si sólo fueran espectadores de algún tipo de deporte nacional. Cuidando su propia vida sin querer involucrarse. Sin participar. Sin exigir. Cómplices voluntarios.

Porque es tan común. Porque es tan normal. Porque es tan "poco grave". Pensar que las mujeres son algo —no alguien— que puede ser usado y humillado. Algo que puede ser acariciado a tientas en el Metro y golpeado en la casa. Algo que puede ser acosado en las oficinas de un magistrado y no recibir sanción por ello. Algo que se lo buscó por usar la falda tan arriba y el escote tan abajo. Algo que disfruta —aunque lo niegue— cuando su jefe le pregunta "de qué lado de la cama le gusta acostarse". Un objeto sin derechos esenciales que la ley no necesita proteger. Como en tiempos cavernícolas y tiempos prehispánicos y tiempos autoritarios y tiempos "democráticos". Todos los tiempos son buenos para maltratar a una mujer en México. Todos los tiempos son buenos para evadir un castigo por hacerlo.

Persisten las cifras que conmueven. Los datos que desesperan. El perfil de un país que exalta a las mujeres en el discurso pero las minimiza en la realidad. La actitud de una nación que no protege como debiera a la mitad de su población. El lugar donde 95% de las trabajadoras reportan haber sido víctimas de acoso sexual. Donde cada año más de 100 mujeres en la Ciudad de México son asesinadas y en 32% de los casos el responsable fue su propia pareja. Donde una de cada tres mujeres vive violencia doméstica. Donde cada 9 minutos una mujer es víctima de violencia sexual. Donde los ojos amoratados y los labios partidos y los huesos rotos son parte de la vida cotidiana. La rutina conocida. La realidad tolerada.

Durante sus múltiples mítines de campaña, Enrique Peña Nieto presumía saber de mujeres, porque tiene a seis en casa. "Por eso soy sensible a la inteligencia de las mujeres", decía una y otra vez. Sus palabras contradicen el libro de Humberto Padgett, *Las muertas del Estado: feminicidios durante la administración mexiquense de Enrique Peña Nieto*. Allí, cuidadosamente armado, el reflejo de alguien que en su paso por la gubernatura no miró a las mujeres vivas, ni a las mujeres muertas. Allí, con datos y cifras, el retrato de alguien que prefirió ignorar o maquillar datos sobre la violencia ejercida contra las mujeres en territorio mexiquense. Que volteó la mirada cuando le dijeron en foros públicos, en artículos periodísticos, en sesiones privadas, en informes de derechos humanos: "Su estado, señor gobernador, se está convirtiendo en un sembradío de cadáveres femeninos. Su estado, señor gobernador, ignora la violencia sexual que en muchos casos conlleva el feminicidio. Su estado, señor gobernador (…) ha rebasado la tragedia de mujeres y niños en Chihuahua."

Su país, nuestro país donde se reclama que las mujeres no son desechables. Las mujeres no existen sólo para ser acarreadas, para votar, para gritar "Peña Nieto bombón, te quiero en mi colchón". Cada mujer violada, raptada o mutilada pudo haber sido su hija. No basta con sacar la chequera pública y traer a funcionarios gubernamentales acompañados de las cubetas, el trapeador y la escoba a limpiar las cifras reales. Negar la realidad. Pronunciar discursos sensibles. Cerrar los ojos ante las madres cansadas de buscar y aún en pie de lucha. Las madres tristes como paisajes desolados. Las declaraciones de amor escritas en una pared. Lotes baldíos, infestados de yerba mala y basura y cadáveres.

Los políticos de todas las estirpes han ignorado la devastación moral de un país que calla el asesinato de sus mujeres y de sus niñas. Que las trata como objeto de compra-venta o sujetos de desprecio.

Que nunca persigue a los que ordenan el silencio: los esposos o los novios o el padrastro o el padrote o el político convertido en líder de redes de trata y prostitución. A los que a través de su complicidad con el poder han solidificado la corrupción y la impunidad y la intermitencia del Estado de Derecho. Una historia de hombres que conducen autos blindados y comen en los mejores restaurantes y se codean con líderes eclesiásticos corruptos y no creen que el feminicidio exista. Quienes piensan que México es su coto, su changarro. Un lugar mortífero para las mujeres. Un patriarcado mortal.

Las muertas a lo largo del país comparten muchas características. Tenían entre 16 y 45 años de edad. Tenían pareja o hijos. Casi todas vivían en la informalidad. Casi todas vivían en zonas de reciente urbanización o en proceso de consolidación urbana. Casi todas ocupaban pequeñas viviendas. Casi todas contaban con poca educación por encima de la primaria. Cincuenta y tres por ciento de los cadáveres fueron abandonados en casas vacías. En hoteles. En terrenos baldíos. En canales de aguas negras. En la calle. Como migajas.

Las mujeres agredidas además padecen una violencia doble: la perpetrada contra sus cuerpos y la provocada después por policías indolentes y averiguaciones mal integradas y ministerios públicos dolosos y jueces misóginos. La violencia producto del silencio, de la omisión, de la negligencia, de la colusión. La violencia resultado de autoridades que en lugar de prevenir y erradicar esos crímenes los solapan o los ignoran o intentan barrerlos debajo del tapete. El feminicidio como un crimen de Estado, porque el Estado mismo no provee las condiciones para que las mujeres vivan con seguridad en sus casas, caminen con seguridad por la calle, trabajen con seguridad en una fábrica, respiren con seguridad en su propio país.

Muchas autoridades involucradas tienen una actitud casual y ello revela un problema más profundo y estructural. En una sociedad en la cual, hasta hace relativamente poco, los hombres no podían ser acusados de violar a sus esposas, la violencia contra las mujeres no es condenada con la vehemencia que debería serlo. En una sociedad en la cual una de cada tres mujeres es maltrada en su casa, poco importa que mueran cientos de ellas en la calle. Y si eso ocurre es por su propia culpa. Tantas mujeres muertas, acusadas de provocarse ellas el daño: por usar vestidos escotados y salir de noche, por usar faldas cortas y lucirlas.

Una actitud arraigada y reflejada en cómo se nos habla. "Pinche vieja ridícula, ojalá la maten después de ser violada." "Díganles por favor que están bien buenas, me las cojo a todas." Dos ejemplos de decenas de correos electrónicos que me llegaron a mí y a las miles de mujeres que marcharon de morado en 2016 contra la violencia. En contra del acoso. En contra de lo obvio que sólo es obvio para quienes lo padecen. El país trivializa o descalifica o silencia lo que le pasa a la mitad de su población. La mano masculina que aprieta la nalga en el Metro. La mano masculina que baja el calzón en plena calle. La mano masculina que asesta una bofetada. El miedo al jefe o al esposo o al padre o al desconocido en el microbús.

Tantas mujeres mexicanas aplastadas por el abuso. Asustadas por denunciarlo y ser juzgadas en vez de ser entendidas. Angustiadas por evidenciarlo y ser encarceladas en vez de ser apoyadas. Y en lugar de arroparlas, las instituciones y la sociedad las califican de delusivas o engañosas. Histéricas. Viscerales. Malcogidas. Deshonestas. O sea, féminas. Millones de mujeres a las cuales se les dice que no son testigos confiables de sus propias vidas; que la verdad no es su propiedad, ni ahora ni nunca, como escribe Rebecca Solnit en *Men Explain Things To Me*. He allí a los "hombres que nos explican cómo somos", acuartelados en el archipiélago de la arrogancia.

Ese lugar donde la mujer no tiene palabras legítimas para hablar de su propia experiencia, ni peso para entrar al laboratorio, a la biblioteca, a la Presidencia, a la conversación, o a la categoría de ser humano. Ese lugar cotidiano de misoginia y machismo que consigna la violencia contra la mujer como "casos aislados", como papel tapiz. La violencia que nunca es tratada como una crisis, vaya, ni siquiera como un patrón. La violencia que no tiene clase ni geografía ni religión pero sí género. Perpetrada una y otra vez por hombres. Esto no quiere decir que todos los hombres sean violentos o que no padezcan la violencia. Pero la pandemia que presenciamos es una violencia física, verbal, laboral, psicológica, íntima, extraña, fundamentalmente masculina. Reto a los lectores a presentar un solo caso de mujeres violando al estilo *Porkys* a un adolescente. No todos los hombres son abusivos y violadores. Pero todas las mujeres, sin excepción, viven en temor de quienes sí lo son.

La realidad de millones de mujeres víctimas de la violencia doméstica y la depredación sexual, con los ojos amoratados y la sonrisa apagada y la vida arruinada. La realidad de redes de pedófilos encontrando autoridades que las esconden. La realidad detallada en los libros de Lydia Cacho *Los demonios del Edén* y *Esclavas del poder:* la explotación con fines comerciales del sexo, permitida por la clase política. Las 16 referencias a Emilio Gamboa Patrón en su texto. Las 27 menciones a Miguel Ángel Yunes en su obra. Ante ello gobiernos sucesivos que jamás han actuado. Jamás han investigado. Jamás han levantado un dedo para detener el crecimiento del tráfico sexual de mujeres y niños a lo largo del país. Para combatir un negocio multimillonario al cual México contribuye de manera ascendente. Para frenar lo que el columnista de *The New York Times,* Nicholas Kristoff, describe como una plaga mundial; un fenómeno que involucra a más mujeres y niñas que todas aquellas víctimas del tráfico humano durante los tiempos de la esclavitud. Cifras más grandes ahora que entonces.

México sigue siendo un lugar en el cual las mujeres todavía tienen que pelear para que su gobierno las reconozca como seres humanos. Porque se nos sigue tratando con desdén. Con paternalismo. Con violencia verbal o física. Desde el manoseo hasta la mala interpretación de la ley. Desde el acoso sexual hasta el desamparo legal. Desde la tortura hasta el "tocamiento". En el caso de los *Porkys* y el juez de Distrito Anuar González, una sentencia indignante resumida en el titular del periódico *The Guardian:* "Hombre mexicano dejado en libertad en caso de acoso sexual a menor de edad porque no lo disfrutó." Porque el juez argumentó que no había "intención lasciva" y por lo tanto no hubo "abuso sexual". Porque aunque el presunto culpable introdujo sus dedos en la vagina de la chica Daphne, eso fue sólo un "roce o tocamiento incidental". Porque ella no estaba indefensa; podría haberse cambiado al asiento de adelante. El juez convirtió la narrativa del abuso en un caso clásico de *"he said, she said".*

Como ha explicado Estefanía Vela en su espléndido texto en *Nexos,* los argumentos del juez fueron muy problemáticos y muy reveladores. Para él, escribiendo con manos masculinas, "el problema no es que no se comprobó qué hizo Cruz, sino que no se comprobó que lo hizo por placer". La concepción que el juez tiene sobre lo que significa el acoso sexual y que sólo se da si entraña "placer sexual" no está contenida en ninguna jurisprudencia. Proviene de la mentalidad de un hombre mexicano, como tantos. Proviene de aquello que Marina Castañeda bautizó como "el machismo invisible" que en esta sentencia se visibilizó. Una constelación de valores y patrones de conducta que afecta todas las relaciones interpersonales y que transita desde la casa hasta los juzgados. Una forma en la cual los hombres se relacionan con las mujeres, reflejada en cifras, datos, sentencias y amparos: 87.7% en la Ciudad de México se sienten inseguras en el transporte público; 79.4% de 18 años y más se sienten inseguras en la calle. Toda mujer, en algún momento de su vida, ha tenido miedo de un hombre. Y en México hay demasiadas Daphnes.

Mujeres que son víctimas de hombres a los cuales conocen y víctimas de jueces que dicen conocerlas. Mujeres que después de ser acosadas o violadas, no son creíbles o audibles. La verdad no es su propiedad, ni ahora ni nunca. Lo que les corresponde es que hombres hablen por ellas, como lo hizo el juez González y les expliquen cómo fue su experiencia del "tocamiento" o el "roce incidental". La premisa que une al hombre que aprieta la nalga en el Metro y el juez del caso *Porkys* es la misma: yo tengo derecho a tocarte. Yo tengo derecho a explicarte. Déjame enseñarte quién eres, qué sientes, y para qué sirves. Allí, incrustado en nuestro mapa mental y nuestro sistema legal: la masculinidad imperante, definida de mala manera. Al estilo Trump. Al estilo de quien le bajó el calzón a la periodista Andrea Noel. Al estilo de tantos jueces y no sólo el del caso *Porkys*. Gracias a la presión social, el juez González fue suspendido y hoy se encuentra bajo investigación por el Consejo de la Judicatura Federal. Pero su caso es sólo un botón de muestra en un cajón repleto de botones. Todos los días vemos otro: redondito, reluciente, repulsivo.

El delito de ser mujer. El delito de usar la falda demasiado corta y el escote demasiado bajo. El delito de quien se lo buscó: la violación o el asalto o el golpe o la cárcel. La tragedia colectiva de mujeres homicidas para quienes la muerte es paradójicamente su única salida ante ante la inminencia de la muerte misma. La tragedia común de mujeres acusadas de crímenes que no cometieron, pero condenadas por un sistema judicial que tiene un sesgo contra ellas. Y el tratamiento que reciben –jurídico, judicial, penitenciario– abre una ventana que permite vislumbrar a nuestra sociedad. Una sociedad machista. Una sociedad sexista. Una sociedad misógina. Una sociedad que encarcela mujeres porque las enjuicia de manera más severa.

Como escribió Elena Azaola hace más de diez años en *El delito de ser mujer,* la sociedad está menos dispuesta a condonar las faltas de las mujeres. Se les juzga con más severidad y menos empatía. En la Ciudad de México las mujeres que cometieron homicidios tienen una sentencia mayor a la de los hombres: 18.6 años en promedio para ellos y 23 años para ellas. Sus juicios son 50% más largos. La justicia no las trata igual, no las sentencia igual, no las ve igual. Aunque en la mayor parte de los homicidios que cometen, las víctimas son familiares y eso revela una pauta inquietante. Las victimarias fueron abandonadas desde pequeñas. Vivieron en la miseria. Carecieron de lo más indispensable y de cualquier apoyo humano. El maltrato en la pareja ha sido la prolongación de lo que recibieron en la infancia.

Detrás de estas historias están las dinámicas de género. Según Azaola, 70% de las mujeres homicidas padeció maltrato o abandono por parte de su familia; 66% lo recibió de su cónyuge; 60% de las detenidas fueron maltratadas por la policía. Policías que –una y otra vez– recurren a la violencia sexual a la hora de la detención. Les agarran los senos con el pretexto de auscultarlas. Les ofrecen la libertad a cambio de favores sexuales. Las insultan. Lejos de prevenir la violencia contra las mujeres, acaban permitiéndola. Negándoles la dignidad, negándoles la voz, negándoles los derechos que tienen pero que son sistemáticamente atropellados.

Cómo olvidar el caso de Claudia Rodríguez Ferrando. Una mujer que en lugar de someterse al ataque sexual del que fue víctima, sacó una pistola y le disparó a su agresor. Una mujer que por un acto de legítima defensa enfrentaba al menos 10 años de cárcel. Una mujer que sufrió el sesgo judicial en torno al tema de la violación y languideció en una cárcel de Texcoco hasta que la sentencia de un juez —exonerando al agresor porque se encontraba ebrio— enardeció a muchas mujeres del país. Una mujer que fue criticada por los jueces y los fiscales por andar sola en la madrugada, sin esposo y con pistola. Víctima de un sistema judicial y policial que no sabe cómo enfrentar el hecho de que sólo en la Ciudad de México se comete un promedio de 82 violaciones al día. Y con frecuencia los perpetradores son los propios policías.

Poco ha evolucionado desde el caso de Claudia, que ocurrió hace más de una década. Hace poco volvimos a presenciar lo mismo en el caso de Yakiri, la chica presa, acusada de homicidio calificado, tras matar al hombre que la estaba violando. El mismo escepticismo por parte de la policía, los médicos, los fiscales, las procuradurías. El derecho de tratar a una mujer como un objeto. Como una pertenencia. Como algo que el Estado mexicano no tiene la obligación de proteger o hacerlo sólo hasta 2005, cuando la jurisprudencia de la Suprema Corte finalmente cambió y aceptó la posibilidad de violación entre consortes.

Hoy al igual que ayer es preferible que las mujeres se dejen violar, en lugar de defenderse. Y si una mujer lo hace, el sistema judicial responde como lo hace con Yakiri. Desapareciendo pruebas fotográficas del ataque que demostraban que no cometió un delito doloso, sino que actuó en defensa propia. Filtrando información a los medios con el objetivo de desacreditar a la víctima. Sugiriendo que su atacante ya la conocía, como si ello fuera argumento para justificar la agresión. Desconociendo la realidad de un sistema de justicia, inútil para ellas, que lleva a una mujer al extremo de tener que matar para sobrevivir. O morir en vida como tantas otras encarceladas, condenadas por el delito de ser mujer. Mujer y víctima de un país que condena a sus mujeres por el simple hecho de serlo.

Allí está el ejemplo de Mara Castilla. La sonrisa abierta, luminosa, franca. Parada en una pose entre divertida y desafiante, mandándole un mensaje al mundo: "Aquí estoy, pertenezco." Vi su fotografía y pensé que se parecía a mi hija, y en esos días en los que no sabíamos dónde estaba, se volvió mía. La adopté y todas las mañanas revisaba la prensa y las redes sociales para saber algo de su paradero. Incluso yo, la agnóstica, la que desprecia a la Iglesia como institución, le recé a todos los dioses para que la encontraran, para que la encontráramos. Me imaginaba a su madre, atrapada entre la angustia y la incertidumbre y una pizca de esperanza. Lo mismo que yo sentiría si mi niña despareciera viva y reapareciera muerta, envuelta en una sábana. Su madre, condenada al sollozo permanente porque no está. Pienso en ella y quiero gritar y gemir y ser yo la que está en ese pedazo de tela blanca ensangrentada y esconderme de la vida y de los vivos porque me da pena mi país. Porque le fallamos a Mara Castilla.

Le fallaron la sociología, la historia, la cultura de México. Le fallaron las instituciones, el sexismo, el machismo, la misoginia, las políticas de Cabify. Todo eso cayó, violentamente, sobre su cuerpo. La matamos, entre todos, por acción u omisión o sinrazón o indolencia. Esta sociedad —como escribe Sabina Berman— "moralmente confundida" que todavía discute si el odio contra las mujeres es permisible. Esta sociedad aberrante que critica a las mujeres por ir a un bar y divertirse y bailar y vivir, como tantas noches lo habrá hecho mi hija, educada para ser persona y no recipiente u objeto. Educada para ser vikinga, dueña de sí como lo era Mara, hasta que se topó con la realidad de ser mujer en México.

Súbete a un taxi y tu cuerpo puede ser destruido. Ve a un bar con amigos y tu cuerpo puede ser destruido. Baila con desconocidos y tu cuerpo puede ser destruido. Ser mujer en México es estar desnuda ante los elementos. Vivir con miedo permanente ante la posibilidad del puño alzado, el cuchillo punzante, la mano que estrangula, el pene que viola. La desnudez perenne porque la ley no te protege, los jueces no te creen, la sociedad no te arropa. El sistema vuelve a tu cuerpo algo que se puede romper.

Entiendo eso y porque lo entiendo, cargo con una tristeza inmóvil, inenarrable. Estoy triste por su familia, por la familia de tantas, por México, pero sobre todo en este momento estoy triste por Mara. Por las ciencias políticas que no estudiará, los libros que no leerá, las ideas que no discutirá, los besos que no compartirá, la hija que no mirará, embelesada, como su madre la miró a ella, como yo miro aún a la mía. Estoy triste porque ante su historia —singular y a la vez arquetípica— percibo una injusticia cósmica, una crueldad profunda, un deseo de romper cadenas y escapar corriendo, con ella, para salvarla, para salvarnos.

Pero no sé exactamente donde se halla la salvación porque llevamos años marchando, denunciando, reclamando al gobierno para que cumpla con su obligación fundacional de protegernos. Pero siguen matándonos. Y lo poco que nos queda es hacer videos con consejos para cuidarnos ya que otros no lo hacen. Buscar formas de lidiar con la mutilación casual, los huesos rotos, la sábana ensangrentada, lo que le pasa a un cuerpo cuando intenta escapar.

Detrás de cada feminicidio, detrás de cada puño alzado, detrás de cada tuit amenazante radica la premisa: "Yo tengo el derecho a controlarte." La premisa que permite que el sistema legal ignore denuncias o victimice a las víctimas. La premisa que imbuye la concepción mexicana de la masculinidad: lo que es aplaudido, valorado, impulsado en el (mal)trato a la mujer. Aquello que lleva a muchos hombres a sentir que tienen que ganarle a una mujer, dominar a una mujer, castigar a una mujer, gobernar supremos como si el feminismo fuera un juego suma cero. Pero no lo es. Escribe Solnit "o somos libres juntos o esclavos juntos".

Para quienes ese abril de 2016 marcharon vestidas de morado y contaron historias dolorosas con el *hashtag* #MiPrimerAcoso, había un imperativo. Hablar con su propia voz. Ser intérpretes de su propia vida. Ensanchar el sendero de la equidad y el respeto y la dignidad. Cargar con letreros que decían: "La violencia es el último refugio del incompetente." "Es mi cuerpo, es mi decisión." "No me llamo mami, nena, guapa o muñeca." "Ni golpes que duelan ni palabras que hieran." Mis alumnos y mis amigos y mis colegas y un río púrpura de desconocidas "cargando multitudes", como escribiera el poeta Walt Whitman. Yo marché aquel día para que paren de decirles que son congénitamente deshonestas, conspiradoras, confundidas, exageradas, manipuladoras y maliciosas sólo porque se imaginan un México sin muertas o violadas. Marché por su derecho a la vida, a la libertad, a la felicidad, a la sexualidad. Vivas las quiero. Vivas las queremos.

Y hagámosle un juramento a Mara. Mara bonita, Mara mexicana, Mara mía y de todos. Nos haremos responsables de los hombres ignominiosos detrás de su muerte y la muerte de tantas; los hombres que siempre encontrarán una excusa detrás de tus movimientos libres para inculparte. Cada día se volverá uno de lucha para que seamos, todas, ciudadanas completas en este terrible y maravilloso país. Ojalá que Mara y las miles de mujeres mexicanas desaparecidas, víctimas del feminicidio, estén en algún paraíso, en alguna biblioteca. Ojalá se topen con mi padre y mi hermana y los 43 y los 33,000 que nos faltan. Hasta allá mandémosles estas líneas de Harriet Tubman: "Si estas cansada, sigue adelante. Si tienes miedo, sigue adelante. Si tienes hambre, sigue adelante. Si quieres probar la libertad, sigue adelante." Seguiremos adelante, Mara. Por ti, para ti, por nosotras y por las hijas que vendrán.

SER SEXISTA SE VALE

A nuestra generación le toca seguir adelante, pensar y repensar como mujeres dónde estamos, qué hemos logrado, qué falta, donde nos equivocamos. Una buena manera de hacerlo es examinando con honestidad la derrota de Hillary Clinton frente a Donald Trump porque dice mucho sobre dónde estamos y cúanto falta por hacer. El árbol genealógico de esta derrota tuvo raíces profundas y ramas extensas. Tuvo que ver con el abandono del Partido Demócrata de sus bases entre la clase blanca, trabajadora en el *Rust Belt*, desde hace años. Tuvo que ver con errores tácticos de la campaña de Hillary Clinton, quien no le dedicó el tiempo o la atención necesaria a Wisconsin, Michigan y Pennsylvania. Tuvo que ver con el hecho de que quizá no fue la candidata adecuada para la coyuntura actual: anti-establishment, anti-élite, anti-Wall Street, anti-sistema, sexista. La "coalición de la restauración" aterrada por la inmigración, la globalización, la pérdida de empleos locales y valores tradicionales. Y también porque era ella; porque era mujer.

A quien siempre se le midió con un rasero distinto. Si algo demostró la campaña de Hillary Clinton es cuán difícil −y cuán histórico− es ser candidata presidencial y mujer que aspira al poder. Allí siguen los comentarios a su pelo, a su manera de vestir. La caricatura que la prensa o sus adversarios políticos han pintado durante tanto tiempo. La misoginia acendrada, la descalificación socarrona, la trivialización de sus logros y la magnificación de sus defectos. Los tiene, como todo político, como todo ser humano, como cualquiera que ha tomado decisiones y ha asumido posiciones en la vida pública durante más de 30 años. Pero a ella los defectos y los errores la persiguieron más por ser mujer. Mujer ambiciosa, mujer preparada, mujer competitiva, mujer que se presentaba –en palabras del columnista David Brooks– como "un currículum vitae y un documento de política pública". "Insuficientemente humana", decían. "Poco auténtica", reiteraban. "No cae bien", argumentaron muchos jóvenes, muchos hombres blancos, muchas mujeres blancas que apoyaron a Donald Trump.

Alguien que no inspiraba confianza. Alguien que prefería el incrementalismo centrista al progresismo audaz. Demasiado moderada, demasiado defensiva, demasiado opaca, demasiado inescrutable. Demasiado mujer. Aprendí algo de esta elección: una mujer que aspira al poder –en casi cualquier ámbito– debe ser doblemente capaz y la mitad de amenazante.

Estados Unidos tenía frente a sí a una candidata capaz y a un lunático. Así de claro, así de sencillo. Los estadounidenses enfrentaban la opción de elegir a alguien que había pensado con seriedad en resolver los problemas que carga su país, o a alguien que no poseía la vocación o la inteligencia o el temperamento para hacerlo. Era necesario escoger entre una mujer que ejemplifica una reevaluación de cómo definimos el liderazgo y un hombre que ha demostrado ser su antítesis. La cuna del liberalismo y el progresismo en muchos ámbitos no optó por estar con ella; optó por estar con él.

En Estados Unidos y en México todavía se vale ser sexista. Todavía se vale ser misógino. Todavía se vale preguntar si el país está listo para ser gobernado por una mujer. Y dado que todavía demasiados hombres ven a las mujeres como objetos débiles y de segunda, las matan impunemente en Puebla y en el Estado de México. Las desvisten a la hora de interrogarlas en un Ministerio Público. Uno de cada cinco mexicanos declara en la Encuesta Nacional Sobre la Discriminación que es "natural" que a las mujeres se les prohíban más cosas que a los hombres. Nos han enseñado que discriminar y maltratar e insultar y menospreciar a una mujer es normal.

En México en estos tiempos ya todo parece normal. Una mujer acusada de "exceso de la legítima defensa" cuando intenta salvar su vida. Una mujer encarcelada arbitrariamente en San Luis Potosí por usar, sin su conocimiento, un billete falso. Un director de orquesta ruso que al llegar a México reitera que las mujeres no tienen la "capacidad fisiológica" para cargar una batuta. Demostrando así la discriminación perniciosa hacia las mujeres que aún existe, aún se ejerce, aún se vale. Todos los días, a todas horas, en todos los lugares, el discurso discriminador. El comportamiento discriminador.

Mientras Conaculta invitó al conductor de orquesta Yuri Temirkanov a dar un concierto en Bellas Artes, conmemorando el Día Internacional de la Mujer, sabiendo que en una entrevista reciente se le preguntó lo siguiente:

—En su opinión, ¿una mujer puede conducir?

—En mi opinión, no.

—¿Por qué no?

—No sé si es la voluntad de Dios, o la naturaleza pero las mujeres dan a luz y los hombres no. Nadie se ofende con ello. Pero si uno dice que una mujer no debe conducir, todos se ofenden. (…) Los músicos la mirarán y se distraerán de la música (…) La esencia de la profesión de un director es la fuerza. La esencia de una mujer es la debilidad.

Cuando mandé por Twitter esta afirmación aberrante, lo más notable fue ver la respuesta de tantos que decían que los juicios sexistas del señor Temirkanov no eran serios. Que el concierto había sido excelente. Que hasta las mujeres habían aplaudido. Revelando aquello que subyace en el mapa mental de México respecto a sus mujeres. Los comentarios misóginos y sexistas no son motivo de alarma, ni deben ser amonestados, como sí ocurrió en el caso de Larry Summers quien perdió la presidencia de la Universidad de Harvard por decir que no había tantas mujeres en las ciencias debido a motivos genéticos. No revelan visiones arcáicas que requieren soluciones urgentes. Quienes tomaron a la ligera los comentarios del señor Temirkanov —incluyendo el propio Conaculta— ignoraron a millones de mujeres obligadas a vivir a la intemperie. Sin la protección de leyes con perspectivas de género. Sin el paraguas de la equidad. Sin el cobertor de la ciudadanía. Sin el arropo de los derechos civiles. Mujeres hostigadas por depredadores sexuales. Mujeres asaltadas por hombres abusivos. Mujeres discriminadas por su género. Mujeres condenadas por su diferencia.

Esta permisividad no agravia lo suficiente. No indigna lo suficiente. No llevó a una disculpa pública por parte del Conaculta sino a su silencio. Porque nos han enseñado que discriminar y maltratar e insultar y menospreciar a una mujer es normal. En México gentilmente se ovacionó a Yuri Temirkanov en Bellas Artes cuando no se le debió haber invitado siquiera. A quienes criticamos su presencia y sus palabras se nos tildó de "feministas estridentes". Sería necesario retomar el significado original de la palabra "feminista" tal y como apareció en la revista *Athenaeum* en 1895, describiendo así a una mujer que "tiene dentro de sí la capacidad de pelear para conseguir su independencia". Ser feminista significa luchar para que la mujer sea tratada, antes que nada, como un ser humano. Ser feminista implica alzar la voz para que nuestras hijas no se conviertan en otra estadística en la historia de discriminación contra la mujer. Ser feminista entraña pedirle al mundo que aplauda a las fuertes y bellas directoras de orquesta.

DERECHO A DECIDIR, DERECHO A VIVIR

En México, ser mujer implica no decidir sobre tu propio cuerpo si no vives en Ciudad de México. Ser mujer significa que otros, funcionarios, sacerdotes, esposos, hombres, todavía pueden decidir tu destino. Significa vivir lejos aún del aborto legal y seguro. Lejos de la salud reproductiva y la información necesaria para asegurarla. Lejos de la no discriminación y la autonomía. Todos ellos derechos consagrados en la Constitución pero ignorados en la práctica. Todos ellos derechos contenidos en los tratados de derechos humanos que México subscribe pero ignora.

¿Cómo ser mujer y no pensar en los derechos reproductivos? ¿Cómo vivir en un país donde no están asegurados? Allí siguen los debates, las cifras, la guerra en torno al aborto y los anticonceptivos y la criminalización. Debates, casi todos, encabezados por hombres que tienen el lujo y el tiempo para dedicarse a ellos. Produciendo así un país lleno de desigualdades, de falta de oportunidades, de todo lo que pudo haber sido pero no fue. Las mujeres con recursos económicos pueden viajar a la Ciudad de México o al extranjero a realizarse un aborto. Pero las mujeres pobres, menos educadas, indígenas, no. Ellas son las que están expuestas a abortos insalubres, a métodos inseguros, a agujas de tejer, a sábanas roídas, a médicos apócrifos. Los abortos inducidos en México ascienden a una de las tasas más altas del mundo. Una tasa de la cual deberíamos avergonzarnos como país.

Mientras tanto los señores de sotana siguen cabildeando. Las buenas conciencias siguen presionando. Actualmente existen 127 sentencias en 19 entidades federativas por el delito de aborto. Una elección individual que es criminalizada, perseguida, castigada. Una opción dolorosa cuyas consecuencias las padece cualquier mujer que la haya tomado y frente a la cual el gobierno no debería intervenir. Pero la normativa en la mayor parte de los estados carece de perspectiva de género y, peor aún, de evidencia científica. Más de 10 códigos penales se refieren a la mujer que aborta como "la madre", en 28 definen al aborto como la "muerte del producto de la concepción", cuando según la Organización Mundial de la Salud el embarazo inicia con la implantación y no con la concepción, es decir, cuando el óvulo fecundado se adhiere a la pared del útero y no en el momento de la fecundación. En la mayoría de los estados impera la moral y la religión en lugar de la ciencia y la razón.

Se ve, se siente, se percibe, se padece. La reacción. La resaca. El acoso a las mujeres de México en ya 17 estados del país que criminalizan el aborto. Y se dice que esta regresión es producto de una embestida contra el Estado laico. Pero a pesar de que estas explicaciones tienen una parte de razón, oscurecen una verdad más angustiante. En los últimos años las mujeres de este país han presenciado un poderoso contragolpe a sus derechos; han sido víctimas de un esfuerzo para retractar el manojo de victorias ganadas y avances logrados. Obtienen el derecho a decidir sobre sus propios cuerpos en la Ciudad de México, y en otras latitudes se les castiga por ello. Al intento de independencia le sigue el macanazo; el empoderamiento va acompañado del encarcelamiento. El contragolpe no se da porque las mujeres hayan obtenido el pleno respeto a sus derechos, sino porque insisten en esa posibilidad.

Y no proviene tan sólo de la colusión de los líderes políticos de casi todos los partidos con la jerarquía católica y grupos eclesiásticos conservadores. Se ve reflejado en el silencio cómplice del Congreso, en el silencio de la mayor parte de los medios masivos de comunicación, en la posición paternalista de gobernadores que quieren confinar a las mujeres a hospitales psiquiátricos para protegerlas de ellas mismas.

Detrás de cada ley restrictiva, de cada condena impuesta, de cada derecho cercenado hay un un esfuerzo concertado para regresar a las mujeres a un lugar "aceptable", ya sea la cocina o la cama o el cabús o el asiento de atrás. Por eso un número creciente de estados prohíbe el aborto aun en casos de incesto o violación o riesgos de salud para la madre. Porque las mujeres han empezado a ocupar espacios prohibidos, a reclamar derechos ignorados, a exigir la equidad, a salirse del rebaño, a lograr la independencia financiera que significa la independencia vital.

A muchos hombres no les gusta el cambio del balance en el poder de las relaciones hombre-mujer. El subtexto escondido del movimiento en contra de los derechos de la mujer es uno de miedo, de ansiedad. Los diputados y los sacerdotes y los esposos claman por los fetos "asesinados", pero su dolor verdadero proviene de otro lugar. De la dislocación social y económica que sufren cuando las mujeres comienzan a independizarse, a trabajar, a ganar control de sus espacios y de sus vidas. Del poder que desata en una mujer la posibilidad de terminar con un embarazo no deseado de manera legal y segura. De la revolución en el comportamiento femenino que trae consigo la despenalización. Frenar el aborto se vuelve una forma de frenar a las mujeres que aspiran a la equidad. Impedir el derecho a decidir se vuelve una manera de impedir el derecho a ser.

Para trabajar, educarse, aspirar a más, una mujer necesita contar con la capacidad de determinar si –y cuándo– quiere tener hijos. Quienes buscan arrebatarle esa capacidad quieren ponerla en su lugar. Un lugar de segunda categoría. Un lugar pasivo. Un lugar para callar, obedecer, sacrificar, servir la comida. Un lugar tradicional

para que legisladores y jueces y curas y gobernadores y machos puedan dormir tranquilos. Las mujeres de 17 estados en un país que se
dice democrático, obligadas a recurrir a agujas de tejer y clínicas
clandestinas y condiciones insalubres, en busca de algo que el Estado
no debería penalizar sino garantizar. El derecho a tomar decisiones
propias sobre su cuerpo y sobre su sexualidad, sin la imposición de un
esposo. Un padre. Un hermano. Un novio. Un sacerdote. Hombres
tan asustados por el reconocimiento de ese derecho en la Ciudad de
México, que ahora buscan negarlo en cualquier otra parte.

En Tlaxcala, una mujer que aborta, por la razón que sea, pierde
su libertad hasta por dos meses. En Jalisco, Aguascalientes y Nuevo
León por un año. En Baja California Sur hasta por dos años. En
Campeche y Quintana Roo, igual. En Baja California Norte, Morelos, Oaxaca, Puebla, Tamaulipas y Yucatán hasta por cinco años.
Así. Una larga lista de injusticias cometidas en nombre de Dios, del
"derecho a la vida", de lo que los sacerdotes mandan y los hombres
suscriben. Una larga lista de arbitrariedades cometidas contra mujeres que son violadas, secuestradas, torturadas, víctimas del incesto,
obligadas por sus propios esposos. Ovilladas. Maltratadas. Olvida-
das. Encarceladas.

El Grupo de Información en Reproducción Elegida GIRE se ha
abocado a recopilar los casos de mujeres sometidas a procesos penales documentados hasta 2013 y describe una historia de horror.
La mayoría sujetas a procesos penales tiene muy pocos recursos
financieros y de información. La mayoría fue denunciada al ministerio público por parte del personal hospitalario. La mayoría fue
presionada para hacer confesiones por los médicos y las policías. La
mayoría fue maltratada física y verbalmente por el personal de salud y las procuradurías. La mayoría vio cómo su debido proceso fue
violado ya que no se les informó de los cargos en su contra, ni se les
dijo que tenían el derecho a permanecer en silencio y a obtener una
representación legal. Todas son mujeres mexicanas cuyos derechos
fundamentales fueron violados. Todas nos deben ocupar, preocupar,
consternar.

Leo cada año los reportes de GIRE con el corazón encogido. Con
los puños apretados. Pensando en mi hija Julia y cómo el país en el que

nació y ha crecido considerará su derecho a decidir como un tema criminal y no como un asunto de derechos humanos. Cómo México transforma a mujeres titulares de derechos en presuntas criminales.

Caso tras caso de mujeres a lo largo del país cuyo cuerpo es un tema legislativo o un botín político. La ley −o la ausencia de ella− legisla el tamaño, los lineamientos y las fronteras del cuerpo femenino. Como argumenta Roxane Gay en el libro *Bad Feminist*, demasiados políticos y moralistas están tratando de definir lo que debe ocurrir con el cuerpo de la mujer, cuando ella debería tener la capacidad de decidir por sí misma.

Margaret Sanger, pionera en temas de derechos reproductivos, estaría horrorizada hoy al ver que casi un siglo después de que abrió su primera clínica seguimos peleando la misma batalla, ya que el acceso a anticonceptivos no está disponible para una gran parte de la población. Sanger y tantas más han luchado por los derechos reproductivos porque sabían −como lo sabe GIRE− que la calidad de vida de una mujer sólo mejora cuando tiene acceso a anticonceptivos. Cuando no tiene que arriesgarse a un aborto inseguro en un sitio insalubre. Cuando ella puede asumir la responsabilidad de prevenir un embarazo indeseado porque con demasiada frecuencia los hombres no quieren hacerlo. Cuando sus derechos son reconocidos como inalienables.

Estamos lejos de ese lugar. En Aguascalientes, Diana intentó terminar su embarazo por los riesgos de salud que implicaba. Le informaron que la legislación del estado no lo permite. Que el delito de aborto no es punible sólo en caso de grave peligro de muerte o cuando el embarazo haya sido producto de una violación. Tuvo que trasladarse a la hoy Ciudad de México. Como tantas otras mujeres que viven en estados con causales de aborto restrictivas y enfrentan obstáculos casi insuperables para terminar su embarazo, aun en casos de violación. Como Rosa en el Estado de México. Como Carmen y Carlota en Hidalgo. Como una de cada cuatro niñas en México que sufre abuso sexual antes de cumplir 18 años y seis de cada diez abusos sexuales son cometidos en el hogar, por familiares cercanos.

Y la lucha de siempre −la despenalización del aborto− no avanza como debería por motivos políticos. Por motivos electorales. Por dinámicas partidistas. Por gobernadores que ofrecen la despenalización pero después no se comprometen con ella. Condenando así a mujeres, como Hilda en San Luis Potosí, a un año de prisión por el delito de aborto. Convirtiendo así a quienes abortan en delincuentes, en los estados que han reformado sus constituciones para proteger la vida desde la concepción. Limitando así los derechos reproductivos de las mujeres. Encarcelando a quienes buscan ejercerlos. Enviando así el mensaje de que hay una manera "correcta" de ser mujer y que tener hijos en cualquier circunstancia forma parte de esa definición.

Una mujer "buena" es encantadora, educada, poco protagónica. Una "buena" mujer se contenta con ganar 77% de lo que gana un hombre. Una mujer "buena" es modesta, casta, devota, sumisa. Quienes no se adhieren a estos estándares son indeseables, caídas, malas. Son objeto de maltrato legítimo por las instituciones de salud pública, por hospitales privados, por médicos responsables de violencia obstétrica, de muerte materna. Todo lo que GIRE reporta, documenta, presenta. El retrato doloroso de un país donde la mitad de la población todavía no tiene o ejerce sus derechos plenamente. El retrato desgarrador de un país discriminador con sus mujeres debido a la misoginia o el sexismo institucional o la inequidad en el salario o los ataques a los derechos reproductivos.

Vivimos en tiempos extraños y a veces terribles para las mujeres, porque el progreso que hubiéramos querido ver tarda en venir. Anestesiados ante la violencia que padece el país, trivializamos los hechos que GIRE expone. Las violaciones. Las muertes. La discriminación. La pobreza. El feminicidio. La violencia sexual. Pero hay un gran valor en darles palabras y voz a mujeres silenciadas. Una voz colectiva que se alce para que los derechos reproductivos sean una realidad y no una recomendación para las mujeres de México. Una voz común para exigir la igualdad de oportunidades y el acceso irrestricto a los servicios de salud. Una voz compartida en favor de la justicia y la igualdad. Una voz capaz de demostrar todas las formas en las cuales podemos aspirar a más para nuestras mujeres. Y sus derechos inalienables.

TECHOS DE CRISTAL Y CLUBES DE TOBY

Derechos incompletos porque la revolución en la equidad para las mujeres se ha detenido. Porque el famoso techo de cristal sigue allí, impidiendo el ascenso, obstaculizando el ingreso, manteniendo a las mujeres en el lugar donde la sociedad piensa que deben estar. Yo he presenciado estos hechos descorazonadores desde un lugar privilegiado, como maestra del ITAM, con maestría y doctorado de Princeton, con espacios como este libro para diseminar mis opiniones y presentar mi análisis. Durante mucho tiempo pensé que el ascenso de las mujeres a posiciones de liderazgo en la academia y en la política y en la ciencia y en los negocios era sólo una cuestión de tiempo. Sin embargo no ha sido así. La promesa de la igualdad no se ha traducido en la realidad de la igualdad. Un mundo verdaderamente equitativo sería ese en el cual las mujeres estuvieran a cargo de la mitad de los países y las compañías y los hombres estuvieran a cargo de la mitad de los hogares. En México todavía estamos muy lejos de esa realidad. Con mucha frecuencia en ámbitos profesionales soy la única mujer en la habitación.

Como hace unos meses, cuando participé en un panel con siete hombres distinguidos, todos con cosas interesantes qué decir, con palabras precisas qué compartir. Hubo un moderador afable, algunas viñetas personales, varios argumentos importantes, y al final los aplausos y la foto de rigor. Y al bajar del escenario me pregunté, como hago casi siempre: ¿Por qué no había más mujeres en el proscenio? Me doy cuenta de esta ausencia cada vez más. En el aniversario de la Constitución, en la presentación de libros, en actos universitarios, en la Oficina Oval cuando Trump firmó una orden ejecutiva, incluso en mesas redondas celebrando el Día de la Mujer. Hombres, hombres y más hombres. Un índice de masculinidad perfecto. Clubes de Toby por doquier.

"¿Por qué?" No formulo esta interrogante desde el feminismo militante o el resentimiento recalcitrante o el rencor contra hombres que forman parte de mi vida, ayer y hoy. Algunos admirables, otros no tanto, pero nunca he pensado que el género opuesto existe para ser aniquilado, denostado o emasculado. Fui educada para pensar que yo o cualquier mujer podría ser científica o astronauta o Premio Nobel o presidenta. A lo largo de mi carrera he estado rodeada de mujeres pensantes, exitosas, creativas, pioneras, que han empujado las fronteras de lo posible. Sin embargo, ninguna de ellas fue invitada a participar en el panel al que asistí, ni a tantos otros donde hay una multitid de pantalones y ni una falda bien puesta.

En la Ciudad de México nos enorgullecemos de vivir en una ciudad ilustrada, progresista. Tanto la izquierda como la derecha liberal se dan palmadas en la espalda por empujar la agenda de género, y se ríen cuando a las mujeres en Arabia Saudita no se les permite manejar, se indignan cuando las mujeres en África Occidental son sometidas a mutilación genital, se consternan cuando a alguna mujer afgana la obligan a casarse a los 13 años. En México nos congratulamos porque las mujeres –dicen– tienen más oportunidades, más educación, más libertad. Y sin embargo allí estaba sentada yo en el presidium, con otros seis hombres.

Pensando que si un país consistentemente ignora o subestima a cincuenta por ciento de su población, nunca va a modernizarse. Crecer. Competir. Avanzar. Ninguna empresa humana podría prosperar si excluye a la mitad de su talento. Pero México lo sigue haciendo a pesar de las aportaciones femeninas. Poco reconocidas, poco aplaudidas, pero irrefutables: 43.8% de las personas ocupadas en la economía nacional son mujeres; 11% del total de personal ocupado en la industria de la construcción son mujeres; 34.5% del total de personal en la industria manufacturera son mujeres; 51.3% del total de personal ocupado en comercio al menudeo son mujeres; 47.9% del total de personal ocupado en el sector servicios son mujeres. El valor del trabajo no remunerado de labores domesticas y de cuidado que proveemos equivale a 18% del PIB.

Según Sheryl Sandburg, la COO de Facebook en su *Lean In: Women. Work, And the Will to Lead,* las condiciones para las mujeres mejorarán cuando haya más tomando decisiones por otras, dándoles voz, atendiendo sus preocupaciones, empujando sus metas. Según Sandburg, eso sólo se logrará cuando las mujeres lleven a cabo una revolución interna. Es cierto: muchas mujeres enfrentan discriminación sexual, sexismo abierto o escondido, obstáculos tangibles al ascenso profesional. Enfrentan la falta de apoyo en el cuidado de los hijos o en el mantenimiento de la casa. Pero hay otro factor que también explica el rezago, el atraso, la falta de ascenso.

Tiene que ver con un obstáculo interno, una barrera que existe dentro de nosotras. Nos detenemos –de maneras pequeñas y grandes– por la falta de confianza en nosotras. Por falta de coraje para alzar la mano, formular la demanda, hacer la pregunta, exigir la respuesta. Caminamos hacia atrás cuando deberíamos echarnos para delante. Internalizamos los mensajes negativos que recibimos a lo largo de nuestras vidas; esos mensajes que dicen que es malo ser más agresivas, más demandantes, más poderosas que los hombres sentados a nuestro lado. Disminuimos nuestras expectativas de lo que podemos alcanzar. Continuamos haciendo la mayor parte del trabajo del hogar. Vamos encogiendo nuestras expectativas profesionales para cederle lugar a nuestras parejas o a nuestros hijos. Comparadas con nuestros colegas masculinos, pocas aspiramos a las posiciones de mayor responsabilidad. Yo misma he cometido cada error de esta lista.

De acuerdo con Sandburg, la única forma en que las mujeres de México van a avanzar es deshaciéndonos de esas barreras internas, desmantelando esos muros que cargamos dentro. Cuando empecemos a pensar y a actuar de otra manera. Cuando nos preguntemos: "¿Y qué pasaría si dejáramos de tener miedo?" Si decidiéramos tener la confianza suficiente para sentarnos a la mesa de negociación; la confianza suficiente para elegir al compañero y no sólo al esposo; la confianza suficente para ser presidente de una Universidad o CEO de una compañía o editora de un periódico. De lo que se trata es de reconocer la legitimidad de la ambición. La legitimidad de "echarse para delante". Yo le debo a mi hija Julia el compromiso de seguir peleando para que la batalla por la equidad continúe. En las casas. En el Congreso. En las corporaciones. En cada lugar donde ella sea aplaudida por aspirar a más y no penalizada por ello.

Yo les debo mis propios derechos a muchas mujeres que marcharon durante décadas, luchando por oportunidades que ahora son un hecho dado. Pero precisamente por el avance que ha ocurrido, ahora nos toca enseñarle a nuestras hijas las barreras que todavía existen y cómo desmantelarlas. Los muros que atrapan a las madres solteras;

a las que luchan por encontrar un trabajo; a las que mantienen a
maridos que no consiguen empleo; a las que no logran compaginar
su horario profesional con el horario escolar. Pocas mujeres están
llegando a esas posiciones de liderazgo. Y quizás algo tenga que ver
con la "brecha de la ambición", a que las mujeres no se "echan para
delante" como deberían. Pero hay problemas más estructurales que
atañen al balance trabajo/familia. El hecho de que los horarios de las
escuelas no coincidan con los horarios del trabajo femenino. Los horarios inflexibles. Los viajes incesantes. La presión para cumplir con
la "hora nalga". La falta de apoyo de la pareja que con frecuencia ve
a la mujer como la proveedora y la madre y la cocinera y el chofer y la
que revisa las tareas y la que contribuye con el país en su tiempo libre.

Habrá que reconocer, como lo hace Anne Marie Slaughter, que
la economía y la sociedad en México y en muchos otros países no
está estructurada para que las mujeres lo tengan todo. Hay una serie
de datos desconcertantes y hechos incontrovertibles que necesitamos
reconocer y cambiar como sociedad. Un trabajo que exige estar en
la oficina entre las 8 a.m. y las 9 p.m. simplemente no permite ser la
profesional y la madre que todos quisiéramos. Y de allí que una conclusion importante para las que quieren tenerlo todo es poder mantener el control sobre el horario; trabajar desde casa; trabajar cuando
se puede y donde se puede. Porque si no, las mujeres acaban en una
situación en la cual se alejan de casa justo en la adolescencia de sus
hijos o mantienen a nanas durante 24 horas cuidándolos.

Para lidiar con el estira y afloja que significa ser una mujer profe-
sionista en el siglo XXI, quizás no hay un cambio más importante que
la posibilidad de trabajar desde el hogar. Usar las nuevas tecnologías
para integrar las responsabilidades de la casa y la oficina. Permitir
conference calls para que las mujeres no tengan que estar físicamente
presentes en la sala de juntas. Desarrollar sistemas de videoconferen-
cias para esas actividades que se llevan a cabo cuando una mujer ya
tuvo que regresar a casa a remojar el arroz, planchar el uniforme,
revisar la plana de matemáticas, ser madre, mujer, esposa, y mitad del
cielo. O simplemente respetar a las mujeres que no quieren tenerlo
todo, o por lo menos no todo al mismo tiempo y deciden invertir en
sus hijos y no en la Bolsa de Valores.

O empezar a hacernos preguntas provocadoras como las que plantea Hannah Rosin en un artículo publicado en *The Atlantic Monthly:* ¿Son las mujeres un género mejor? ¿Poseen características que las harán dominantes en la sociedad postindustrial y en la era de la información? ¿Estamos presenciando la decadencia lenta pero segura de los hombres a nivel global? ¿Sirven para algo cuando las mujeres pueden hacer cada vez más cosas solas, incluyendo la procreación? ¿Estamos presenciando un histórico cambio de papeles? Éstas son las preguntas. Allí llega a la conclusión de que las décadas por venir estarán definidas por el ascenso de las mujeres. La lucha por la equidad cederá el paso a una realidad innegable: Los sistemas económicos que están cobrando fuerza en el mundo dependen más de los atributos femeninos que de las características masculinas. En el siglo XXI las mujeres se están adaptando mejor.

Históricamente, el mundo ha estado poblado por sociedades patriarcales, centradas en la concepción, educación y dominación de los hombres. Durante milenios, las niñas han sido sacrificadas, asesinadas, subyugadas para asegurar el predominio del género opuesto. Las mujeres han sido, como bien lo definió Simone de Beauvoir, el "segundo sexo". Pero ahora la preferencia milenaria en favor de los hombres está cambiando. Las mujeres de nuestra generación quieren hijas porque nos gusta cómo somos y sabemos lo que es posible lograr. Poco a poco, las mujeres están ocupando papeles importantes en la ciencia, la ingeniería, la computación, la medicina. Como argumenta Rosin, las mujeres tienden a vivir más que los hombres, acaban sus carreras en proporción más alta que los hombres y les va mejor en la sociedad de la información que nivela el terreno de juego entre los sexos.

A los hombres les ha afectado más la crisis económica global que a las mujeres. Los empleos perdidos han sido aquellos ocupados predominantemente por hombres: las manufacturas, la construcción, las finanzas. Y algunos de esos trabajos regresarán, pero el patrón de la dislocación masculina no es algo temporal o aleatorio, explica Rosin. La recesión ha revelado el cambio paradigmático que ha ocurrido durante los últimos 30 años. México, al igual que muchos otros países, se está convirtiendo en un matriarcado de hecho, donde la mayor parte de las decisiones se toman ante la ausencia física o económica de los hombres. Esa tendencia irá al alza ya que la economía postindustrial valora una serie de habilidades: inteligencia social, comunicación abierta, capacidad de concentración, que no son predominantemente masculinas. En partes pobres de la India, las mujeres están aprendiendo inglés con mayor velocidad que los hombres para trabajar en los *call centers*. En China, 40% de las compañías pertenecen a mujeres.

Y sí, es cierto que muchos patrones de discriminación prevalecen y es doloroso ver su perpetuación en nuestro país y en otras latitudes. Los pasillos del poder siguen dominados por hombres. Pero al mismo tiempo están ocurriendo cambios paradigmáticos y estructurales que abrirán las puertas a mujeres dispuestas a empujarlas. No se están dando a la misma velocidad en distintas partes del mundo, pero la tendencia al empoderamiento económico femenino está allí. Mientras las mujeres se educan e ingresan al mercado de trabajo en el sector servicios, los hombres se vuelven víctimas del fin de la era de las manufacturas. Las mujeres han aprendido a usar su cabeza, mientras los hombres siguen apostándole a sus manos. Las expertas en computación y en enfermería y en contabilidad y en administración están remplazando a los electricistas y a los trabajadores de las fábricas y a los empleados en la industria de la construcción.

Cuando la fuerza física se vuelve un factor secundario del éxito, las mujeres demuestran lo que ya sabíamos pero que al mundo le ha tomado mucho tiempo aceptar: las mujeres son inteligentes, responsables, confiables, flexibles, buenas empleadas. Su estilo de liderazgo tiende a ser más incluyente y consensual. Cargan consigo una sensibilidad moral muchas veces ausente en los ámbitos dominados por hombres. El impacto de todo ello va a ser grande y duradero; demográficamente hablando, en las décadas por venir la clase media va a estar dominada por mujeres. Conforme pase el tiempo, van a ser cada vez más educadas, más independientes, más competitivas. Van a hacer lo que la bailarina Ginger Rogers dijo a su pareja Fred Astaire: "Lo mismo que tú, pero con tacones altos."

TOD@S FEMINISTAS

En estos tiempos ser feminista o declararlo en público se ha vuelto políticamente incorrecto. El feminismo está asociado con mujeres aguerridas, avinagradas que quieren castrar a los hombres. Dominan los estereotipos y por ello la descalificación. No es un tema popular que discutan nuestras hijas aunque estén en deuda con tantas mujeres que marcharon para darles los derechos que tienen hoy. No es un tema popular, porque parece algo arcaico, polvoso, que huele a viejo. Una causa del pasado que las mujeres deberían abandonar o superar.

Pero los motivos que motivaron el surgimiento del feminismo siguen allí. Como madres, profesionistas y miembros de la especie humana, nos falta mucho por recorrer. Mucho por hacer. Mucho por confrontar. Según Chimamanda Ngozi Adiche, en su ensayo *We Should All Be Feminists,* el avance multidimensional de las mujeres se logrará cuando todo@s seamos feministas. "Feministas felices", ya que según el estereotipo, las feministas somos infelices porque no tenemos esposos. "Feministas Felices Que No Odian a Los Hombres", porque según el estereotipo las feministas odiamos a los hombres. Hay tanto bagaje que combatir para ser feminista de manera abierta y orgullosa: que odiamos los brasieres, que odiamos el lápiz labial, que odiamos los tacones, que no usamos desodorante.

Falta tanto para avanzar en nuestras ideas sobre el género, sobre la equidad. Para repensar el feminismo hay que repensar cómo educamos a nuestros hijos y a nuestras hijas. Qué hacer para imbuirle humanidad a nuestros hijos y ambición a nuestras hijas. Qué hacer para validar la vulnerabilidad de nuestros hijos y la seguridad en sí mismas de nuestras hijas. Históricamente el mundo ha tratado de apuntalar a los hombres y encoger a las mujeres. Ahora se trata de criar a ambos sexos para que tengan el mismo tamaño. Para que las mujeres no tengan que ocultar el deseo, o guardar silencio, o evitar decir lo que verdaderamente piensan, o achicarse para complacer a un hombre.

Para redefinir el feminismo habrá que seguir argumentando –porque es la realidad– que las mujeres históricamente han sido excluidas. Han sido oprimidas. Han sido maltratadas. Han sido subestimadas.

Y para evitar que eso continúe habrá que reconocer, como sugiere Ngozi Adiche, que si la humanidad plena de las mujeres no forma parte de nuestra cultura tendremos que cambiarla. Y aprender las palabras del diccionario que definen "feminista" como alguien que "cree en la equidad económica, política y social de los géneros". Así de simple. La búsqueda permanente de la equidad. No desde el enojo. No desde el resentimiento. Más bien desde el lugar donde nos enorgullecemos de la etiqueta "feminista" porque no estamos pidiendo demasiado o lo imposible. Sólo lo justo. Una verdadera República en la cual los hombres tengan sus derechos y nada más. Y las mujeres tengan sus derechos y nada menos.

Como mi hija Julia. La niña de mis ojos. La del pelo tan exuberante como su personalidad. La que puede ser tan dulce como una mordida de mango y tan picante como cuando lo comes enchilado. Extraño su olor, su sonrisa, su manera de decirme "mamá", la manera combativa en la cual argumenta conmigo sobre el movimiento #MeToo. Extraño cómo nos acurrucamos para ver juntas el episodio más reciente de *The Handmaids Tale*. La extraño tanto que a veces el simple acto de respirar, hacia dentro y hacia fuera, duele. Duele porque está lejos; porque la dejé ir; porque está en Yale estudiando Historia. Comparto el orgullo que siento por ella, pero también por mí. Porque el día que nació, cuando no podía dejar de contemplarla, de preguntar cómo yo, con su padre, habíamos hecho algo tan perfecto, le hice una promesa. Le prometí que aunque tuviera que vender tacos en las esquinas o escribir millones de columnas o pronunciar conferencias en cada lugar recóndito de la República, le daría la mejor educación del mundo.

Porque esa era la manera más importante que yo conocía y conozco de ser feminista. Educar a las mujeres para la ambición, para la curiosidad, para la aventura, para ampliar el arco moral del universo, para colocar un cerillo en el corazón de su país y de su mundo. Reivindicar así, en estos tiempos en los cuales declararse "feminista" es controversial, lo importante de serlo y asumirlo. No como nos pintan, no como fanáticas de tiempos disruptivos, sino desde un lugar de preocupación tranquila y propositiva sobre lo que pasa con las mujeres en México y en el resto del planeta. Una parte de la respuesta se haya en la radicalización. Como escribe Ariel Levy en "Why Is Feminism Still So Divisive", las feministas empezaron hablando de derechos y acabaron vociferando sobre cómo tumbar al patriarcado.

Con ello abrieron un flanco muy vulnerable, desde el cual vino el contragolpe, que describió Susan Faludi en su famoso libro *Backlash*. En el imaginario colectivo, las feministas eran "antifamilia", "antivalores". Ser feminista se volvió impopular, bochornoso. Hoy en Estados Unidos tres de cada cuatro mujeres abjuran de la etiqueta "feminista". Pero la realidad es que el mundo ha sido remodelado por el feminismo, aunque muchas mujeres no quieran ser catalogadas como tales. Ha habido victorias importantes, como el hecho de que mi Julia estudie en Yale, algo que hubiera sido imposible en los años sesenta. Hay mucho por lo cual darnos palmadas en la espalda y mucho por lo cual seguir indignadas.

Yo sé que soy feminista. Sé que apoyo la definición fundacional de feminismo, aquella que concibe a la mujer como un ser humano con derechos idénticos a los del hombre parado a su lado. Lo que ya no puedo percibir con claridad es si soy una feminista "buena" o "mala"; si merezco ser aplaudida por mi purismo o quemada viva por mi escepticismo. Porque hoy me encuentro parada en esa franja gris, esa zona agreste, esa tierra de nadie disputada por dos bandos en contienda. Me incomoda la actitud trivializadora del desplegado que firmaron las francesas, criticando al movimiento #MeToo; su lenguaje me parece insensible, reduccionista. Pero también me perturba el puritanismo y los excesos de #MeToo, animado en momentos por lo que parece un espíritu revanchista, misantrópico. Unas parecen dispuestas a perdonarlo todo; otras parecen empeñadas en criminalizarlo todo. Unas minimizan el acoso; otras lo exageran. Así todas perdemos.

No asumo esta postura liosa desde la barrera, presenciando la corrida, como simple espectadora. He sentido la humillación de una mano masculina apretando mi trasero en una fiesta y el temor de viajar en Metro por la noche −como universitaria− en un vagón lleno de muchachos ebrios, agresivos, amenazantes. Pero también he visto con vergüenza cómo mujeres que encabezaban la marcha #MiPrimerAcoso expulsaron a hombres solidarios que querían acompañarlas.

He tenido el privilegio de ser amiga de Marta Lamas, impulsora de la despenalización del aborto; una iniciativa convertida en ley que todos los días salva vidas. Y he lamentado su crucifixión en los últimos tiempos por argumentar que las francesas quizás tienen algo de razón.

Como en todo, suele haber dos versiones y la verdad. La verdad de que el movimiento #MeToo ha ido demasiado lejos y no lo suficientemente lejos, como escribe Laura Kipnis. Demasiado lejos al exigir el encarcelamiento de taxistas por gritar "guapa". Demasiado lejos al exhibir cualquier acercamiento erótico o sexual por parte de un hombre como una prueba de acoso. Demasiado lejos al convertir a todas las mujeres en todos los contextos en todos los países en víctimas, objetos en vez de sujetos, incapaces de agencia o voluntad o decisión. De pronto surgen las Torquemadas enfurecidas, cargando con el peso de injusticias milenarias, extendiendo el dedo flamígero, enviando a compañeros de viaje como el periodista Jenaro Villamil a la hoguera. No podemos negarlo; muchas hemos caído en la propensión a la purga, a la evisceración estalinista. Mueran los hombres. Los cerdos al matadero. Hagamos listas de malos y exhibámoslos.

Pero entonces acabamos inaugurando la Íntima Inquisición donde los resentimientos llevan a los linchamientos, la oprimida se vuelve la opresora, la víctima se convierte en verdugo. La corte de la opinion pública se erige en la única forma de justicia disponible. Y ese es precisamente el punto. El movimiento #MeToo emerge ante sistemas legales rotos, ante códigos culturales atávicos, ante conductas que debieron haber sido sancionadas. Ahí reside su valor. Ahí debe centrar su atención: dónde trazar las nuevas líneas que los hombres no deben cruzar, qué conductas pueden ser ignoradas, cuáles deben ser judicialmente procesadas. Porque sí hay una diferencia entre un hombre acosador y un hombre estúpido o vulgar. Sí hay una diferencia entre alguien que trata de besarte en un bar y alguien que intenta hacerlo en una oficina, y además es tu jefe.

No se trata de pelearnos entre nosotras, sino de debatir cuáles son nuestros derechos protegidos por la ley y socialmente avalados. Derechos que quizá muchas francesas sienten que poseen, pero que en México y muchos otros países son un anhelo, no una realidad. El derecho a que nuestros cuerpos no sean tratados como moneda de cambio

para permanecer en un puesto. El derecho a decidir sobre el embarazo, como parte de la igualdad cívica. El derecho a un sueldo equita-
tativo por un trabajo equitativo, porque a la actriz Michele Williams le
pagaron 1,500 dólares por filmar el mismo número de escenas que a
Mark Whalberg, a quien le pagaron 1.5 millones. Como escribe Margaret Atwood, a los únicos a quienes les conviene una guerra entre
mujeres es a quienes libran una guerra contra las mujeres. A exigir un
lugar en la mesa entonces, juntas. Porque si no estamos ahí, unidas,
nuestros derechos seguirán fuera del menú.

Hay mucho por lo cual aún luchar de manera inteligente, con
razón y pasión. Por la causa de la independencia financiera de las
mujeres. Por la causa de la capacidad de decidir sobre sus propios
cuerpos. Por la causa de un sueldo equitativo para un trabajo equitativo. Por la causa de erradicar el acoso sexual y la violencia doméstica.
Por la causa de cambiar la forma en la cual los medios reproducen
los peores estereotipos sobre la mujer, evidenciado en el documental
Missrepresentation. Luchando como lo hace Beyoncé. Y Emma Watson.
Y Patricia Arquette. Y Hillary Clinton. Y Marta Lamas. Y Alexandra
Haas. Y Regina Tamés. Y Estefanía Vela. Tantas mujeres que comprenden la paradoja que acompaña cada año el Día Internacional
de la Mujer: el idealismo de un día dedicado a la mujer en un mundo
donde mucho dista de ser ideal para ellas.

La evolución de México tiene que ver con las expectativas que los
padres mexicanos tienen de sus hijas. Tiene que ver con la manera en
la cual los ciudadanos del país se tratan unos a otros, independiente-
mente de su género. Tiene que ver con una forma de pensar. Con una
forma de participar, de bajar de las gradas y ayudar. De denunciar el
acoso sexual y exigir su penalización. De fustigar la violencia contra
las mujeres y demandar su erradicación. De decir que un golpe a una
es un golpe a todas. De educar a una niña para que sepa que puede
ser presidente de México, aunque ojalá aspire a algo mejor. En pocas
palabras, se trata de reconocer a las mujeres como ciudadanas completas: con cerebro y útero, con manos y pies, con capacidad para
cambiar el destino del país y la responsabilidad de reinventarlo. La
causa de cualquier mujer es una causa nuestra. La pelea por los derechos nos atañe a todas. Como lo preguntaba Claire Booth Luce: "Si

algún ser divino hubiera querido que pensáramos sólo con nuestro útero, ¿para qué nos dio un cerebro?"

A usarlo entonces, ahora y siempre, para que haya cada vez más mujeres deseosas de tener la habilidad para actuar en el dominio público. De asumir el lugar que nos corresponde en cualquier discurso o movimiento o tarea esencial para la acción, para el futuro del país. Ya sea en Los Pinos, o en la universidad, o en las planas editoriales, o en los partidos, o en las oficinas corporativas, o en los páneles, o en el matrimonio. Sitios que dejarían de funcionar si las mujeres cesaran de laborar. Hospitales sin enfermeras, escuelas sin maestras, hogares sin cocineras, aviones sin pilotos.

De allí mi llamado a asumirnos –hombres y mujeres– como feministas. Y la mejor manera de hacerlo es a través de la educación. Parafraseando a Malala, recojamos nuestros libros y nuestras plumas. Son las armas más poderosas. Una mujer, una maestra, un libro y una pluma pueden cambiar al mundo. Como lo hará mi Julia, tan lejos y a la vez tan cerca de convertirse en la mujer que será. Un miembro de la raza humana, con el reto de demostrar cuán bondadosas y generosas e inteligentes podemos ser. Tod@s.

8. BATALLAS POR GANAR

POR DERECHOS PISOTEADOS

Ah, esos derechos humanos tan latosos, tan irritantes. Como mosquitos molestos zigzagueando alrededor de la almohada por la noche. Como ronchas que no se pueden rascar. Como una urticaria que nada cura. Esos derechos que para un alto porcentaje de los mexicanos se usan para "defender a delincuentes", "liberar a malandrines", "debilitar el Estado de Derecho". Esos derechos que algunos desestiman porque no entienden lo que entraña defenderlos en su nombre y en el de la democracia. Ciudadanos que deberían exigir respeto a las normas y en lugar de ello exigen mano dura aunque las viole. Malentendiendo y minimizando aquello que deberían proteger por su propio bien y por la legitimidad del gobierno. Hoy en México los derechos humanos tienen mala reputación.

Basta con ver las reacciones a la investigación realizada por la Comisión Nacional de los Derechos Humanos sobre Tanhuato, donde hubo un supuesto "enfrentamiento" entre policías y criminales. No tardó en venir la descalificación de lo revelado. La crítica a lo evidenciado. La defensa de lo indefendible y detallado en cientos de cuartillas. El uso excesivo de la fuerza por parte de la Policía Federal que derivó en la ejecución arbitraria de 22 civiles, dos personas torturadas y una quemada viva. Una historia de tratos inhumanos y violatorios de la ley por parte de quienes deberían aplicarla. Una historia del Estado ignorando derechos que llevaron a su fundación. El Estado emerge para proteger la vida, como escribe Joseph Strayer en *On the Medieval Origins of the Modern State*. Surge para evitar que se imponga la ley del más fuerte, del que carga el arma, del que hace lo que se le da la gana.

Habrá quienes digan que los ejecutados "no eran angelitos" y que "los policías también tienen derechos humanos" y que quienes fueron acribillados después de rendirse o aun estando desarmados "se lo merecían". Habrá quienes justifiquen las mentiras que los dirigentes de la Policía Federal dijeron sobre el operativo, y la manipulación de 7 cadáveres y 7 armas, y la colocación deliberada de armas de fuego asociadas con 16 cadáveres, y "la sustitución del arma de fuego que aparece en una fotografía relacionada con un cadáver, por otra que fue manipulada y movida de su posición original posterior al deceso de la víctima. Violación tras violación a derechos fundamentales, fundacionales, elementales. Aquellos que los supuestos criminales también tienen. Aquellos que el Estado ignora cuando ejecuta en vez de aprehender, cuando decide arbitrariamente que alguien es culpable en lugar de proteger su presunción de inocencia, cuando asesina en lugar de llevar a juicio, cuando miente en vez de rendir cuentas.

Cuando abusa de la fuerza que tiene como lo hizo ese día en el "Rancho del Sol", donde murieron 42 civiles y sólo un policía. Tanhuato lamentablemente forma parte de un *modus operandi*, un patrón preocupante descubierto por Catalina Pérez Correa, Carlos Silva Forné y Rodrigo Gutiérrez Rivas en el artículo "Índice de letalidad: Menos enfrentamientos, más opacidad", publicado en la revista *Nexos*. Allí, documentada, la alta letalidad –la relación de civiles/policías muertos– de las fuerzas federales y la opacidad de su comportamiento. El uso excesivo y desproporcionado de la fuerza letal. La inercia del aprendizaje institucional sobre la aplicación de la fuerza y su uso bajo una lógica de guerra. La falta de respeto a estándares nacionales e internacionales de excepcionalidad, necesidad y proporcionalidad. La violación abierta a derechos humanos por parte del Estado.

Violación avalada por mexicanos que celebran las fotografías de detenidos golpeados por la policía o agredidos por el Ejército. Vociferando que la violencia se vale contra los criminales aunque aún no hayan sido sometidos a un juicio que compruebe su responsabilidad.

Insistiendo en que es necesario proteger los derechos de las víctimas pero no de los victimarios, arbitrariamente declarados como tales. Al defender esa postura desconocen el derecho de cualquier mexicano a un debido proceso. El derecho a la presunción de inocencia hasta que se demuestre lo contrario. El derecho a ser detenido sin ser golpeado. El derecho a ser interrogado sin ser pateado. El derecho a ser enjuiciado sin una confesión extraída bajo tortura. En México la tortura no es un hecho aislado, es costumbre común. Quienes son detenidos y son clasificados como presuntos culpables acaban golpeados. O insultados. O desnudados. O aislados. Sin acceso a la protección que la ley debería ofrecer pero no lo hace de inmediato, a pesar de la celebrada transición a los juicios orales. A pesar de la evolución a un sistema de justicia más transparente que –prometieron– evitaría todos los incidentes de tortura. Pero no ha sido así.

Aún con juicios orales, en el Estado de México la tortura continúa, según la investigación del artículo "Juicio a los juicios orales", publicada en la revista *Nexos*. Aun con juicios orales, 71.2% de los reos encuestados declaró que fue insultado; 68% declaró que fue humillado; 67.2% declaró que fue aislado; 64.8% declaró que fue obligado a pararse frente una pared; 62.4% declaró que fue golpeado con los puños; 60.8% declaró que recibió manotazos en el pecho; 60% declaró que lo patearon; 48% declaró que fue obligado a desvestirse; 43.3% declaró que lo esposaron en una silla; 43.2% declaró que fue privado de alimento. Cifras que significan la barbarie. Cifras que revelan lo que ocurre todos los días cuando alguien es apresado o interrogado o detenido.

Las quejas presentadas ante entidades oficiales como la CNDH no reflejan la realidad de afuera, en los retenes y en las patrullas, y en los campos vacíos y en los montes, y en los cuartos resguardados. La cantidad de denuncias ante la CNDH no sirve como instrumento de medición de la incidencia de tortura. Las cifras triunfalistas del gobierno no coinciden con lo que advierten las organizaciones no gubernamentales –nacionales e internacionales– que demuestran un aumento de 500% en los casos de tortura en el último año de Felipe Calderón, así como la continuidad y persistencia de esta práctica en el gobierno de Enrique Peña Nieto.

Ojalá quienes dicen que los derechos humanos se han convertido en coartada y defensa de delincuentes recuerden ese argumento cuando les violen los derechos que tanto desprecian. Ojalá entonces recuerden el famoso poema de Martin Niemoller: "Primero vinieron por los socialistas y no hablé porque no era socialista./ Después vinieron por los obreros y no hablé porque no era obrero./ Luego vinieron por los judíos y no hablé porque no era judío./ Finalmente vinieron por mí,/ y ya no había nadie que hablara en mi nombre." Si los mexicanos siguen descalificando los derechos humanos como insectos molestos, el día que la picadura provenga de la bala de un policía, no habrá quien alce la voz. Serán uno de tantos, sin nombre y sin derechos. Un mosquito más.

POR LOS PERIODISTAS

Un periodista más. Uno de tantos. Agredido, intimidado, acosado. Genaro Lozano que entra a su casa para descubrir el revoltijo, las cosas cambiadas de sitio, el dinero en efectivo sin tocar, las credenciales puestas en lugares distintos, los relojes de valor colocados ostentosamente sobre la cama, nada robado. Alguien que, como otros, padece lo que es recibir un mensaje: sabemos dónde vives, sabemos qué haces, sabemos qué escribes. Eres vulnerable. En cualquier momento tú o alguien que amas podrían ser víctimas de un ciclo mortífero de violencia o impunidad contra periodistas descrito en el último informe del *Committee to Protect Journalists*, titulado "Sin Excusa".

Ya no hay excusas posibles ante realidades repetitivas. Ya no hay justificaciones creíbles ante casos crecientes de periodistas asesinados o en riesgo. Lo que sí hay son pretextos. Que el Mecanismo de Protección a Periodistas no tiene recursos suficientes. Que la Fiscalía Especializada Contra Delitos Cometidos Contra la Libertad de Expresión no tiene capacidades de investigación necesarias. Que decenas de periodistas muertos son una nota de pie de página ante 240,000 acribillados en los últimos años. Subterfugio tras subterfugio cuando la explicación real detrás de la barbarie cometida contra quienes narran y retratan es simple. La falta de voluntad política. El clima de corrupción e impunidad. La ausencia de investigaciones completas

que lleven a culpables comprobados. Las autoridades que en lugar
de proteger a periodistas, se vuelven sus agresores. Los encargados de
decir la verdad e incomodar con ella, víctimas de los incomodados.
Funcionarios y comandantes policiales y miembros del crimen organizado y narcotraficantes. Los intocables que jalan el gatillo o con-
tratan a otros para hacerlo.

Como los que hace algunos meses enviaron un mensaje con la
fotografía de mi hijo, avisándome que no llegaría esa noche a casa;
que llegarían sólo sus dedos. Quienes intimidan saben que jamás serán
investigados, buscados, encontrados. La falta de rendición de cuentas
perpetúa la impunidad que nos vuelve tiros al blanco, reales y meta-
fóricos. Si el Comité Para Proteger Periodistas lleva años documen-
tando; si Artículo 19 lleva años denunciando; si los casos de Gregorio
Jiménez y Moisés Sánchez y Miroslava Breach y tantos más siguen
allí. Abiertos y sin respuesta. Abiertos y sin justicia. O cerrados sólo
porque el cuerpo de uno de ellos fue encontrado y le habían cor-
tado la lengua, para silenciarlo. El país se ha acostumbrado a esto;
a la normalización de la violencia contra quienes están resistiendo
–vía sus historias, vía su trabajo– las condiciones de marginación,
opacidad y agresión en la cual nos han colocado. Somos "libertades
en resistencia" dice el Artículo 19. Así informa sobre 2017, un año
histórico por el número de agresiones a periodistas, detalladas en el
informe "Democracia simulada, nada qué aplaudir."

El ejercicio de la libertad de prensa en México en declive. En
peligro. Amenazado. Cercado. Acorralado por la violencia contra
la prensa y los defensores de derechos humanos. Cercenado por un
contexto adverso a la crítica y el disenso. Restringido por un priismo
que volvió a sus viejas prácticas, a sus viejos métodos, a sus viejos
recursos de hostigamiento e intimidación. El principal perpetrador
contra la prensa son las autoridades, ya sea el gobernador o el presidente municipal o el senador o el diputado o las policías o el Coordinador de Comunicación Social del Grupo Parlamentario del PRI en
la Cámara de Diputados. Agrediendo desde el poder aunque argu-
mente que la violencia perpetrada proviene del crimen organizado.
El Estado convertido en el peor enemigo de la prensa, en lugar de
asegurar un entorno donde opere libremente.

Aquí ser periodista es vivir vulnerable, vivir ansioso, vivir teme-roso hasta de tu propia sombra, sin saber de dónde va a provenir el siguiente golpe o la próxima difamación o el balazo final. Periodistas víctimas del crimen organizado y de funcionarios corruptos en el gobierno y de un sistema judicial incapaz de investigar, perseguir, aprehender y juzgar criminales. En México se agrede a un periodis-tas cada 26.5 horas. Y 50% de esas agresiones son llevadas a cabo por un servidor público. Policías lanzando piedras contra manifestantes, o priistas llevando a cabo campañas de desprestigio vía twitter, o go-bernadores bombardeando al periódico que los persigue. Acallando al periodismo de investigación. Generando caso tras caso de autocen-sura. Convirtiendo a México en uno de los sitios más peligrosos para ser periodista, para empujar los límites de la libertad de expresión, para alzar la voz, para exigir investigaciones creíbles, contundentes y públicas sobre políticos de alto nivel.

El país y su gobierno enfrentan cifras atroces respecto a la resolu-ción de crímenes perpetrados contra periodistas: 89% jamás han sido resueltos. Prevalece la indolencia, la negligencia, la obstaculización, el desinterés. La impunidad persiste y es el elemento transversal de casos que conciernen a periodistas, columnistas, editores y reporte-ros. La ineficaz respuesta del Estado mexicano va de la mano con un incremento en las agresiones con cartas intimidatorias. Diseminación de datos personales por las redes sociales. Amenazas de muerte. Se-cuestros. Asesinatos. Todo lo que cualquier periodista de provincia vive de manera cotidiana. Todo lo que el Estado simula proteger con una mano mientras ataca con la otra. La máscara de la protección detrás de la cual se esconde la cara de la agresión.

El cerco se va cerrando, de manera deliberada. En el sexenio de Enrique Peña Nieto, el promedio de agresiones a la libertad de expre-sión subió 80%. El Estado mismo amordaza. Quien debería proteger la libertad de expresión se convierte en el principal perpetrador de ataques en su contra. Porque a pesar de leyes, mecanismos y fiscalías "especiales", nada cambia. Hoy, quienes defienden los derechos que el peñanietismo debilitó son víctimas del temor; de eso que esclaviza; de eso que silencia. Ese fantasma acechante con los ojos más grandes. Ese club usado por sacerdotes, presidentes y políticos para recuperar lo que ha sido arrebatado a la población. Ahora más presente que nunca entre los reporteros, los periodistas, los columnistas, los que se abocan a mirar a México. El temor a ser despedido, levantado, desaparecido, golpeado, asesinado, torturado, censurado. Presente todos los días. Instalado en las redacciones de prensa, en las juntas editoriales, en las notas. Violencia que crece. Y crece. Y crece.

Por el desvanecimiento continuo del Estado de Derecho, por lo que ya es de todos conocido: la agresión contra algún periodista o medio de comunicación jamás será castigada. Cada vez es más común oír cómo ciertas piezas informativas no son publicadas por temor a las represalias de quienes son exhibidos. Cada vez es más frecuente la autocensura de medios que callan por miedo a un golpe político, un golpe físico, un recorte a la publicidad. Desprotegidos por un sistema judicial incapaz de resolver los crímenes cometidos contra quienes informan, denuncian, critican, escrutan. Desprotegidas por un Mecanismo de Protección a Defensores de Derechos Humanos y Periodistas, que forma parte de la Secretaría de Gobernación. Un Mecanismo que depende del mismo Estado de cuyos representantes –con alarmante frecuencia– proviene la agresión. Sirve de poco más que para proveer un botón de pánico, que se activa a través de una llamada telefónica, y en rondines de vigilancia de policías estatales y municipales.

Los múltiples mecanismos de protección cumpliendo una labor de aparador. Simulando hacer una labor que no hacen. En lugar de ver a una institución activa, hemos visto una institución pasiva. O en el caso de la FEADLE, hemos padecido una institución incompetente. Rezagada. Alarmante en su inoperancia ante el escalamiento de la violencia. En cuanto a periodistas y los peligros que enfrentan, México es el país de las burocracias caras y sin resultados.

Como expuso Mario Segura, periodista de Tamaulipas, quien después de sobrevivir a un secuestro apeló al Mecanismo de Protección y he aquí su experiencia: "No acepté que se me otorgara seguridad personal. Ya sé que es incómodo que no sólo me podían hacer daño a mí sino a los propios policías. Prefería la opción del llamado Botón de Pánico. El dichoso botón es un programa de la Secretaría de Gobernación. Se instala en el teléfono y está conectado con las personas que podrían localizarme y darme protección en caso de emergencia. Es un instrumento en el que no confío. Y espero nunca ocuparlo. En mi caso el botón está conectado con personas que ya no trabajan en el Mecanismo desde hace varios meses. Hace un semestre que estoy en la nueva ubicación. Me han prometido los datos de la autoridad que debe atenderme en caso de riesgo, pero aún no ha sucedido."

¿Cómo regresar a la normalidad y reportear después de un allanamiento de domicilio? ¿Después de un desplazamiento forzado? ¿Después de una privación ilegal de la libertad? ¿Después de saber que estas agresiones fueron llevadas a cabo por un gobernador o un presidente municipal o un policía? ¿Después de entender que los medios digitales ya no son un archipiélago seguro debido a los ataques cibernéticos y las agresiones sistemáticas de *bots* y *trolls* pagados por las autoridades? Muchos periodistas entonces (sobre)viven sintiéndose desprotegidos, salen volteando para todos lados, hacen maniobras evasivas cuando manejan, caminan mirando de reojo. Atemorizados de toparse con algún policía debido a las agresiones llevadas a cabo por la Fuerza Civil en estados como Veracruz, donde el gobierno de Javier Duarte afirmaba que esos elementos han pasado por "los más estrictos controles de evaluación y confianza que buscan devolver paz y estabilidad" al estado.

El internet –santuario para muchos medios– también se ha vuelto un lugar común para los ataques, las amenzas, el hostigamiento. Un lugar en el cual los contenidos son falsificados y los portales son atacados y los periodistas son difamados. Un sitio en el cual, desde el anonimato, se nos llama "putas" y se nos escribe: "respeta a @epn o te colgaremos del culo con un gancho de carnicería, perra" o se nos tuitea "respeta a nuestro presidente @epn te vamos a matar maldita perra, arriba el PRI aunque te duela". Las agresiones a mujeres comunicadoras y documentadoras aumentó 20% en los últimos dos años. Y ha tomado una dimension particular. Atenta contra la dignidad, atrae la atención morbosa sobre la privacidad, usa el género como un pretexto para patear.

Cargamos con los nombres de los ausentes. Moisés Sánchez. Rubén Espinosa. Filadelfio Sánchez. Armando Saldaña. Cargamos también con una sociedad sexista, machista, misógina que expresa su violencia contra las mujeres periodistas y comunicadoras con mensajes *ad hominem*. Con mensajes que constituyen una violación a la privacidad. Con mensajes que buscan dar a conocer la vida privada o armar una campaña de desprestigio con connotación sexual. Con mensajes amenazadores en torno a la integridad sexual, familiar, emocional. Mensajes repletos de insultos y descalificaciones y agresiones centradas no en los argumentos sino en el género. He allí en las redes todas las nuevas formas de violencia contra las mujeres, escondidas detrás del anonimato. He allí lo que han padecido mujeres como Luisa Velázquez, Rossana Reguillo y Marion Reimers.

He allí a Edwin Canché, torturado por fotografiar el choque del sobrino del alcalde. O Gregorio Jiménez, asesinado por un comando armado. O el periódico *Noroeste* de Sinaloa, objeto de 47 incidentes de robos, depojos, agresiones físicas, amenazas y asaltos. O Karla Silva, golpeada por tres hombres, para que "le bajara de huevos a sus notas". O Pedro Canché, encarcelado por documentar un desalojo. O el semanario *Luces del Siglo*, clonado 61 veces, en las cuales las portadas han sido falsificadas para hacer referencia a los supuestos logros del entonces gobernador, Roberto Borge. O Carmen Aristegui, despedida supuestamente por el "uso de una marca", cuando la verdadera historia incluye lineamientos editoriales, equivalentes a la censura, que la empresa pretendía obligarla a firmar.

O Rubén Espinosa, asesinado en la Ciudad de México con otras cuatro personas. Un caso más, una estadística más. Inusual porque se dio en una ciudad considerada como el reducto asequible de seguridad; el lugar al cual arribar en busca del resguardo y del apoyo que no encontraban en provincia. Rutinario porque forma parte de una lista cada vez más larga de agravios contra la prensa. Revelador porque significa que ya no hay lugares seguros para ejercer una profesión que se ha vuelto peligrosa. Mortífera. Letal. Más aún en Veracruz, donde 14 periodistas han sido asesinados brutalmente y tres no han sido encontrados. Por eso Rubén Espinosa huyó como lo han hecho otros 37 periodistas del estado, dejando atrás vidas rotas, familiares ansiosos, notas que nunca terminaron. Buscó protección, vivió con miedo hasta al último momento. Murió ejecutado con mujeres cuyos nombres tampoco deben ser olvidados. Alejandra Negrete. Yesenia Quiroz. Nadia Vera. Mile Virginia Martín.

O Javier Valdez, para quien estas palabras son un homenaje póstumo. Un grito de rabia. Un manotazo de frustración. Un reconocimiento a los periodistas exiliados, escondidos, desaparecidos, asesinados, golpeados, asustados. Los que, como Javier, han ido por la vida "pariendo historias" a pesar de la censura y los cañones oscuros. Los que terminan como él, abatido por doce balazos, tirado en la calle, al lado de su sombrero ensangrentado. Los héroes verdaderos, animados por la insumisión, con el sueño quebrado pero vigente de hacer de México un país mejor. Los que hacen periodismo y punto. A pesar del miedo, a pesar de las mordazas metafóricas y reales, a pesar del olor a sangre que los persigue dondequiera que van. Hoy va una caravana, un puño alzado, un canto a ellos a pesar de las punzadas en el pecho.

Aquellos al acecho permanente en la casa que habitan, el periódico donde trabajan, la ciudad y el país donde viven. Aun así, como escribió Javier en *Narcoperiodismo: la prensa en medio del crimen y la denuncia*, se sientan frente al teclado y le dicen y se dicen: "Ándale, cabrón, no te agüites, digamos lo que sabemos." El fotógrafo que corre, tropieza, se cae, y aun así carga con la cámara, la abraza, sabiendo que la policía está cerca. También los matones, los golpeadores, los sicarios, los perros, las hienas del presidente municipal o del gobernador. El reportero acribillado por publicar lo que no debería. La reportera asesinada por incómoda, por estorbosa, por entrometida. La corrupción de Javier Duarte o el escándalo de OHL o los entretelones de Odebrecht o los malos manejos del erario o la alianza entre narcos y mandatarios. Historias del horror, historias de la impunidad. Historias del México nuestro. Malherido.

Cada vez son más los periodistas silenciados. Cada vez se hace más presente el puñetazo artero a los que buscan la verdad. Y no es sólo el narco el que ha masticado con rabia a los representantes del "cuarto poder". No es sólo un líder de los Zetas el que da la orden de ejecución, de exterminio, el levantón para que alguien deje de escribir, indagar, investigar. También hacen su tarea los políticos. La policía. La delincuencia organizada coludida con funcionarios gubernamentales y miembros de las Fuerzas Armadas y dueños de los medios. El poder político mata en Veracruz, en Jalisco, en Tamaulipas, en Guerrero, en Sinaloa, en los pantanos repletos de cocodrilos.

Peña Nieto y su equipo fueron indolentes ante lo ocurrido. Evidenciaron con su tardanza y su torpeza la tragedia de la cual todos hemos sido corresponsables al permitir que México se volviera un país ensangrentado. Ahí siguen, los asesinos del futuro: quienes apoyaron y apoyan el belicismo de Calderón, el continuismo de Peña Nieto, la estrategia fallida de seguridad, la Ley de Seguridad Interior, el pacto de impunidad del que gozan los sicarios sexenales. No más.

Ante estos casos la sociedad debe pelear por la libertad que se va perdiendo, periodista asesinado tras periodista censurado. Pelear por la libertad de saber, pronunciar, argumentar, investigar Casas Blancas y líderes políticos con historiales negros. Defender la libertad que, como dice Yoani Sánchez, es la posibilidad de pararse en una esquina y gritar: "Aquí no hay libertad." Seguimos exigiendo la investigación inmediata y eficaz del cúmulo vergonzante de periodistas asesinados en México. Demandamos que si hay autoridades estatales y/o municipales involucradas no sean exoneradas *a priori*. Reclamamos la revisión inmediata de los procesos y mecanismos para proteger periodistas, que hasta el momento –y lo sabemos quienes hemos acudido a ellos– son una broma, una pantomima, un entramado burocrático kafkiano. Exigimos un compromiso claro, veloz y efectivo para proteger la libertad de expresión en México.

Apremia modificar el Mecanismo de Protección que reproduce la incapacidad e inefectividad del sistema judicial que lo generó. Apremia prevenir, investigar, juzgar y sancionar cualquier ataque a los derechos humanos provenga de donde provenga. Integrar las medidas cautelares dictadas por la Comisión Interamericana de Derechos Humanos a la Fiscalía Especial para la Atención de Delitos Cometidos Contra la Libertad de Expresión. Obligar al fideicomiso público creado para aplicar medidas de infraestructura que garanticen la seguridad de periodistas –sistemas de circuito cerrado de televisión, alarmas, sistemas de monitoreo vía internet, microchips de localización, etcétera– a que ejerza el presupuesto otorgado, ya que no ha gastado un solo peso de él. Eliminar los llamados "delitos contra el honor" como la difamación, que se usan constantemente para cercenar la libertad de expresión.

Lo que ningún periodista amenazado puede o debe hacer es callar. Guardar silencio no es una opción *vis a vis* ante un Estado que se ha acostumbrado a intimidar. A hostigar. A acorralar. Ante él habrá que disentir fuerte y claro. Al pétreo mascarón que resurge cada seis años, habrá que enfrentarlo con cincelazos ciudadanos, firmes y valientes. Va entonces un reclamo a la sociedad que no acompaña a sus periodistas como debería. Una sociedad pasiva que no se indigna y no se moviliza y no reacciona como sería necesario para proteger a los que trabajan creando un poco de conciencia, un recoveco de sensibilidad en los ojos y en el alma. Una sociedad apática que no honra a quienes reportean desde el abismo y mantienen vivo un pedazo de voz, despiertos frente a las teclas.

Hagamos entonces un tributo diario a las manos temblorosas pero vivas que señalan el silencio obligado. A los periodistas que nos recuerdan con su trabajo la premisa de Javier Valdez: "Dejar de escribir sería morir." Él ha dejado de hacerlo pero en su nombre, su oficio debe seguir. La tarea de redactar la verdad, desnudar el discurso oficial, evidenciar el mitin, fotografiar la compra del voto. Javier y Miroslava y Rubén y Gregorio y tantos nombres más. He aquí el compromiso de que no se apagará la garganta de la noche; he aquí el compromiso de aferrarnos a eso que ustedes dejan tras de sí. Un pellejo de esperanza.

POR LA LIBERTAD DE EXPRESIÓN

Todos los días Carmen Aristegui se sienta frente al micrófono y hace la tarea que le toca. La encomienda del periodista tan bien descrita por George Orwell: "Decirle a los demás lo que preferirían no oír." El Padre Maciel era un pederasta. Emilio Gamboa negociaba legislación en el Senado con un protector de pederastas. Mario Marín celebró darle un "coscorrón" a Lydia Cacho con botellas de coñac. Cuauhtémoc Gutiérrez de la Torre operaba una red de prostitución financiada por el erario. La Primera Dama "compró" una casa que está a nombre de un contratista, beneficiario de multimillonarias licitaciones. Tantas investigaciones realizadas, tanta purulencia revelada, tanta corrupción detectada, tanto periodismo profesional.

Todos los días Carmen Aristegui defiende derechos que muchos mexicanos ni siquiera saben que poseen, ni comprenden que ella trabaja para resguardarlos. El derecho a la libertad de expresión. El derecho a ser un contrapeso al poder que en México se ejerce, cada vez más, de manera impune. El derecho a mostrar la verdad, caminando sobre un terreno minado de mentiras. El derecho de los mexicanos a contar con un periodismo independiente, autónomo, crítico. Allí está, todas las mañanas, el archipiélago de la libertad. Uno de los pocos que quedan. Ese lugar que sintonizan millones de mexicanos en busca de lo que quieren saber, escuchar, conocer sobre su país, sobre quién los gobierna, sobre cómo se ejerce el poder. Ese lugar que informa y reta y ofende y enoja. Ese lugar imprescindible. Ese lugar que ahora es un nicho de internet en lugar de una plataforma abierta, porque no hay otra opción.

La defensa de la libertad, en un país donde es un bien escaso, resulta difícil, ardua, arriesgada. Implica defender el derecho de diseminar incluso aquello que es percibido como ofensivo o "desestabilizador" o incómodo para el gobierno. Carmen encabeza esa defensa porque ella es así. Es conocida por su trabajo, respetada por su inteligencia, honrada por su coraje. Es valiente. Obcecada. Combativa. Audaz. Auténtica. La libertad de expresión que ejerce es así; esa es la naturaleza de la bestia. A veces tiene el deber de arrojarle leña al fuego. A veces enfrenta el imperativo de encender un cerillo en un paraje reseco. A veces incomoda al presidente y al secretario de Hacienda y al PRI y al PRD y al PAN y al INE y al INAI y a la Suprema Corte y al Senado y a las Fuerzas Armadas y a Andrés Manuel López Obrador. Al hacerlo, protege el lugar vital en el cual el discurso plural —cada vez más atacado— puede sobrevivir.

Hay muchos a quienes no les gusta su trabajo. La descalifican por "lopezobradorista" o "sesgada" o "estridente" o "izquierdista" o "políticamente correcta". Pero el tema central es que, antes, a quienes no les agradaba el tipo de periodismo que impulsaba, tenían todo el derecho de cambiar de estación. A lo que no tenían derecho era a armar un conflicto que constituyó un pretexto para sacarla del aire, con los dos periodistas que hicieron la investigación sobre la Casa Blanca. Desde aquella mañana del 11 de marzo de 2015, en la cual MVS compró desplegados y emitió comunicados donde acusaba a Carmen de agravio, de ofensa, de engaño. En un principio por haber acordado colaborar con Wikileaks; al final por usar contenidos de la radiodifusora para el portal de Aristegui Online. Pretextos hay y hubo muchos. Lo que quedó claro es que se pusieron en marcha decisiones tomadas en privado para aislar a la periodista. Dejarla sin opciones. Obligarla a renunciar o despedirla como al final ocurrió. Una relación tensa que se volvió ríspida por la investigación sobre la Casa Blanca de la Primera Dama. Por el descubrimiento de que el hogar del presidente estaba a nombre de un contratista que había ganado concursos por 30 mil millones de pesos cuando Peña Nieto fue gobernador del Estado de México. Por la forma en la cual el escándalo político se entrecruzó con los intereses empresariales de la familia Vargas.

Los Vargas condenando la "ínsula" que Carmen Aristegui había creado dentro de MVS, la cual ellos mismos aceptaron en el momento de firmar el código de ética y libertad editorial que ella exigió. Probablemente asustados, posiblemente presionados, indiscutiblemente deseosos de terminar una relación que había sido fructífera pero se había vuelto cada vez más incómoda. Una historia narrada por Wilbert Torre en su libro *El despido: la verdad detrás de la salida de Carmen Aristegui del noticiero más escuchado de México.* Una historia que se remonta a mayo de 2013 cuando un periodista llamado Rafael Cabrera fue de compras a la Comercial Mexicana de San Jerónimo y se topó con la revista *Hola* y Angélica Rivera –presumiendo su casa– en la portada. Aunado a lo que ello desató. Un método ordenado de rastreo, confirmación, escritura, reescritura y edición. Un trabajo disciplinado, puntual y persistente de meses que puso nerviosos a los Vargas, quienes le pidieron a Carmen Aristegui "su comprensión". Como resultado de esa petición, el reportaje apareció en el portal de Aristegui Noticias y otros medios, pero no en la "Primera Emisión" de MVS.

Lo demás es conocido y no por ello menos grotesco. El despido sorpresivo de Daniel Lizárraga e Irving Huerta, los periodistas principales detrás del reportaje. La acusación de usar ilegalmente la marca de la compañía. El intento de imposición por parte de MVS de "lineamientos editoriales" a Carmen Aristegui, equivalentes a censura previa y violación de su contrato. La búsqueda de mediación a través de la figura arbitral convenida –José Woldenberg– que los Vargas rechazaron. El despido abrupto vía un notario que le dejó los documentos en un arbusto fuera de su casa. Los desplegados viperinos, venenosos, con el objetivo de desprestigiarla. El aumento de las demandas de MVS en su contra, usando el tema del mal uso de la "marca" como cortina de humo. Usando el argumento del "abuso de confianza" como bozal. Usando "lineamientos" elaborados de manera intempestiva como una forma de cercar o censurar, porque para cualquier periodista que se respete hubieran resultado inaceptables.

Como lo explicó en su momento el Ombudsman de MVS, los lineamientos anunciados por la empresa modificaban unilateralmente las condiciones del contrato firmado por Carmen, en el cual ella era responsable del contenido de su emisión. De pronto, y de forma hostil, la empresa dictó términos no consensuados, con probables implicaciones jurídicas dado el contrato que previamente había celebrado con ella. De pronto, la familia Vargas actuó de manera antitética a lo que su nombre ha representado. Y no se supo si fue por recompensas económicas, presión política, peticiones de Los Pinos o simple miedo ante las implicaciones del trabajo que Carmen hacía.

De lo que se trató fue no sólo despedir sino destruir. Para todos aquellos que veían el enfrentamiento como un simple tema contractual y no como un acto concertado de censura, existe evidencia de lo contrario. Carmen Aristegui no tiene un sitio en la radio abierta porque ningún concesionario quiere contrariar a Los Pinos, sobre todo con licitaciones y renovaciones en puerta. Allí está el pesado silencio desde que Carmen salió de MVS. Todo lo que no se oye en la radio nacional sobre Tlatlaya y Apatzingán y Ayotzinpa y la Casa Blanca y la casa de Malinalco y el Grupo Higa y OHL y Odebrecht y los *Panama Papers*. Todo lo que no se discute de manera más amplia desde que Carmen Aristegui está fuera del espectro radiofónico. Todo lo que no se debate desde que fue sacada de un espacio irremplazable. El periodismo ausente, el periodismo acallado, el periodismo extrañado. El periodismo que solía agarrar al poder de la nuca y colocarlo contra la pared. Sin Carmen y su equipo ese poder, ahora con frecuencia hace lo que quiere ante la ausencia de contrapesos. Miente. Evade. Oculta. Sonríe. Gana elecciones y se regodea por ello.

Tiene razón Lorenzo Meyer: el país no debería ser así. Tendría que haber libertad y entonces los medios podrían competir entre sí para ver quién produce el mejor noticiero. Pero México no es de esa manera y Carmen entonces destaca por una decisión que ha tomado. Un riesgo que conlleva un enorme grado de ética: ir contra un sistema que no es democrático aunque se jacte de serlo. Denunciar y perseguir la corrupción que brota por todos lados. Exhibir las partes. Carmen llama la atención y es especial porque en un país de eunucos es libre. Sale de "Círculo Rojo" por evidenciar al Padre Maciel. Sale de W Radio por su crítica a la Ley Televisa. Sale de MVS la primera vez porque pregunta si Felipe Calderón tiene problemas con el alcohol. Sale de MVS la segunda vez por algo transparente y público como suscribir una alianza –con Mexicoleaks– para investigar y combatir la corrupción, que resulta ser un pretexto para despedirla.

Para quien crea que Los Pinos no intervino de múltiples formas en este caso, es suficiente ver la página 111 del libro de Wilbert Torre, en la cual Enrique Peña Nieto intenta explicar por qué no incurrió en un conflicto de interés con la Casa Blanca. Pocas veces uno lee algo tan cantinflesco, tan poco informado. O la página 113 en la que dice: "¡Y es una casa bastante grande, a la vista de todo mundo! En verdad no entiendo cuál es el inconveniente." No, el presidente no entendió y ese es el problema para el país. Por eso ignoró como ignoró. Por eso gobernó como gobernó. Por eso tapó como tapó. Por eso sus directores de prensa podían hablar a editores de periódicos y decir –ante una nota incómoda–: "Ya habíamos quedado en algo. ¿Qué está pasando? Por favor, hazte cargo." Mientras distribuían comunicados diciendo que "el gobierno de la República ha respetado el ejercicio crítico y profesional del periodismo (...)". Excepto cuando de Carmen Aristegui se trataba.

Pero Carmen seguirá allí y algún día recuperará ese espacio que es de todos. Haciendo aquello que el periodismo está llamado a hacer, en palabras de Vicente Leñero. Decir las crisis, registrar su peso, gritar qué se esconde, cómo duele la llaga, por qué y cómo y a qué horas, desde cúando y por dónde se manifiesta el yugo que oprime. Un trabajo sinfónico de equipo. La causa colectiva de escarbar más a fondo las entrañas hondísimas de nuestra oscura realidad. Habrá que defender y arropar y pelear por Carmen Aristegui y sus espacios, porque son los nuestros. A nosotros, como beneficiarios de su trabajo nos corresponde construir una defensa robusta de la libertad de expresión, del pluralismo, de la necesidad de ser irreverente y retador. Nos corresponde apuntalar la práctica diaria de la apertura. Ponernos de pie, protestar, exhibir el régimen de concesiones radiofónicas discrecionales, solidarizarnos con quien reta la corrupción, los abusos del poder, la violencia, la intolerancia. El lema de lo que hay que hacer es simple y lo dice todo: *"Je Suis Carmen."*

POR LAS MINORÍAS

"Camina erguido", cantaba el irlandés Val Doonican hace décadas, en una balada destinada a incitar el honor. "Camina erguido para mirar el mundo a los ojos", le decía su madre al escritor y profesor de Princeton, Kwame Anthony Appiah. Y la frase se le quedó grabada, ovillada, durante años, llevándolo a escribir *The Honor Code: How Moral Revolutions Happen.* Al leerlo yo pensaba en México y la revolución moral incipiente e inacabada en torno al tema del matrimonio igualitario y la comunidad LGBT, la homofobia persistente, la discriminación enraizada. Tristes momentos, los nuestros, de presenciar marchas negando derechos, marchas incitando odios, marchas mancillando la laicidad, marchas que nos deshonran como país.

Movimientos que usan como bandera la palabra "joto", la palabra "machorra", la palabra "antinatural", la palabra "aberración". Palabras que reflejan comportamientos irrespetuosos y deshonrosos para quienes las pronuncian. Movilizaciones como la impulsada por el Frente Nacional por la Familia que convocan los peores defectos de la naturaleza humana en lugar de sus atributos. Identificaciones familiares y religiosas unidas no por la virtud cívica sino por la denostación discriminatoria.

Identificaciones impuestas, lejos de la realidad del país y del mundo. Porque las familias hoy en día son de chile, de dulce, de manteca: con un padre y con una madre o con dos madres y dos padres. Familias constituidas por madres solteras o padres viudos, por abuelos a cargo de sus nietos, por lesbianas u homosexuales. Familias mexicanas, todas. Familias respetables, todas. Familias con derechos, todas. Algo tan sencillo que el Frente Nacional por la Familia no logra comprender. Algo tan fundacional que la jerarquía de la Iglesia católica en México no alcanza a aprehender. La esencia del constitucionalismo liberal que surgió en Europa desde el siglo XVIII y se basa en la defensa de los derechos individuales. El derecho a la libertad. El derecho a la propiedad. El derecho a la expresión, la asociación, y la religión. La esencia de las garantías individuales cuya protección requiere la separación Estado-Iglesia, presente en el pensamiento de Thomas Jefferson y James Madison y Thomas Hobbes y John Locke y Adam Smith y Montesquieu y John Stuart Mill e Isaiah Berlin. Presente en los argumentos de la Suprema Corte de Justicia cuando confiere legitimidad constitucional al matrimonio igualitario.

No se trata con ello de destruir a la familia mexicana, imponer una "ideología de género", decidir que los niños puedan cambiar de sexo sin la intervención de sus padres, sugerir que a través de los libros de texto a nuestros hijos se les enseñará a ser homosexuales, argumentar que si te opones a la ideología de género serás castigado y tantas falacias más. Se trata, nada más y nada menos, de reconocer que la diversidad sexual es un derecho reconocido por la Suprema Corte. De entender que no existe un único y válido modelo de familia. De proteger todas las formas y manifestaciones de la familia. De comprender que la familia no surge necesariamente para procrear, sino para cuidar, amar, reír, compartir. Y eso lo pueden hacer parejas heterosexuales u homosexuales. El derecho internacional y la Constitución lo determinan así.

La reforma al Artículo 4 de la Constitución no es una convocatoria a Sodoma y Gomorra. Simplemente propone que toda persona mayor de 18 años tiene derecho a contraer matrimonio y no podrá ser discriminada por su preferencia sexual. No incluye una sola palabra sobre el acceso de hombres a baños de mujeres o la educación sexual o tantos otros mitos con los cuales se ha buscado asustar y azuzar a la población. Lo único que busca la reforma es eliminar el lenguaje discriminatorio que atenta contra la dignidad humana.

Esta idea resulta incómoda para un cierto sector de la población que ve a la homosexualidad como "antinatural". Que ve a quienes defienden derechos como "enviados de Satanás". Que exige un referéndum cuando los derechos fundamentales no se protegen en función de lo que piensan las mayorías. De ser así, jamás se hubiera abolido la esclavitud, ni se hubiera aprobado el sufragio femenino, ni se hubieran reconocido los derechos civiles de la población africano-americana en Estados Unidos. Si esos temas divisorios se hubieran sometido a votación, la humanidad seguiría atrapada en el oscurantismo. En el racismo. En el machismo. En todos los "ismos" que llevan a puños alzados y linchamientos y ojos amoratados y mujeres sin la capacidad de decidir sobre sus propios cuerpos. Si alguien no hubiera alzado la voz en contra de la discriminación, Barack Obama no hubiera sido presidente ni Margarita Zavala candidata.

Lo que está en juego en México con la aprobación de los matrimonios igualitarios es el reconocimiento de que todos los seres humanos –hombres, mujeres, gays, lesbianas– tienen derechos naturales e inalienables. Derechos que trascienden la religión, las costumbres, la aprobación social. Derechos que durante demasiado tiempo han sido ignorados o pisoteados. Derechos que las parejas heterosexuales han tenido y las parejas homosexuales han exigido. La Iglesia católica no está de acuerdo. El Islam no está de acuerdo. El Frente por la Defensa de la Familia no está de acuerdo. Pero precisamente por ello la Revolución francesa buscó la separación Estado-Iglesia y las revoluciones posteriores que gestaron el constitucionalismo liberal también lo hicieron. Para que la ley de cualquier Dios no prevaleciera sobre la ley del hombre. Para que las mayorías no impusieran sus preferencias a las minorías. Para crear contextos de secularismo y tolerancia y convivencia y respeto. Para que la democracia lograra escapar de los dogmas religiosos.

Dogmas que hoy en México llevan a quienes "defienden a la familia" a insultar, vituperar, tergiversar y mentir sobre las implicaciones de una jurisprudencia de la Suprema Corte, reconciliando a la

Constitución con la realidad. Su objetivo es darle protección jurídica a quienes quieren casarse, adoptar hijos, formar parte de la sociedad. Tan mexicanos como tú y yo. Tan capaces de criar y amar hijos como tú y yo. Tan capaces de ser buenos padres y madres como tú y yo. Para quien lo dude recomiendo los siguientes textos académicos: "Child Well-Being in Same-Sex Families: Review of Research Prepared for American Sociological Association Amicus Brief"; "Promoting the Well-Being of Children Whose Parents are Gay or Lesbian"; "U.S. National Longitudinal Lesbian Family Study: Psychological Adjustment of 17-Year Old Adolescents"; "Nontraditional Families and Childhood Progress Through School"; "Children´s Gender Identity in Lesbian and Heterosexual Two-Parent Families"; "Parent-Child Interaction Styles Between Gay and Lesbian Parents and Their Adopted Children"; "Meta-Analysis of Developmental Outcomes for Children of Same-Sex and Heterosexual Parents"; "Psychosocial Adjustment Among Children Conceived Via Donor Insemination By Lesbian and Heterosexual Mothers".

Hay evidencia estudiada, sopesada, evaluada y la historia que cuenta. Una historia de niños criados por parejas homosexuales que tienen el mismo final que la de niños criados por parejas heterosexuales. Mismo desempeño académico. Mismo desarrollo cognoscitivo. Mismo desarrollo social. Misma salud psicológica. Importa menos el sexo de sus padres y más las circunstancias socioeconómicas y la estabilidad familiar.

De allí el llamado al Congreso para proponer iniciativas que reconozcan la diversidad y terminen con la discriminación. De allí el llamado a los partidos políticos a pararse donde deben estar: dentro de los parámetros marcados por el Estado laico. De allí el llamado a los católicos a entender que la fe es un tema privado y no puede ni debe incidir en el ámbito público. Si los adalides de la familia quieren defenderla, ojalá comiencen por lo que verdaderamente importa: la enseñanza, en casa, del amor. El respeto. La tolerancia. La dignidad. Lo que significa ser creyente en una democracia liberal. Y el entendimiento de que todos, todos, somos familia.

Bravo entonces por Jalisco que finalmente legisló sobre las "uniones libres". Bravo por los estados que están contemplando hacerlo.

Bravo por la Ciudad de México donde las lesbianas y los homosexuales y los bisexuales y los transgénero han logrado empujar su causa, contraer matrimonio, obtener plenos derechos parentales y tener acceso a legislación específica de género. Todo eso es aplaudible porque vuelve a México un país menos discriminatorio y más tolerante. Menos homofóbico y más democrático.

Ya existe una Ley Federal para Prevenir y Eliminar la Discriminación. Ya existe el Consejo Nacional Para Prevenir la Discriminación. Ya hubo dos legisladoras abiertamente lesbianas en el Congreso Federal. Ya un hombre reconocidamente homosexual ocupó un puesto público en el estado de Nuevo León. Pero no ha sido fácil. Este cambio sísmico es producto de un paraguas de múltiples factores –sociales, económicos y políticos– que México ha experimentado en las últimas dos décadas. La transición electoral de 2000, sin duda jugó un papel importante en torno a los derechos de las minorías, llevándolo a lo que Genaro Lozano llama "el círculo pequeño del debate": candidatos presidenciales, partidos políticos, los medios masivos de comunicación, formadores de opinión pública. Actores que antes no se habían involucrado en el tema comenzaron a hacerlo. En la medida en la que el país se democratizó, también cuestionó, también preguntó, también se abrió.

Con la resistencia de los actores de siempre. Felipe Calderón, quien solicitó que la Suprema Corte revisara la constitucionalidad del matrimonio gay en la Ciudad de México. La Iglesia católica, que aplaudió su decisión. El estado de Yucatán que reformó su constitución en 2009 para definir el matrimonio como la "unión entre un hombre y una mujer". La contrarreforma existe. Está allí. Muchos la impulsan y será responsabilidad de los progresistas del país resistir sus pulsiones y sus intentos por modificar las constituciones locales y su repudio a lo que ya está ocurriendo en la capital. Según información proporcionada por el Registro Civil Mexicano, más de 1,371 parejas del mismo sexo se han casado legalmente desde marzo de 2010. Novecientas parejas del mismo sexo han formalizado sus relaciones a través de las llamadas "sociedades de convivencia".

Esta "revolución" ha tenido lugar en un país machista, sexista, intolerante. Un país donde el hombre debe ocupar su lugar y la mujer

el suyo. Un país donde Jorge Negrete orgullosamente cantó: "Ay Jalisco, Jalisco, Jalisco,/ tus hombres son machos y son cumplidores,/
valientes y ariscos y sostenedores,/ no admiten rivales en cosas de
amores." Ante ese avasallamiento cultural, los matrimonios del mismo
sexo han salido del clóset en un entorno que celebra la masculinidad.
Que ensalza a los hombres en su papel de proveedores. Que ata a
las mujeres al cuidado del hogar. Que no sabe exactamente cómo
reaccionar frente al hecho de que las lesbianas y los homosexuales y
los bisexuales y los transgénero están –cada vez más públicamente–
retando los estereotipos de la familia tradicional en México.

Las actitudes homofóbicas continúan a pesar de que la ley avanza
gradualmente para penalizarlas. Según una encuesta nacional de
2010 llevada a cabo por el CONAPRED, 70% de los consultados piensan que los derechos de las lesbianas-gays-bisexuales-transgénero no
deben ser respetados; 67.3% cree que no se les debe permitir adoptar
niños. Afortunadamente, conforme pasa el tiempo, estos números
van a la baja.

El entorno está cambiando –a pesar de partidos pusilánimes y
políticos acobardados– porque a lo largo del mundo, la alianza les-
bianas-homosexuales-bisexuales-transgénero han logrado desarrollar una narrativa exitosa. Una narrativa que coloca su lucha en el
centro de la batalla por los derechos. El derecho de pasar de un esta-
tus subordinado a una ciudadanía plena. El derecho a que los temas
de sexualidad e intimidad formen parte de la agenda de una democracia completa. El derecho a exigir una transformación cultural de
la sociedad en la que viven.

Una sociedad en la que muchos siguen argumentando que el mejor interés del niño es tener un hogar con una mamá y un papá. En la
que muchos siguen creyendo que niños criados por parejas del mismo
sexo tienen problemas psicológicos. En la que muchos –indoctrinados
por la Iglesia católica– siguen pensando que se "ataca la sacrosanta
institución del matrimonio". Todas estas posiciones, más basadas
en la ideología que en la ciencia; más producto del prejuicio que del
conocimiento; más resultado de lo que ha dicho un jerarca que de
lo que se piensa por propia cuenta. Al final del día, en una decisión
histórica, la Suprema Corte ha redefinido lo que significa ser una

familia en México y para bien. Permitiendo así lo que ocurre en la Ciudad de México y más allá.

Sin embargo, la lucha no ha terminado. En la Ciudad de México, las parejas del mismo sexo no tienen acceso a la seguridad social de que gozan las parejas heterosexuales. El IMSS y el ISSSTE funcionan como si los matrimonios gay no tuvieran validez. Se han ganado algunas batallas pero todavía falta un buen trecho por recorrer para que las lesbianas y los homosexuales y los bisexuales y los transgénero sean vistos como ciudadanos de cuerpo entero. Como mexicanos con derechos plenos. Como personas cuyas preferencias sexuales merecen ser respetadas y no atacadas. Como miembros de lo que Elías Canetti llamaba "la provincia humana".

Así es y así debe ser para que México se convierta en una democracia completa donde nadie es discriminado por su género o su preferencia sexual. Un país tolerante, abierto, moderno, liberal. Un país donde la moral no dicta las leyes y la religión no convoca marchas para rechazarlas. Donde el Estado protege derechos y la sociedad entiende que son para todos. Un rasero para corregir lo que Disraeli llamó los "errores virtuosos de una comunidad bien intencionada pero estrecha de miras". Sólo así será posible empujar a México a una modernidad eludida de equidad fundamental, de compromiso con la dignidad humana. Un lugar para caminar en alto y cantar "Walk Tall".

POR LA PATRIA Y CONTRA TRUMP

Pásele, Mr. Trump. Bienvenido. Está en su casa. Aquí nos ponemos de tapete para que nos pise y se limpie los pies y nos humille a domicilio. No importa cuánto nos insulte, amenace, descalifique e intente construir muros en lugar de tender puentes. No importa cuántos golpes nos propine, seguiremos aquí, como mujeres víctimas de la violencia doméstica, esperando que algún día nos trate bien. Ésta pareció ser la postura inicial del gobierno de Peña Nieto ante la amenaza que Donald Trump significa para México y sus connacionales. Una diplomacia agachada. Una diplomacia timorata. Una diplomacia de jerga.

Confirmada en los once puntos pueriles que la Cancillería ofreció ante la probabilidad de deportaciones masivas e incertidumbre angustiante, algo parecido a: "Si usted es arrestado ilegalmente, marque 1. Si usted es golpeado por ser mexicano, marque 2. Si usted es deportado, por favor espere en la línea." Increíble que Peña Nieto y su equipo, tan "visionarios" para invitar a Trump, no se hayan preparado para las implicaciones de su victoria. Como escribiera la revista *Slate:* "Quizá un presidente con sólo 24% de aprobación, no sabe lo que está haciendo." Desde que Peña Nieto invitó a Trump a México y nos humilló, la postura hacia Estados Unidos ha sido zigzagueante. A veces firme, a veces timorata, frecuentemente contraproducente.

El gobierno mexicano se dice ofendido por Trump, pero sigue haciéndole el trabajo sucio al detener y deportar a inmigrantes centroamericanos. El equipo de Peña Nieto se envolvió en la bandera nacional, pero continuó librando una guerra contra las drogas que el vecino exige e impone. El presidente reclamó de manera airada a su contraparte, cuando en muchos ámbitos hizo lo que Trump le pedía. Por eso los vaivenes, por eso las incongruencias que un discurso digno pronunciado a meses de dejar el poder no podía remediar. La postura frontal que Peña Nieto adoptó al final de su periodo es la que debió asumir hace unos años. Debió defender a México desde el primer día en que Trump nos llamó criminales y violadores y *"bad hombres"*. No lo hizo y ahí están las consecuencias. Trump cree que puede "bullear" a México porque el gobierno de Peña Nieto le ha dado oportunidades reiteradas para hacerlo.

Los costos de pensar que la relación bilateral podía transitar mayoritariamente por una relación personal fueron muy altos. Al poner todos los huevos mexicanos en la canasta de Jared Kushner, Videgaray contribuyó a que muchos de ellos se rompieran. Al apostarle a la amistad con su yerno, el canciller pensó que podía influir al presidente estadounidense y no ha sido así. Kushner no atemperó a Trump ni moderó su discurso hacia México. Prometió cosas que no pudo cumplir, colocando a Peña Nieto en posiciones humillantes, llamada tras llamada, visita cancelada tras visita cancelada. Trump sigue pateando y amenazando porque le conviene políticamente hacerlo. Porque su base dura lo aplaude. Porque así funciona lo que

David Frum llama la "Trumpcracia": la subversión de las normas de la democracia y la diplomacia, la incitación a la violencia para radicalizar a quienes lo apoyan. Un presidente que no sigue estrategias; más bien sucumbe a instintos.

Trump necesita los vítores que patear a México le provee, dada la soga que el fiscal especial Robert Mueller le ha colocado alrededor del cuello; una cuerda que aprieta cada vez más, con revelaciones diarias de corrupción y colusión y obstaculización de la justicia. Si el partido Demócrata recupera el control de la Cámara de Representantes en noviembre de 2018, la probabilidad de que Trump acabe destituido es muy alta, y la posibilidad de que Kushner termine en la cárcel también.

Difícil para cualquier país lidiar con Estados Unidos en esta era de extremismo e inestabilidad, en la que tuits agresivos ponen en juego acuerdos negociados. Más difícil aún para México, intentando renegociar el TLCAN, mientras Trump incita las peores pulsiones dentro de su propio país. El racismo, el antimexicanismo, la virulencia verbal contra el "otro" aunque sea su vecino y su socio. Pero precisamente por ello, el gobierno mexicano debió actuar de otra manera, poniéndole un alto a Trump antes de que prendiera fuego al vecindario. La firmeza del presidente en los últimos meses de su gobierno no compensó la tibieza de antes.

Tantas veces en las que Peña Nieto debió decir algo y calló. Tantas ocasiones en las que debió oponer resistencia y más bien mostró displicencia. Cuando finalmente buscó pararse frente a Trump, descubrió que estaba solo. Cuando intentó demostrar firmeza ante los delirios de Donald, pocos le creyeron. El discurso de Enrique Peña Nieto ante las bravuconadas de Donald Trump fue lo mejor que dijo en su presidencia ya que era necesario responder, era indispensable contestar, era imperativo alzar la cabeza en vez de agacharla. Pero sus palabras tampoco merecen los galardones verbales que recibió. Cantinflas no se convirtió en Martin Luther King. El posicionamiento del presidente llegó demasiado tarde, cuando ya se le percibía demasiado débil.

Un discurso breve no podía remontar los errores cometidos, los vacíos generados, las contradicciones inexplicables. El discurso peñanietista aplaudido no cambiará la realidad de una política exterior disfuncional por su kushnerización, ni prevendrá más desplantes de Trump. Bienvenidas entonces las exigencias de unidad, pero recordando siempre lo que advirtiera Mark Twain: "El verdadero patriotismo es defender a la nación siempre, y al gobierno sólo cuando se lo merece." Trump seguirá siendo el *bully* de la cuadra norteamericana si alguien no lo detiene. Y es increíble que una niña cargando un cartel, en una foto que se volvió viral, lo entendiera mejor que la Cancillería o Peña Nieto o Videgary. El cartel decía: "Si construye un muro, creceré para derrumbarlo." El cartel no decía *"Welcome"*.

Ya lo hemos constatado. Trump no es un político que se moderará, sino un autócrata que seguirá buscando cómo empoderarse. Hemos presenciado el arribo a la Oficina Oval de un hombre sin trayectoria en la función pública, con un temperamento mitad vengativo, mitad visceral. Incapaz de controlar sus impulsos en Twitter, incapaz de contener sus arranques, incapaz de sofocar los gritos incendiarios de sus seguidores. El primer candidato estadounidense que ganó a pesar de ser un mentiroso crónico, un depredador sexual, un evasor de impuestos, un racista cuyo triunfo fue celebrado por el Ku Klux Klan, un "negociador" cuya única experiencia internacional ha sido inaugurar hoteles y clubes de golf. Como escribió David Remnick en *The New Yorker*, no hay otra forma de describirlo: una tragedia.

Trump convirtió a la elección en un referéndum sobre cambio o continuidad, sobre el sentido de identidad. Preguntó "¿Quienes somos nosotros como país?" y los blancos le contestaron. Movilizó a la mitad de un país polarizado, para que culpara a la otra mitad de sus problemas, reales o percibidos. El desempleo, la desigualdad, la criminalidad, la multiculturalidad, los "otros". Como alguien dijo: *"White won"*. O en palabras del activista Van Jones, esto fue un *"white-lash"*. Una resaca de rabia, un estertor de encono, un resultado de la arrogancia liberal que nos llevó a pensar que nadie podía —moral o intelectualmente— votar por Trump. Pero muchos lo hicieron, porque creyeron en la promesa nativista, populista, aislacionista, racista de "Make America Great Again". Ayudados por Rusia y el director del FBI y medios que no hicieron el trabajo profundo de auscultación crítica que les correspondía.

Ahora Trump gobierna y sin los suficientes contrapesos, con el Partido Republicano reinventado a su imagen y semejanza, en control de la Cámara de Representantes y el Senado y el aparato judicial y la mayoría conservadora en la Suprema Corte. Echando a andar las ocurrencias que decía y repetía. Acabar con ocho años de Obama y su legado. Deportar a millones de indocumentados. Tumbar Roe V. Wade y el aborto legal. Romper el tratado nuclear con Irán. Rechazar el acuerdo sobre control climático de París. Repudiar la regulación Dodd-Frank que la crisis financiera justificó. Recortar impuestos para los ricos. Todo eso y más.

Quienes marchamos en Washington poco después de su inauguración presidencial lo sospechábamos, lo percibimos, lo temimos. La sensación colectiva de algo venturoso que terminaba y algo amenazante que comenzaba. Donald Trump presidente, y el mundo como lo conocíamos cedió el lugar a la incertidumbre. A la angustia. Al aislacionismo y al proteccionismo y al racismo. Al peso en caída libre y al muro por venir.

Estábamos ahí, ríos de mujeres con sombreros de estambre rosa. Ríos de hombres acompañándolas, riendo, clamando, cantando. Caudales de humanidad compartida en la Marcha de las Mujeres en Washington, cargando con pancartas demandando la protección de derechos que se pensaban asegurados, ahora arriesgados por Trump. Un hombre que asumió la Presidencia de Estados Unidos un viernes, y para el siguiente sábado las mujeres estaban reclamando lo que amenazó con quitarles: el derecho a decidir, la cobertura médica, los anticonceptivos y la dignidad. De todas partes, desde Nebraska y Nueva York, desde Ohio y Oklahoma, africano-americanas y musulmanas y latinas. Entendiendo, calurosa y colectivamente, que el Trumpismo no es "normal".

Estábamos allí, con gorros tejidos en todos los tonos imaginables de rosa, para resistir la normalización de una Presidencia que amenaza aquello por lo cual hemos peleado tanto. Nuestros cuerpos. Nuestras decisiones. Nuestras hijas y su destino. Allí, la mía, con un letrero hecho a mano esa misma mañana, afanosamente, en el suelo del cuarto de hotel. Palabras escritas en un cartel color rosa mexicano, el último que habíamos logrado conseguir en una ciudad donde todo lo rosa había desaparecido de los anaqueles, comprado por las más de 500,000 personas que llegaron a Washington. Palabras que se sumaron a tantas que vimos, mientras marchábamos por salvar conquistas que creíamos esculpidas en piedra y ahora con Trump son arena movediza.

Carteles multicolores, el vocabulario de la resistencia. El abecedario de lo que no podemos perder, con el arribo de un hombre que usa y abusa de las mujeres. Alzamos la voz en calles desbordadas donde ya no se podía caminar por la multitud que llegó, convocada a defender no sólo a su género; también a su país y a su mundo. Fue una marcha de mujeres, pero no para mujeres. El clamor trascendía el género para tocar lo que tanto preocupa, pero Trump trivializa. El calentamiento global y sus efectos. La xenofobia y sus odios. La polarización y sus secuelas.

Yo soy de las que cree, como señala el historiador Timothy Snyder en su libro *On Tyranny*, que hay que creerle al autócrata. Hay que tomar en serio lo que tuitea y lo que proclama y lo que promete. Y entender que la democracia liberal en Estados Unidos, así como en otras latitudes, se encuentra bajo acecho. Nuestra generación, que aplaudió la caída del muro de Berlín y el arribo de Obama, ahora enfrentará lo impensable. No el fin de la historia, sino el regreso de la historia. No el triunfo de la democracia sino la vuelta de quienes no creen en ella. En Rusia. En Polonia. En Hungría. A lo largo de Europa donde la derecha xenófoba va ganando elecciones y cercenando derechos y erigiendo barreras y cerrando mentes.

De pronto, la OTAN en juego. El liderazgo de Angela Merkel, como última línea de defensa. Macrón resistiendo. Putin jugando a la intervención y a la desestabilización geopolítica en Siria para acabar con la democracia liberal en Europa. Ese "nuevo orden mundial" que trajo consigo el fin de la Guerra Fría, ahora desdibujándose ante nuestros ojos. La idea fundacional del progreso como motor de la historia, que desembocaría felizmente en gobiernos electos, la promoción de garantías individuales, la creación de sistemas capitalistas. Esa era —con el triunfo de Trump y sus implicaciones— parece estar llegando a su fin.

En su lugar, brotan en todas partes esos regímenes que Fareed Zacharia bautizara como "democracias iliberales". Gobiernos democráticamente electos que no creen en las garantías individuales ni en los contrapesos ni en la tolerancia ni en la diversidad ni en las instituciones representativas. Gobiernos como el que ganó en Estados Unidos. Gobiernos producto de los problemas que la democracia liberal no logró resolver, como argumenta Jennifer Welsh en *The Return of History*. La desigualdad creciente. El crecimiento económico languideciente. La inmigración desbordada. Los refugiados sin país que recorren Europa, buscándolo. Todo ello parte de una tendencia global caracterizada por la "recesión democrática": democracias de baja calidad, corroídas por la corrupción, responsables de nuevas formas de persecución a sus adversarios y opresión a sus minorías. Lo impactante de los últimos años ha sido presenciar el regreso del iliberalismo al lugar que históricamente ha sido su antítesis. Estados Unidos hoy, involucionando, regresando a ese país polarizado, confrontado, dividido, que fue durante la Guerra Civil. Estados Unidos bajo Trump, resucitando el nacionalismo y la xenofobia y la retórica de la rabia.

Trump como arquetipo de aquello que asola de manera creciente y ahora a su país. El populismo de "nosotros el pueblo" contra las "élites" insensibles. La idea de que él representa una victoria para "la gente real, común, decente". La noción de que él enarbola los intereses de la clase trabajadora, ignorada por las élites educadas y rapaces. Es la narrativa que ha vendido, es la historia que ha contado. Un cuento de muros indispensables y mexicanos malos y chinos amenazantes y americanos aislacionistas. Una caricatura de Republicanos redentores y Demócratas desalmados, de "hechos alternativos" *versus* medios deshonestos. Y en el ápice del poder un narcisista patológico que sólo busca usar a su país como un espejo que lo refleje al doble de su tamaño.

Ahora, para entender a Estados Unidos habrá que dejar de pensar en su "excepcionalismo"; dejar de creer que los mejores ángeles de la República salvarán a los peores demonios del Trumpismo. En la Oficina Oval ya no hay un hombre pensante sino un bufón delirante. Con él y el fenómeno que ha desatado, nuestro vecino se va a mexicanizar; estamos presenciando la "mexicanización" acelerada de la política estadounidense. La cuatitud se va a extender. La corrupción presidencial va a ser aceptable, el capitalismo de cuates va a ser promovido, la desacreditación de los medios va a ser costumbre, la vulgarización de la investidura presidencial va a ser cotidiana. Y Trump construirá un muro para protegerse de México, cuando en realidad lo que hará es emularlo.

Los únicos que podrían contener la involución son los que permanecen enojados. Los que siguen indignados. Los que no aceptan como "normal" la anormalidad que Trump ha invocado. Los que no deben calmarse, porque como escribió Simon Schama: "Aceptar el veredicto de las urnas no entraña la suspension del disenso." Como ciudadanos de México y del mundo nos toca defender y darle peso a palabras que lo tienen: la democracia liberal, el debido proceso, el pluralismo. Todo aquello que Trump y sus facsimilares rusos y europeos rechazan. No podemos permitir el regreso de la barbarie, el resurgimiento de la Guerra Fría via un Putin revigorizado, el fin de la apertura que impulsó la equidad para mujeres y la comunidad LGBT, el exacerbamiento de la desigualdad que Trump explotó de manera hipócrita. Habrá que ser militantemente insurgentes con acciones civiles que articulen la dignidad del ciudadano. De la mujer. Del musulmán. Del Latino. Del africano-americano. Aquí de pie contra el kukluxklanismo resucitado.

9. EL BUEN "BULLYING"

TODOS A BULLEAR

En los últimos años de su gobierno, Enrique Peña Nieto dijo que se sentía asediado, acorralado, injustamente criticado. La sociedad civil lo "bulleaba". Lo señalaba. Le exigía. Y en lugar de reconocer los errores y comprometerse a corregirlos, culpó a las víctimas del mal desempeño gubernamental. Esos ciudadanos tan quejumbrosos, tan malagradecidos que debieron aplaudir y vitorear su sexenio. Pero es necesario decir que él era empleado de quienes –vía los impuestos– pagaban su sueldo y tenían derecho a resaltar lo que no funcionaba, lo que no servía, las decisiones y omisiones que lo llevaron a sólo 9% de aprobación. Si la exigencia, en su mente, era acoso, entonces asumámonos como acosadores. Si la demanda legítima, en su cabeza, era maltrato, entonces a seguir "bulleando". Porque hay tantas razones para hacerlo.

A bullear a Enrique Peña Nieto, donde quiera que esté, porque gastó 38,000,247 millones de pesos en publicidad oficial para promover su imagen, domesticar a los medios y manipular a la opinion pública. Esos recursos –equivalentes a lo presupuestado para la reconstrucción postsismos– podrían haberse destinado a hospitales o escuelas. Pero en lugar de ello financiaron *spots* y espectaculares y primeras planas a modo en los principales periódicos del país. Y en lugar de reparar la omisión legislativa en la que incurrió al no regular la publicidad oficial, el Congreso simuló hacerlo con la llamada "Ley Chayote", que permitirá al gobierno seguir manipulando y comprando cobertura favorable de los medios.

A bullear a la administración atlacomulquense porque solapó la cuatitud corrupta a niveles nunca vistos, y auspició el pillaje sin pudor. El ejemplo más reciente: la revelación del periódico *Reforma*, sobre cómo un puñado de empresas constructoras hidalguenses cercanas a Osorio Chong y Murillo Karam obtuvo numerosos contratos, enriqueciéndose y enriqueciéndolos. O la investigación sobre la Sagarpa, desviando dinero a campesinos inexistentes. O cómo familiares de miembros de la Marina han hecho jugosos negocios con el gobierno aprovechando la consanguinidad. Nuevamente los consentidos, beneficiarios de adjudicaciones truqueadas y licitaciones a la medida.

A bullear a los senadores del PRI, del Partido Verde y los #RebeldesDelPAN, que votaron para quitar el candado que prohibía la postulación de un político a la Fiscalía Para Delitos Electorales, con el objetivo de asegurar su autonomía de los partidos. Al remover el candado, el PRI y sus aliados buscarán nombrar a alguien que los proteja, y evitar que alguien los investigue. Y lo mismo ocurrirá con los nombramientos para el Fiscal General y el Fiscal Anticorrupción, si no hay presión pública para evitarlo.

A bullear al Congreso para que vote a favor de una reforma integral al Artículo 102 constitucional, con el objetivo de construir una Fiscalía General autónoma, eficiente y eficaz, capaz de remplazar a una PGR viciada. Antes de votar nombramientos para liderar una institución, deberían votar lineamientos para asegurar que esa institución funcione. Antes de nombrar fiscales habría que sentar los cimientos de la Fiscalía. Sólo así habrá funcionarios investigados, ex directores de Pemex indiciados, políticos sobornados por Odebrecht encarcelados. Sólo así sabremos el destino de los 7,000,670 millones de pesos desviados por 11 dependencias del gobierno federal a empresas fantasma en un operación conocida como "La Estafa Maestra". Sólo así sabremos a dónde fue a parar ese dinero y quién se lo embolsó.

A bullear a los representantes del Estado mexicano que intentaron lavarse las manos en la audiencia ante la Comisión Interamericana de Derechos Humanos, donde 11 mujeres fueron a rendir testimonio sobre la tortura sexual que padecieron durante el operativo en Atenco en 2006. A exigir que haya un reconocimiento de responsabilidades, acusados, condenados y reparación integral a las víctimas de Ayotzinapa, de Tanhuato, de Tlatlaya, de tantas instancias en las que el Estado abusó del poder que tenía y lo usó extralegalmente.

A bullear a los partidos de oposición que no formaron un frente común contra la Ley de Seguridad Interior, encaminada a prologar la presencia del Ejército en las calles sin incentivar la formación policial en los estados. A bullearlos para que centren la atención donde debería estar: el retiro escalonado de las Fuerzas Armadas y el fortalecimiento de policías municipales y estatales. A bullear a los gobernadores que han subcontratado la seguridad pública al Ejército en vez de entrenar y y financiar y profesionalizar policías. A bullear a los responsables del país de fosas, el país de desaparecidos, el país donde las Fuerzas Armadas defienden a la población pero también la agreden.

A bullear entonces todos los días, de múltiples maneras a los culpables del México roto. Porque mejores gobiernos se construyen con base en mejores ciudadanos y aunque Peña Nieto haya pensado lo contrario, sólo los "bullies" exigentes lo son.

YO SOY 132

Como los jóvenes que acorralaron al candidato priista cuando visitó la Universidad Iberoamericana, y ante la reacción descalificadora del gobierno crearon lo que Jesús Silva Herzog Márquez llamó "la primavera mexicana". Algo espontáneo. Irreverente. Atrevido. Cuestionador. Así surgió la movimiento #YoSoy132 y así sacudió al país. Con un posicionamiento lejos de las imposiciones ideológicas y cerca de las preocupaciones ciudadanas. Con una lógica lejana a los intereses de los poderes fácticos y cerca de quienes los cuestionan. El movimiento rechazó la desinformación y exigió la veracidad; rechazó la manipulación y exigió el profesionalismo; rechazó las directrices del duopolio televisivo y logró romper el cerco informativo que rutinariamente impone. Armado únicamente con el entusiasmo y los instrumentos de las redes sociales, cambió el debate preelectoral de 2012 y lo condujo hacia lo que realmente importaba:

la disfuncionalidad de la democracia mexicana y las peores prácticas que aún la caracterizan.

#YoSoy132 sacudió, electrizó, incidió y lo hizo de manera notable. Exhibió los vínculos entre el poder mediático y el poder político. Obligó a las televisoras a ceder y a los políticos a recular. Obligó a los candidatos a debatir y a los medios a informar. Abolló la candidatura de Enrique Peña Nieto y lo forzó a anunciar reformas que de otra manera jamás habría promovido. Armó marchas multitudinarias en la Ciudad de México y sacudió conciencias en otros estados. Colocó –en varios actos de campaña– al puntero priista contra la pared. Pero más importante aún: abasteció la esperanza en el país posible. Cuestionó la pasividad de un país predecible. Le informó al PRI que ya no podría gobernar de la misma manera: organizando porros, comprando candidaturas, manteniendo a México en la inamovilidad.

Pero después de la coyuntura postelectoral, #YoSoy132 enfrentó retos definitorios y riesgos importantes, más allá de armar asambleas y emitir comunicados, organizar marchas y promover plantones, gritar "más escuelas y menos telenovelas", denunciar la elección y llamar a invalidarla. El movimiento tuvo un capital político que no debió despilfarrar; tuvo un impacto mediático que no debió desaprovechar; tuvo un caudal de apoyo que no debió tirar. Y sin embargo eso ocurrió.

Ocurrió en gran medida por la radicalización. #YoSoy132 se volvió una movilización política más amplia que la original, más grande que el de 132 alumnos de la Universidad Iberoamericana que le dio origen. Reunió muchas banderas, muchas causas, muchos agravios que trascendieron los originalmente planteados. De pronto abarcó a grupos como el Sindicato Mexicano de Electricistas, la Coordinadora Nacional de Trabajadores de la Educación, el Frente de Pueblos en Defensa de la Tierra de San Salvador Atenco, el Frente Popular Francisco Villa. Organizaciones que llevan años manifestándose contra el gobierno; organizaciones con agravios legítimos pero distantes a los originales que el movimiento estudiantil decía enarbolar; organizaciones con una imagen más cuestionada entre la sociedad. El riesgo para #YoSoy132 era acabar engullidos por ellas. El reto para #YoSoy132 era asegurar que eso no sucediera. Mantener la independencia intelectual y la autonomía política. Solidarizarse con algunas causas pero no asumirlas todas. Tender puentes hacia otros movimientos sociales pero no sucumbir ante sus líderes más radicales. Pasó exactamente lo contrario.

#YoSoy132 no logró encarar eficazmente el riesgo de la irrelevancia. Exhortó a desconocer la elección e invalidarla, a rechazar la victoria de Enrique Peña Nieto y a impedir que tomara posesión. Pero perdió terreno e influencia cuando el TRIFE certificó los resultados de la contienda presidencial. Cuando la protesta social contra la imposición no logró revertirla, los estudiantes debieron pensar táctica y estratégicamente sobre qué querían lograr más allá de lo que deseaban vetar. Y es allí donde #YoSoy132 se entrampó en una larga lista de demandas que iban desde eliminar las evaluaciones académicas "impuestas por el Fondo Monetario Internacional, la OCDE y el Banco Mundial", hasta el combate al neoliberalismo. Un día el objetivo del movimiento parecía ser impedir la llegada de Peña Nieto a la presidencia; al otro la demanda era la restitución del trabajo que les fue quitado con la disolución de Luz y Fuerza del Centro. Un día la meta era tomar Televisa; al otro era marchar junto al SME. Más que denunciar, el movimiento debió proponer. Más que atacar reformas en puerta, el movimiento debió empujar las propias. Más que diagnosticar lo que no funcionaba del sistema, el movimiento debió contribuir a cambiarlo.

#YoSoy132 acabó atrapado por la rigidez; quedó ahogado en sus asambleas, encerrado en la dinámica de las marchas sin rumbo, encajonado por una estructura que, como describió Diego Ángeles Sistac en "ADN Político", los puso contra el reloj y a veces contra sí mismos. La horizontalidad del movimiento le restó eficacia y especificidad. La falta de una buena estructura, dinámica y flexible, llevó a un cúmulo de información desigual que confundió a la opinión pública y que no permitió diferenciar cuándo una acción era propia del movimiento y cuándo no lo era, como en el caso del plantón fuera del IFE que no fue acordado por la Asamblea Universitaria. Las fricciones internas debilitaron la unidad, las agendas contrastantes terminaron minándola. Al movimiento le urgía encontrar una forma de procesar las diferencias que permitiera, al mismo tiempo, capitalizar las coincidencias. Al movimiento le urgía una dinámica interna que le permitiera actuar con mayor rapidez, tomar decisiones con más eficacia, presentarse ante la sociedad con mayor coherencia.

#YoSoy132 irrumpió en la vida política con una frescura inusitada y bienvenida. No debió perderla al sumarse a agendas que no eran las suyas, al apoyar agravios que no fueron los que originalmente atendió, al caer en posturas atávicas que debilitaron su credibilidad e independencia, al asumir posturas llamativas pero improductivas. #YoSoy132 le dio la cara al poder y debió domesticarlo con propuestas prácticas de política pública. Con medidas específicas que pudieran ser atendidas por el Poder Legislativo y cabildeadas dentro de él. Con iniciativas claras que contribuyeran a democratizar a los medios y obligar a la rendición de cuentas y la transparencia y la representación ciudadana. Los jóvenes han señalado los rasgos autoritarios del sistema político mexicano. Ahora les corresponde seguir siendo su conciencia. Ahora les toca seguir sembrando, como lo han hecho miembros del movimiento activos en el debate y la vida pública incluyendo a Alfredo Lecona, Carlos Brito, Valeria Hamel y muchos más.

EL SISTEMA NACIONAL ANTICORRUPCIÓN

Otro buen "bullying" que caracterizó al sexenio fue la creación del Sistema Nacional Anticorrupción. Algo que celebrar, y algo que lamentar. Algo que aplaudir y algo que criticar. Así hay que evaluarlo. Un paso hacia adelante, pero un paso todavía pequeño. Un movimiento en la dirección correcta, pero no la sacudida que el país todavía necesita. Insuficiente para lidiar con el pesado fardo con que la corrupción nos carga. Un país donde la corrupción le cuesta 1.4,000 millones de pesos al año. Donde cada semana surge otro síntoma del hedor. La Casa Blanca. La Línea 12. La casa en Malinalco. La Estela de Luz. La licitación del tren México-Querétaro. Odebrecht. OHL. La Estafa Maestra.

Actos consuetudinarios de corrupción que involucran a la policía, a los legisladores, a los contratistas, a los gobernadores, a los empresarios que prestan aviones, a los que reciben "moches" y ofrecen "mordidas". Actos que rara vez son investigados o sancionados y que llevan a México a ocupar el lugar 58 de 59 países miembros de la ONU en materia de impunidad. En un sitio similar a Filipinas, Colombia, Turquía y la Federación Rusa. Un sitio en el cual la transición democrática dejó sin tocar cosas relevantes que atañen a la corrupción, y dejó intacto un andamiaje institucional que no la atacaba la corrupción; la solapaba.

Entre lo positivo del "bullying" ciudadano en este ámbito está el diseño de un nuevo sistema de cooperación entre diversas entidades encargadas del tema. Entre lo loable está el fortalecimiento de las funciones de la Auditoría Superior de la Federación. Entre lo aplaudible está que la ASF puede revisar en qué gastan los gobiernos estatales y municipales, así como hacer auditorías en tiempo real. Particulares involucrados en actos de corrupción podrán ser sancionados e inhabilitados. El Secretario de la Función Pública tendrá que ser ratificado por el Senado y no sólo según el libre albedrío del presidente, como fue el caso de Virgilio Andrade.

Pero para que el nuevo andamiaje funcione hará falta voluntad política. Hará falta la entrada plena en vigor de un Sistema cuya instrumentación va retrasada por la falta de nombramientos clave y la obstaculización por parte de actores empeñados en sabotearlo. Hará falta la captura de algunos peces gordos y muchos charales. Hará falta –como ha argumentado Luis Carlos Ugalde– que el Congreso ejerza su papel de contrapeso en lugar de comportarse como cómplice. Con regularidad en la era de la transición democrática, el Congreso se ha vuelto uno de los peores culpables de la corrupción. Con los pagos irregulares a legisladores. Con las "subvenciones" a los grupos parlamentarios. Con prácticas administrativas opacas y discrecionales. Con la etiquetación de partidas del presupuesto que desencadenaron la práctica de los "moches". Ese Congreso es el que tendrá que vigilar y vigilarse, castigar y castigarse, combatir la corrupción, incluso la que emana de sus propias curules.

Una misión que se vislumbra difícil desde el momento en que las bancadas del PRI y del PVEM votaron contra la eliminación del fuero presidencial. Una tarea incumplible desde el momento en que dos partidos que diseñaron el pacto de impunidad, votaron contra la posibilidad de que el presidente fuera procesado por actos de corrupción. Peor aún, cuando se negaron a incorporar la obligatoriedad de hacer públicas las declaraciones patrimoniales y de interés de los servidores públicos. Con esas tres acciones, amenazaron con convertir al Sistema Nacional Anticorrupción en el Sistema Nacional Para la Protección. Protección para fortunas acumuladas desde el poder público, desde el gabinete, desde los partidos, desde las presidencias municipales. Allí quedó ese corredor de impunidad que va desde la Colina del Perro hasta la Casa Blanca. Allí quedó el presidente protegido e impune, haga lo que haga, contratista que beneficie tras contratista que beneficie. Grupos Higa *ad infinitum*.

Ahora nos prometen que gran parte de la agenda pendiente se abordará en la legislación secundaria. Topes y candados a la comunicación social. Esquemas más amplios de participación ciudadana en la denuncia y el combate a la corrupción. Un sistema sancionatorio. Responsabilidad de personas morales, así como de empresas. Nuevos mecanismos para sancionar la corrupción en el Poder Judicial. El desarrollo de inteligencia financiera. Dicen que "faltan algunas pequeñas partes". Dicen que "faltan algunos pedacitos", y todas las organizaciones de la sociedad civil que participaron en la elaboración del nuevo sistema se congratulan de que exista. Argumentan que era mejor aprobar la legislación incompleta que se elaboró, a permitir que los gobernadores la bloquearan. Desde luego, es mejor que sea así. Pero ojalá que no volvamos a caer en la misma trampa de ir cojeando de una reforma incompleta a otra. De argumentar que la nueva ley es una mejora sustancial sobre las leyes vigentes. De darnos palmadas en la espalda porque algo es mejor que nada.

El "algo" aprobado todavía tiene muchos huecos, recovecos y espacios para que la corrupción florezca sin sanción. El Sistema Nacional Anticorrupción va a operar en un sistema político con una ausencia alarmante de mecanismos de rendición de cuentas, de auditores autónomos, de medios que en lugar de vigilar al poder se vuelven sus escribanos. Quienes le apuestan a la efectividad del nuevo Sistema piensan que el único peligro que enfrenta son "los coletazos de los dinosaurios locales" que tratarán de impedir la legislación y que podrán monitorearse mediante un "anticorruptómetro" para medir avances. Pero el problema es que el Sistema Nacional Anticorrupción trató de colocarle sólo una correa al dinosaurio y no lo logró al permitir que persistiera el fuero presidencial que lo volvió tan voraz. Como ha escrito Enrique Berruga: "Deja un mal sabor de boca que el Congreso haya dejado abierta esa gran ventana a la impunidad." El fuero al presidente seguirá permitiendo el desvío de fondos, la concesión de contratos a cambio de casas, el uso de bienes públicos para fines privados, llegue quien llegue a Los Pinos.

El Sistema Nacional Anticorrupcion se quedó corto al dejar intocado al dinosaurio más grande de todos; el líder del país que debió ser ejemplo de honestidad y apego a la legalidad; el Peñanietozauros Rex, al que la nueva ley no podrá tocar. Lo que veremos en el futuro quizás sea algún castigo por la construcción de covachas, pero jamás una remoción por la construcción de Casas Blancas. Habrá que seguir bulleando.

FISCALÍA QUE SIRVA Y FISCAL CARNAL

Un poco de lapiz labial. Un poco de sombra de ojos. Un poco de rímel. Una maquillada rápida es lo que la clase política quiso darle al entonces procurador Raúl Cervantes y a la PGR para convertirlos en aquello que muchos querían. El Fiscal Ferrari contravenía todas las mejores prácticas de selección y perfil, pero en vez de descartarlo, muchos insistieron en peinarle la barba para que se quedara ahí. El Senado buscó darle respiración boca a boca cuando debió haber muerto después del descubrimiento del auto de lujo de su propiedad, registrado en Morelos para evadir el pago de tenencia. En vez de cortar la cabeza, quisieron mantenerla cosida al cuerpo, aunque ambos estaban gangrenados.

La clase política nombró y celebró y aceptó a un Fiscal Carnal al frente de una institución para que se encargara de hacer lo de siempre. No investigar o impulsar investigaciones selectivamente. Proteger a los cuates y a las prácticas que caracterizan a la cuatitud. Ofrecer justicia a modo e injusticia cuando fuera necesario. Así han sido los procuradores y las procuradurías desde hace décadas: hombres e instituciones al servicio del poder y no del ciudadano. Funcionarios y dependencias responsables de la impunidad rutinaria, la corrupción compartida, los Ferraris sin fin. México atorado porque no logra construir un Estado de Derecho funcional. México paralizado por una justicia que rara vez lo es.

La PGR reserva la información sobre Odebrecht. Pemex hace públicos algunos contratos, pero redactados para proteger a los que necesitan protección. Expedientes en Brasil vinculan a Emilio Lozoya con un soborno de 5 millones de dólares, y todos guardan silencio. Brasil investiga, Perú investiga, México oculta. Va contra unos pero no contra otros. El Estado lleva a cabo aprehensiones espectaculares de las criaturas deformes que engendró: Raúl Salinas, Elba Esther Gordillo, Javier Duarte. Pero el patrón de la justicia disfuncional continúa y continuará hasta que las instituciones encargadas de impartirla sean autónomas e independientes. Hasta que haya procuradores independientes y no fiscales carnales.

Ante la magnitud del problema y el apremio de la solución son insuficientes los retoques, el polvo en la nariz, el brillo en los labios. Lo que la Procuraduría necesita en la transición a una Fiscalía General es cirugía mayor. No basta que el "bullying" de la sociedad civil haya producido la renuncia de Raúl Cervantes como procurador o la eliminación del "pase automático" para que quien sea procurador no se convierta inmediatamente en fiscal general. No basta aprobar una iniciativa superficial que le permita a otro fiscal carnal "competir" para luego "ganar" y permanecer. No basta con ponerle perfume en la cabeza: también habrá que intervenir quirúrgicamente el cuerpo, en la Procuraduría misma para que no cargue con los viejos males, las viejas enfermedades. La PGR está enferma y en lugar de curarla, miembros de todos los partidos ofrecen sólo depilarle las cejas para ocultar el cáncer que se esparce.

Es obvio para quienes han examinado de manera comparativa y sistemática las experiencias internacionales, que un buen fiscal necesita independencia política. Ser probo y no evasor de impuestos. Ser honorable y no abogado del PRI. Además, su designación no puede ser por genuflexión. No puede formar parte de un intercambio de fichas vía las cuotas y los cuates y el reparto de dinero. El nombramiento de quien aspire a impartir justicia de una manera distinta entraña criterios distintos. No el dedazo presidencial sino una comisión de designación. No el Congreso haciendole el favor al presidente, sea quien sea, sino una evaluación técnica a traves de procedimientos del Parlamento abierto. No el canje político opaco sino la supervisión ciudadana transparente.

Como ha reiterado el colectivo ciudadano #FiscalíaQueSirva: la PGR debe ser colocada sobre la mesa de operaciones para así extirpar tumores, cerrar abscesos, curar el cuerpo. Una operación de larga duración que asegure los principios de legalidad, objetividad, eficiencia, mérito y profesionalismo en la nueva Fiscalía General. Porque si todo eso no ocurre, la fiscalía será una aberración con parches y cicatrices, una cabeza que no piensa de manera autónoma y un cuerpo maltrecho que recorre el país, asolándolo. Al quirófano entonces, para que el sistema de justicia sea intervenido a tiempo. No Fiscales Carnales, No Fiscales Ferrari, no parches legislativos como el fin del "pase automático" sin una modificación sustantiva del Artículo 102 constitucional.

La Fiscalía General que viene no puede sobrevivir sin una cirugía mayor, sin médicos apartidistas que provean el disgnóstico correcto, sin participación ciudadana que asegure una rehabilitación necesaria. Si no se modifica de forma profunda la selección del nuevo fiscal así como la institución que liderará, tanto la cabeza como el cuerpo serán incapaces de asegurar lo que México exige: justicia, alto a la impunidad, castigo a los responsables. En lugar de eso habrá peor de lo mismo. Una criatura grotesca creada por el Congreso con pedazos de cadáveres, con votos comprados. Una cabeza contorsionada al frente de lo que será la Fiscalía Frankenstein. No sorprende entonces que *The Economist*, haciéndose eco de numerosas organizaciones de la sociedad civil, haya recomendado al gobierno revisar la Ley Orgánica de la nueva institución para que nazca desde cero, sin heredar los malos hábitos y los lastres burocráticos de la Procuraduría a la cual suplanta.

En los últimos tiempos ha quedado claro para lo que ha servido la PGR: para todo lo que el presidente necesite, menos la procuración imparcial de justicia. He ahí una institución política y politizada, manipulada y manipulable, persiguiendo a adversarios, protegiendo a amigos. Montando espectáculos para ser diseminados por los medios

que siguen las instrucciones del poder. Acabando así con la ilusión
de que las diferencias, ahora y siempre, se dirimirían en las urnas.
La cruzada, burda, obvia, contra Ricardo Anaya exhibió a una PGR
decidida a intervenir en el proceso electoral aunque eso acabara con
su legitimidad ya menguada. Una PGR evidenciada. Sin ambages. Tal
y como es. Un cuarto de guerra electoral, una oficina de relaciones
públicas del PRI, un servicio de detectives puestos al servicio de José
Antonio Meade con el objetivo de resucitar su moribunda campaña
presidencial.

No escribo esto para defender a Ricardo Anaya –que proveyó
explicaciones insuficientes– sino para defender un principio democrático. Como argumenta el politólogo Adam Przeworski en un texto
definitorio, la democracia es la institucionalización de la incertidumbre. Es el constreñimiento de todos los actores políticos a descenlaces
eletorales que no pueden ser previstos. Es un proceso con resultados
poco predecibles; a veces empodera a los "buenos" y a veces a los
"malos"; a veces produce líderes que gobiernan con ideologías que
aplaudimos y a veces produce presidentes que gobiernan con ideologías que rechazamos; a veces empodera a la derecha y a veces empodera a la izquierda; a veces produce a un Barack Obama y a veces
produce a un Donald Trump.

Pero en 2005 el PRI, el PAN y Vicente Fox decidieron no respetar
el principio democrático básico de la incertidumbre. No querían asumir el riesgo de que AMLO fuera candidato y ganara. No estaban dispuestos a ser demócratas de a deveras. Y algo parecido ocurrió con
Peña Nieto, la PGR y Meade, en su esfuerzo desesperado por frenar
a Anaya, aun con la posible cola que el panista arrastrara detrás. En
una democracia funcional, ningún grupo interviene para impedir un
resultado que afectaría sus intereses. Pero ellos sí intervienen y de eso
se trató y se trata el desafuero de AMLO y el activismo de la PGR durante la elección de 2018: usar la ley a conveniencia. Usar a las instituciones del Estado para eliminar a un personaje incómodo para el
Estado. Como expresó correctamente Tatiana Clouthier, coordinadora de la campaña de López Obrador: "El encargado de la PGR no
puede ser parcial; la justicia mexicana está de por medio y el peligro
es para todos."

Esta farsa que presenciamos evoca lo que T. S. Eliot llamaba "la última tentación", la gran traición. Hacer la cosa correcta, aplicar la ley, por el motivo equivocado, buscando tumbar a un adversario electoral. Inaugurar el "Estado de Derecho" con quien ocupaba el segundo lugar en las encuestas presidenciales. Aplicar la ley con uno cuando no se aplica a los demás. Quizá las acusaciones lanzadas contra Ricardo Anaya hayan sido merecidas. Quizás hizo todo aquello que los priistas le imputaron. Quizá por ello no debía ser presidente y no debería llegar a Los Pinos. Pero esa decisión no le correspondía a Enrique Peña Nieto ni a José Antonio Meade ni al procurador ni a los periodistas que diseminaron alegremente las acusaciones sin comprobarlas. Esa decisión no era suya. Es nuestra, de los votantes, con el derecho de votar en su contra si queríamos.

Lamentable entonces lo que vivimos y permitimos: un *déjà vu* político. La mentira abierta, la hipocresía disfrazada, la diseminación de videos desde la PGR, las investigaciones a velocidad supersónica en torno al presumido lavado de dinero, cuando los casos de Odebrecht o la Casa Blanca o Ayotzinapa o el espionaje a periodistas o el socavón o los múltiples expedientes de desvíos con recursos públicos han sido archivados. A la par de campañas mediáticas –pagadas con nuestros impuestos– para convencernos de la legalidad de sus acciones, de la pureza de sus motivos, la defensa del "interés público". Pues si es así, tendrían que haberlo demostrado. Si la investigación a Anaya era sobre la aplicación estricta de la ley, debieron haberlo probado con la investigación a Rosario Robles por los desvíos multimillonarios de Sedesol, a Gerardo Ruiz Esparza por el socavón y el Nuevo Aeropuerto Internacional de la Ciudad de México, a Emilio Lozoya por Odebrecht. El rasero de la legalidad tendría que ser el mismo para todos, y no el de una PGR palera del poder.

Ante lo que ocurre y no ocurre, los colectivos #FiscalíaQueSirva y #VamosPorMás, formados por organizaciones y expertos de la sociedad civil, han "bulleado" de la mejor manera. Han exigido poner un alto. Han exigido frenar en lugar de simular. No debe haber nombramientos del Fiscal General y del Fiscal Anticorrupción si no se producen los cambios que garantizarán su éxito. Jamás habrá un combate efectivo a la corrupción si se siguen creando instituciones y nombrando personas que harán imposible esa labor. Jamás acabaremos con el pacto de impunidad que nos paraliza como país, si el Senado continúa sustituyendo las mejores prácticas por las peores simulaciones. Jamás habrá investigados y sancionados sin fiscales con las atribuciones legales para llevar a cabo esas tareas. Lo que sí habrá es más impunidad, más convocatorias huecas que convierten al Senado en un lugar donde se desechan leyes eficaces y se aprueban arreglos florales.

El que estemos discutiendo una #FiscalíaQue Sirva y #Reforma102 es un logro de la sociedad civil que obligó a Peña Nieto a recular en el pase automático del Fiscal Carnal a Fiscal General. Que obligó a los partidos de oposición a comportarse como tales y reconocer la importancia de los perfiles y las personas y el diseño institucional para la procuración efectiva de justicia en el país. Sin embargo, lo que ha ocurrido hasta hoy es insuficiente y faltan compromisos claros, plazos establecidos, rutas críticas, y no más sainetes.

Combatir la corrupción requiere perfiles adecuados e instituciones bien diseñadas. Es imprescindible la participación de la sociedad civil vía comisiones ciudadanas para discutir idoneidad, para trabajar seriamente en lo que significa la autonomía y la independencia del próximo fiscal vía la auscultación real, para diseñar un proceso de selección que no sea una pantomima. Habrá que continuar la discusión sobre cómo debe funcionar una fiscalía que sirva y no herede los viejos vicios y los viejos burócratas de la PGR.

GOBIERNO ESPÍA

Gracias a la investigación periodística independiente también sabemos que el gobierno de Peña Nieto no sólo robaba, también espiaba. El Estado de la vigilancia fuera de control, fuera de proporción, fuera de justificación. El Estado actuando con un alto poder invasivo que buscaba controlar o extorsionar o silenciar a las personas vigiladas. Ya fuera Carmen Aristegui o su hijo adolescente o Juan Pardinas o los miembros del GIEI-Ayotzinapa o tantos otros activistas y periodistas y defensores de derechos humanos. *Big Brother* en Los Pinos y en la PGR.

Recolectando datos, almacenando información, grabando conversaciones, violando la ley. Violando la Constitución.

Porque el Artículo 16 constitucional estipula que toda intervención de comunicaciones privadas debe contar con una autorización judicial previa. Se prohíbe la localización geográfica en tiempo real, utilizable sólo "cuando se presume que existe un peligro para la vida o integridad de una persona". Sin embargo, la PGR y el CISEN y la Sedena hicieron lo que quisieron, cuando quisieron, sin supervisión, sin transparencia. Para saber lo que Carmen Aristegui conocía sobre la Casa Blanca o lo que Juan Pardinas redactaba sobre la Ley 3de3 o lo que Tlachinollan indagaba sobre los 43. Para espiar a sus presuntos enemigos y de ser preciso, coaccionarlos. Para supervisar a sus presuntos adversarios y de ser imperativo, amedrentarlos. Vía el malware Pegasus o Hacking Team o la obtención de metadatos que las compañías de telecomunicaciones entregan rutinariamente a autoridades sin la facultad legal de solicitarlas. Así actuó el Estado espía, el Estado extralegal, el Estado adversarial. Sólo lo sabemos porque un manojo de periodistas y activistas investigó, reveló, "bulleó".

Un gobierno que no sólo espió, desvió fondos e inventó empresas para hacerlo. Mexicanos Contra la Corrupción y la Impunidad exhibió cómo el dueño legal del Grupo Tech Bull –la empresa intermediaria que vendió el malware Pegasus– estaba localizada en un asentamiento irregular. Otra historia de empresas fantasma y de corrupción escondida. Otro tache para Tomás Zerón, ex director de la Agencia de Investigación Criminal, quien autorizó y supervisó la adquisición. La PGR canalizó millones de dólares a una empresa constituida con 50,000 pesos, por dos jóvenes desconocidos que negaron conocimiento de la transacción. La PGR "compró el más sofisticado equipo de espionaje, de origen israelí, a una empresa recién creada, sin experiencia en el tema de seguridad nacional y que antes de ese contrato por 32 millones de dólares no tuvo otras ventas". Un apoderado fantasma tenía una oficina virtual ubicada en el edificio donde también estaban inscritas empresas fantasma de Veracruz, ligadas a la red de Javier Duarte. Amigos de Peña Nieto vínculados con Balam Seguridad Privada vendieron equipos de seguridad a procuradurías estatales. La corrupta cuatitud evidenciada no sólo en carreteras y contratos; también en espionaje y vigilancia.

Pero eso no fue corrupción, según Arely Gómez de la Función Pública, y Javier Acuña del INAI, y los otros miembros gubernamentales del Comité Coordinador del Sistema Nacional Anticorrupción. Eso no mereció una investigación, según los protectores políticos de Tomás Zerón. Eso no debió ser sometido a control judicial, dijeron los que atacaron al nuevo sistema de justicia penal e ignoraron sus exigencias. Demasiados cerrando los ojos y la boca ante la investigación hecha por la Red de Defensa de los Derechos Digitales que expuso la relación comercial, ilegal, de 12 gobiernos estatales y múltiples dependencias gubernamentales con Hacking Team, proveedor de equipo capaz de infectar computadoras y teléfonos móviles. En otros países se utiliza para perseguir a criminales; en México se compró para espiar a ciudadanos.

Todos vulnerables. Usted, yo. Víctimas de un gobierno con acceso a archivos, datos del calendario, listas de contactos, contraseñas, mensajes de texto, Gmail, WhatsApp, Skype. Facebook, Telegram, llamadas, geolocalización. "Bad Brother" vigilando, abusando del poder gubernamental, violando las libertades civiles. Omnipresente. Sin controles democráticos, sin facultades legales, sin sanción. Ante ello, como dijera Thomas Paine, la obligación del verdadero patriota es proteger a su país de su gobierno. Un gobierno que se ha vuelto abusivo. Un gobierno gandalla. Un diablo guardián.

Un gobierno que usó la publicidad oficial para controlar, censurar o doblegar a los medios. Y no hay ejemplo más vívido y reciente de ello que Juana Cuevas, la esposa de José Antonio Meade, haciendo las compras de Año Nuevo en un supermercado. Esa fue una de las "noticias" más comentadas de la semana y un ejemplo de lo que prevalece en México. Las notas con intención, las primeras planas con agenda, el apoyo abierto o subliminal: como la cónyuge de Meade era buena madre, esposa y cocinera, debíamos votar por el PRI. Ejemplificando así el tipo de periodismo que padecemos en los principales periódicos, en los noticieros más vistos, en las cuentas de twitter más seguidas. Lo que sabemos desde hace años y *The New York Times* amplificó en su reportaje aptamente titulado "Usando billones en dinero gubernamental México controla a los medios". Miles de contratos de publicidad oficial que aseguran primeras planas a modo; miles de pesos que convierten a reporteros en amanuenses. En México el periodismo con frecuencia es sólo publirrelacionismo.

Es usar a los periódicos para atacar a enemigos del gobierno o descalificar a sus críticos o minar el prestigio de quienes son sus contrapesos. Es pagar para defender y difamar. Es financiar para diseminar logros y esconder errores. "Por sus portadas los conoceréis", argumentan José Merino y Darío Ramírez en un artículo publicado en *Nexos,* donde analizaron y clasificaron las portadas de seis diarios de circulación nacional y después de auscultar 6,360 primeras planas, dieron a conocer resultados ominosos. Notas basadas sólo en las declaraciones de algún político, sin contexto, sin análisis, sin explicación, sin ponderación. "Dichos" por encima de la publicación de "hechos". Una alta proporción del espacio dedicado a cubrir al Ejecutivo federal. La desaparición del tema de la violencia en muchos medios y la uniformidad en la cobertura cuando se da. El periodista transformado en vocero gubernamental; el periódico transfigurado en altavoz gubernamental.

En lugar de atender el problema estructural –los vicios que genera la publicidad oficial– los medios acusados se han dedicado a denostar al *Times*. A señalar los errores que ha cometido a lo largo de su historia, a vincularlo con el "villano" George Soros, a sugerir que su nota forma parte de un complot, a defender la supuesta integridad de un periódico porque a columnistas selectos nunca los han censurado. Los chayotes y los chayoteros que pueblan el periodismo nacional, ahora sometidos al incómodo escrutinio internacional. Tantos negando lo innegable. Enrique Peña Nieto gastó más en publicidad oficial que cualquier otro presidente en la historia de México. Pero el que fuera el mandatario peor evaluado no exonera a los medios que puso a su servicio; sólo resalta cuán infructuosa resultó su inversión. El país real se impone sobre las portadas falsas. El chayote ya no se digiere, se nota.

En reporteros que se autocensuran por temor a perder el trabajo o poner en riesgo los contratos de publicidad, "cómplices de su propia manipulación". En periódicos de provincia repletos de alabanzas al gobernador que les paga la nómina. En los reportajes que aparecen en las redes sociales pero nunca en las primeras planas. En lo que *Excélsior, El Universal, El Sol de México* y –tristemente– *La Jornada* publican para apuntalar al gobierno o no publican para no perder la publicidad. En los reportajes vetados que emigran a portales donde no serán censurados por algún editor. En las líneas editoriales promovidas por familias que practican el periodismo "libre" mientras hacen negocios con el gobierno por otras vías.

Pero dicen que en México la libertad de expresión existe, que la "verdad no se vende", que el nivel de crítica hacia el gobierno lo demuestra. Pero la censura y la cobertura pasteurizada y el periodismo pugilista contra críticos y el publirrelacionismo demuestran lo contrario y no son casos aislados. Son el resultado de pagar para adular o golpear o borrar. Como han argumentado Fundar y Artículo 19 y el ministro Arturo Zaldívar, quien emplazó al Congreso a legislar: "La ausencia de regulación de la publicidad oficial permite el uso arbitrario del presupuesto, lo cual restringe indirectamente la libertad de expresión." Y pervierte al periodismo cuando su misión se vuelve manipular en vez de informar. George Orwell lo advertía: "Periodismo es publicar lo que alguien no quiere ver impreso. Todo lo demás son relaciones públicas."

EXPLÍQUENOS SEÑOR PEÑA

Por ello los señalamientos cotidianos de académicos, analistas, organizaciones de la sociedad civil, incluso organismos empresariales contra la corrupción, la maldita corrupción. Como residuo tóxico desparramándose día tras día, nota tras nota, periodicazo tras periodicazo. Nadie del PRI parece salvarse de lo que hoy es la principal causa de la insatisfacción política, la principal razón detrás del desasosiego nacional. Quien debió ser baluarte y ejemplo, adalid y artífice de la lucha contra la corrupción, guardó un ominoso silencio. El señor presidente, callado, obliterado, o dando discursos que no decían nada y esquivaban el tema central de nuestro tiempo. O nombrando apresuradamente a 16 jueces anticorrupción sin la debida auscultación para determinar su idoneidad para el puesto. Protegiendo al PRI, protegiéndose.

No es ni debería ser aceptable que Peña Nieto rehúse proveer explicaciones creíbles sobre escándalos evidenciados. No es ni debería ser aceptable que ante la información que sale a flote o se filtra, siga encubriendo a su partido. Nos debe claridad y contundencia. Nos debe verdad y evidencia. Nos debe describir exactamente por qué defendía a Tomás Yarrington, cuando ya era acusado por la DEA de haber recibido sobornos del Cártel del Golfo y Los Zetas. Nos debe precisar si existió la alianza *de facto* entre la mafia tamaulipeca y la mafia atlacomulquense, urdida por Arturo Montiel y cimentada por su protegido político. Porque esa es la noticia explosiva que ha pasado inadvertida; la nota central que ha pasado de largo, tapada por el lodazal diurno en el cual reman todos los partidos, cada cual en su canoa enfangada.

¿Es cierto o no que Yarrington envió dinero para campañas en el Estado de México? ¿Es cierto o no que Yarrington mandó a un operador —Simón Villar— para financiar maniobras políticas en territorio mexiquense durante años? ¿Por qué la PGR mantuvo congelada la orden de aprehensión contra Yarrington a lo largo de cuatro años? ¿Por qué nunca se actuó contra él a pesar de que sobre su cabeza ya pesaban acusaciones en una Corte federal estadounidense por distribución de drogas y lavado de dinero? ¿Por qué la PGR se tardó hasta noviembre de 2016 en ofrecer una recompensa por el ya prófugo? ¿Por qué finalmente fue la justicia estadounidense y no la mexicana la que logró dar con su paradero, procesarlo, exigir extraditarlo?

En la misma semana en la cual la conexión Yarrington-Peña Nieto quedó expuesta, emergió otro vínculo igualmente venenoso: el que ata a un empresario —testigo protegido conocido como "El Dragón"— a Humberto Moreira, al ex gobernador priista de Tamaulipas, al ex gobernador panista de Aguascalientes y al propio Peña Nieto. Todos ellos mencionados en el reportaje de "Eje Central", basado en declaraciones presentadas en juicios al norte de la frontera. Todos ellos supuestos beneficiarios de sobornos millonarios a cambio de los cuales otorgaban contratos carreteros y otras obras. Todos ellos señalados como cómplices de una red de lavado de dinero que recorría el sistema financiero estadounidense vía empresas fantasma. Los firmantes del "Pacto de McAllen", en el cual los allí reunidos acordaron apoyar la candidatura de quien hoy ocupa la silla presidencial.

La única respuesta que hemos obtenido desde la aparición de este periodismo de investigación es el ofuscamiento. El mutismo ante 79 páginas desclasificadas de declaraciones. El esfuerzo por cambiar de tema y virar la atención hacia otros escándalos. El intento por justificar la corrupción priista con la corrupción panista o morenista y proveerle la misma equivalencia política. Si todos son corruptos, entonces nadie puede apuntar o exigir o confrontar. Si todos obtuvieron recursos o regalaron contratos o rasuraron nóminas, entonces nadie en particular puede ser acusado de haber creado el lodo, ya que todos nadan en él. Los debates se convierten en una andanada de acusaciones sobre quién robó más, quién mintió más, quién se embolsó más. La posibilidad de justicia se pierde, aplastada bajo los tambos de toxicidad compartida. No más. Así como un editorial en *El País* conminó a Mariano Rajoy a explicarse, la sociedad mexicana debería exigir lo mismo. La mudez de Peña Nieto ha dañado a su partido, ha dañado al país, ha dañado a la democracia que la corrupción compartida amenaza con destrozar. Hoy es imperativo saber qué supo, cuándo lo supo, y si algún día va a responder. Explíquenos, señor Peña Nieto.

Porque lo que ha hecho el adalid atlacomulquense es subestimar nuestra indignación. Trivializar nuestro descontento. En su perspectiva deberíamos ponernos de pie, vitorear, hacer caravanas y reconocer que su gobierno aprehendió a ex gobernadores corruptos que antes presumió. Lo que nos toca es aplaudir y agradecer que el facilitador del pillaje haya arrestado a unos pillos. El gobierno que engendró monstruos ahora nos pide celebrar que atrapó a algunos y se queja porque "ningún chile nos embona". Difícil aceptar que se tenga un solo chile y eso sea señal de la nueva cocina mexicana, cuando cuelgan tantos más en el huerto. Difícil festejar que se ase, se pique, se muela, se desvene y se le quiten las semillas a Javier Duarte, por ejemplo, cuando tantos que se le parecen son ingredientes de la salsa mexicana. La salsa picante. La salsa que encubre el mal sabor de instituciones y prácticas que huelen a podrido, que saben a rancio.

Esa salsa que todos los días se preparó en el Poder Ejecutivo con chiles tradicionales, sazonador esencial del recetario priista. El chile habanero, Emilio Lozoya, acusado de pedir un soborno de 5 millones de dólares a Odebrecht. El chile ancho, Gerardo Ruiz Esparza, cuestionado por la protección que le ha provisto a OHL. El chile jalapeño, Tarek Abdala, ex tesorero de Javier Duarte y diputado federal a quien el PRI no quiso tocar. El chile piquín, Juan Armando Hinojosa y la vasta red que Grupo Higa ha tejido con concesiones y licitaciones por todo el país. O tantos chiles pasilla, cascabel, costeños, coras y guajillos aderezando el paladar del patrimonialismo a lo largo del país. Curiosa dieta mexicana en la cual se retiran unos cuantos chiles ya clasificados como indigeribles, pero otros siguen allí. Curiosa dieta blanda en la cual todos los indiciados e investigados son ex gobernadores y ningún funcionario federal.

Sobre todo cuando la planta más prominente y más picante está a la vista de todos, con raíces profundas y ramas extensas. Odebrecht y su red de sobornos. Odebrecht y sus proyectos en Veracruz y otros estados. Odebrecht y sus contratos con Pemex. Odebrecht y los permisos otorgados por la Comisión Reguladora de Energía en 2013, en este sexenio. Odebrecht investigada y multada en Brasil, en Perú, en Estados Unidos. Y aquí, el personaje central −Emilio Lozoya− protegido, cuidado, immune. En diciembre de 2016, ejecutivos de Odebrecht confesaron en una Corte de Nueva York, haber entregado sobornos en México por 10.5 millones de dólares. Lozoya fue señalado ante el Tribunal Supremo de Brasil por las relaciones turbias que estableció con la empresa vía su director en México. Lo mismo con OHL. Acusaciones desde hace años por la expoliación a los usuarios en el Circuito Exterior Mexiquense. Acusaciones desde hace días sobre cómo la filial mexicana sobornó a miembros del Partido Popular. Indicios importantes como para que comenzara una investigación; señales suficientes como para que hubiera más que una simple negación.

Pero para los cuentachiles que nos regañaron desde Los Pinos, bastó con el arresto de unos chiles piquín. Bastó con solicitar la extradición de Yarrington. Bastó con un par de chiles selectos que no formaban parte del equipo cercano del presidente. Bastó con dar sendos discursos sobre cómo, ahora sí, se combatía la impunidad, cuando se seguían violando las reglas para asegurarla. La misma semana en la cual la PGR presumió el arresto de Duarte, saboteó al incipiente Sistema Nacional Anticorrupción con la publicación de un acuerdo sobre la Fiscalía Anticorrupción que minó su autonomía y aseguró su subordinación. El Fiscal Anticorrupción, que muchos se empeñan en elegir al vapor, llegaría con una mano atada detrás de la espalda. No podría designar a su propio personal, no podría realizar sus propios peritajes, no podría investigar a miembros de la PGR. No podría hurgar en la canasta de chiles secos, esos que siempre son de utilidad culinaria para quien los sembró.

Un ecosistema de corrupción con tierra fértil para el crecimiento de chiles de todos los colores, sabores, texturas e intensidad de picor. Javier Duarte fue sólo uno de ellos y su singular huida y arresto sólo demuestra cuán podrido está el vergel donde crecen y se reproducen. No, no nos "embona" el sacrificio ceremonial de un solo chile cuando el molcajete sigue siendo el mismo y la salsa de impunidad también.

NOSOTROS, SUJETOS DESOBEDIENTES

La labor que nos corresponde es seguir "bulleando", en estos tiempos de malas nuevas, malas cifras, malas noticias. Estos tiempos de obstáculos que parecen infranqueables y políticos que son camaleónicos. Un "ambiente moral contaminado" como lo llamaría Vaclav Havel, en el que nos hemos acostumbrado a que el gobierno diga una cosa y haga otra, llevando a muchos a no creer en nada. Habitamos una cultura entrenada para abrazar el cinismo, regodearse en la victimización, justificar la continuidad. Demasiados mexicanos concluyen que la corrupción es imbatible, la rendición de cuentas es impensable, la democracia es un sueño perdido, fútil. Pero pensar así es jugar el papel de víctimas y también de cómplices. De cocreadores.

El Premio Nobel de la Paz, Elie Wiesel, advertía sobre los peligros de la indiferencia; esa indiferencia que difumina la frontera entre la luz y la oscuridad, el crepúsculo y el amanecer, la crueldad y la compasión, el bien y el mal. La indiferencia puede ser tentadora, seductora.

Es más fácil voltear la mirada y no pensar en las víctimas de la violencia y la injusticia en nuestro país. Es más fácil evitar las interrupciones incesantes a nuestra vida cotidiana, nuestros sueños, nuestras esperanzas. Para el indiferente, sus compatriotas son personas sin consecuencia. La indiferencia "reduce al otro a una abstracción". Pero la indiferencia al sufrimiento nos deshumaniza; es peor que el odio o el enojo porque no produce una respuesta. La indiferencia no es principio sino final. Es el amigo del enemigo, porque beneficia al opresor, al corrupto, al criminal, al saqueador, al que prefiere decidir por la población. Resistamos entonces sucumbir a la indiferencia.

No podemos responsabilizar a la clase política de todos los males cuando los hemos permitido. Cuando eso llevaría a eludir la culpa de haber guardado silencio, de haber claudicado a la independencia y al pensamiento crítico. Incluso el mejor gobierno del mundo, con el mejor Congreso del mundo, con el mejor presidente del mundo, no podría lograr gran cosa actuando sin el acompañamiento de la sociedad. La libertad y la democracia incluyen la participación. Exigen armar una caja personal de herramientas para componer el presente y trazar un destino distinto en el futuro. Exigen pensar en instrucciones para los que quieren desobedecer, cuestionar, confrontar y a la vez construir.

Yo vi esa tarea histórica y a la vez contemporánea exhibida en la colección variopinta de instrumentos de resistencia social –panfletos, mantas, fotografías, videos, discursos– que formaron parte de la extraordinaria exposición *Objetos desobedientes* en el Museo Victoria y Albert en Londres. Una exposición que me llevó a reflexionar sobre cómo empoderar en México al mismo tipo de personas que desafiaron al Partido Comunista checo o se pararon frente a los tanques en Tiananmén o marcharon por las calles de Alabama exigiendo la desagregación racial o encendieron las calles de Soweto clamando el fin del apartheid.

¿Cómo emular esas experiencias y volver a Ayotzinapa un punto de quiebre? ¿Cómo lograr que una tragedia personal de 43 familias sea un llamado a la conciencia nacional y no se olvide? ¿Cómo hacer de la Casa Blanca y la corrupción acendrada que revela, algo que cambie la forma en que rechazamos y nos rebelamos? ¿Cómo llevar a cabo lo que parece imposible? Una ocupación, un movimiento social, una protesta que vaya más allá de las calles y los zócalos. Una forma de usar el arte y la creatividad y la imaginación. Aquí. Ahora. De la misma manera en la que Sylvia Pankhurst logró que la mujeres inglesas en crinolinas bloquearan edificios de gobierno para exigir el sufragio femenino. De la misma forma en la que estudiantes parisienses en el 68 empapelaron la ciudad con carteles icónicos proclamando: "Prohibido prohibir." Así como el "Grupo de Arte Callejero" en Argentina llenó las calles con mapas urbanos detallando dónde encontrar a los generales genocidas de la guerra sucia. Habrá que desechar las viejas formas rituales de protesta e inventar otras.

A través de la sorpresa. A través del absurdo. A través de la desobediencia civil al estilo de Rosa Parks, quien se negó a cederle su asiento de autobús a un hombre blanco, como lo exigía la ley estadounidense en los años cincuenta. Resistiendo y creando, como quienes protestaron la malograda #Ley Chayote vistiéndose como esa verdura; los que protestaron contra la Ley de Seguridad Interior tiñendo de rojo las fuentes urbanas. Y es fácil sentir que nada de lo sugerido importa; que no será lo suficiente para hacer la diferencia. Pero al mirar la historia de la humanidad es innegable que cada cambio, cada movimiento, cada viraje social comenzó con un grupo de amigos y colegas aferrados a una idea que parecía imposible en ese momento.

La idea de la rendición de cuentas. La idea del gobierno que resiste la corrupción en vez de albergarla. La idea de una democracia que sirva a sus ciudadanos y no sólo a sus partidos. La idea de la policía que investiga en lugar de extorsionar o asesinar. La idea de un país con menos privilegios y más oportunidades. Ideas que hoy parecen imposibles en México. Tan imposibles como lo parecían la abolición de la esclavitud o el matrimonio gay o la caída del Muro de Berlín o la creación de los sindicatos o las mujeres usando pantalones o el derecho a decidir. Rompiendo reglas que en su momento fueron consideradas "legales". Recordando esas palabras que cantaba Billie Holiday, con una voz rasposa, singular: "Lo difícil lo haré ahora mismo. Lo imposible tomará un poco de tiempo." Entonces, a hacer lo imposible posible.

Ser desobediente porque la desobediencia hace historia. Como lo escribió Oscar Wilde: "La desobediencia en los ojos de cualquiera que entiende la historia, es una virtud original del hombre." Así nace el progreso. Y habrá quien se queje de la desobediencia creativa. De las marchas. De las manifestaciones. Del caos que a veces producen. De la congestion urbana que a veces inducen. Pero la protesta es hermosa porque abre las rutinas del espacio y del tiempo, permitiendo que lo inimaginable florezca. La protesta es luminosa porque nace de un buen lugar; ese músculo terco que es el corazón. Ese lugar que debería llevarnos a desobedecer a diario, y a proclamar como lo hiciera José Emilio Pacheco: "No amo a mi patria./ Su fulgor abstracto/ es inasible./ Pero (aunque suene mal)/ daría la vida/ por diez lugares suyos,/ cierta gente,/ puertos, bosques de pinos,/ fortalezas,/ una ciudad deshecha,/ gris monstruosa,/ varias figuras de su historia,/ montañas/ —y tres o cuatro ríos."

Un poema de amor al país que incita a participar en la gesta pública proponiendo ideas, desafiando la mediocridad política de México. Allí está la bandera, la nuestra. Una bandera de inconformidad, de rebeldía, de independencia inquebrantable. De creer que México no funciona bien pero podría funcionar mejor, gracias a sus ciudadanos. De pensar que para construir un gobierno diferente es necesario imaginar cómo podría serlo. Y actuar exigiéndolo, de manera incesante. Las batallas ganadas en este sexenio demuestran que la ciudadanía sin concesiones puede hacer la diferencia. Que la combatividad y la indignación de la sociedad civil organizada pueden alimentar el esfuerzo cotidiano de mostrar verdadera y honestamente al país magullado.

Como lo hizo el "buen bullying" de México Evalúa para exponer la arquitectura disfuncional del Ramo 23. Como lo hizo Artículo 19 con un mapa interactivo que permite obtener fichas técnicas sobre la libertad de expresión a nivel estatal. O Data Cívica al identificar los nombres y apellidos de 32,277 personas desaparecidas. O #Verifica19S que contribuyó a identificar zonas de desastre durante los sismos y qué tipo de ayuda requerían en tiempo real. O el Instituto Mexicano Para la Competitividad que ha visibilizado —vía diversos informes— la importancia de ver cómo se usan y vigilan los recursos públicos. O Fundar que nos alertó sobre el gasto en publicidad oficial y su efecto en la cobertura periodística, produciendo una resolución histórica de la Suprema Corte. O Tlachinollan Centro de Derechos Humanos que no ceja en su esfuerzo por denunciar la violación de derechos humanos en comunidades marginadas. O el Grupo de Información en Reproducción Elegida que pelea para que las mujeres no sean ciudadanas de segunda. O Cencos que alerta sobre arbitrariedades cometidas contra los grupos más vulnerables y desamparados de la sociedad.

Mucho de lo que ha cambiado en México es resultado de la presión y la exigencia desde abajo, proveniente de una sociedad civil plural y pujante. La agenda de derechos humanos y la creación de la Comisión Nacional de Derechos Humanos. La reforma política de la Ciudad de México sin la cual sus habitantes no podrían elegir a su propio gobierno. La agenda de la transparencia y el diseño del INAI. Este activismo de tantos debería servir como ejemplo y acicate para un país donde a diario, millones se vuelven secuaces involuntarios de la injusticia, de la conformidad. Filas y filas de soldados que marchan al ritmo que marca el poder abusivo. Filas y filas de personas pasivas que marchan en contra del sentido común y de sus propias conciencias. Al servicio de los inescrupulosos. Al mando de los corruptos. A la orden de los demagogos. El ejército mexicano de la complacencia, conformado por aquellos que cierran los ojos, cierran la boca, se tapan los oídos, asisten mansamente a votar por alguien a cambio de algo. La multitud de mexicanos que critica en privado pero hace poco en público. Allí sentados sobre sus manos; allí hablando sin actuar. Posponiendo la participación, esperando que otros compongan lo que no sirve.

Para ellos va el llamado de convertirse en hombres y mujeres libres y verticales, con "un hueso en la espalda por el cual no puedes pasar la mano", como escribió Thoreau. Va el exhorto a ser ciudadanos que viven permanentemente insatisfechos, permanentemente exigentes, permanentemente demandantes, porque entienden que la crítica es necesaria para enfrentar el cerco que crean los corifeos y los incondicionales y los conformistas. Va la súplica a ser ciudadanos que cuestionan a la autoridad arbitraria, que encaran a quienes

privatizan lo público, a quienes saltan de partido en partido sin principios o convicciones, a quienes son electos para representar a la
población pero desconfían de ella, o no la ven siquiera. Ante lo que
vivimos y sufrimos, México necesita menos porristas de quien llegue
al poder y más sujetos desobedientes. Más "bullies".

10. INSTITUCIONES NO PERSONAS

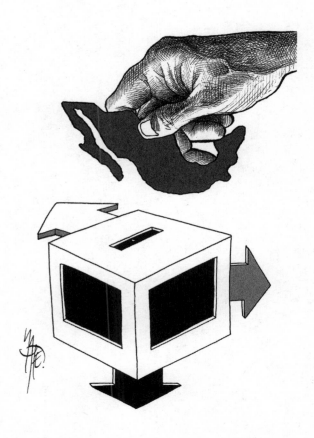

ANTROPOFAGIA INSTITUCIONAL

Andamos heridos, escépticos, enojados. Todos los días presenciamos una denuncia irritada, una miscelánea de malestares. El desencanto se adueña de la plaza pública, de las campañas, de los votantes, de los mexicanos en busca de alguien en quién creer; en busca de algo a lo cual asirse. Llevamos años de fórmulas probadas y recetas fallidas, de emular las mejores prácticas mundiales y de ver cómo México las tritura. Transitamos de la esperanza con la cual comienza cada sexenio, a las insuficiencias que demuestra su final. "México ha soñado de más y conseguido de menos", sentencia Héctor Aguilar Camín.

La nuestra, hoy, es una democracia con pocos demócratas. Una partidocracia rentista. Un gobierno federal endeble y una colección de gobernadores impresentables o encarcelados o prófugos. México, país maquilador de millonarios pero incapaz de producir salarios dignos para una clase media al acecho o de disminuir la desigualdad lacerante. La cuenta de equivocaciones colectivas es cada vez más larga, más patente. El reto entonces reside en las respuestas para recuperar el rumbo perdido: ¿Dónde, de qué manera, en quién encontrarlas? como plantea el libro *¿Y ahora qué? México ante el 2018.* Pregunta esencial que tantos políticos mexicanos no saben contestar. Brincan de ocurrencia en ocurrencia, de spot en spot, de propuesta inviable a propuesta criticable, de evasión en evasión. Amnistías poco claras, incongruencias inexplicables, catálogos de medidas trilladas para combatir la corrupción, vaguedades elípticas en vez de razonamientos claros.

Mientras el país es arrastrado por cada vorágine electoral, la investigación sobre los *Panama Papers* sigue pendiente, la SHCP chantajea a Chihuahua por evidenciar la corrupción priista, Odebrecht aún es un hoyo negro y la Ley de Seguridad Interior llega a una Suprema Corte que determinará su constitucionalidad con una bota militar en el cuello. Los problemas reales de México se recrudecen: el Estado de derecho intermitente o colapsado, la gobernabilidad democrática en riesgo, la seguridad pública militarizada. Y un largo etcétera. México sobrevive con la mitad del cuerpo hundido en el subdesarrollo y la otra mitad pugnando por salir de ahí.

La involución democrática tiene su orígen en numerosas causas, pero una principal es la debilidad institucional, la antropofagia institucional. Antropofagia, del griego "hombre" y "comer"; la acción de incluir carne u otros tejidos humanos en la dieta. Lo que el gobierno de Enrique Peña Nieto hizo con las instituciones postrevolucionarias que el PRI creó y ha desacreditado: engullirlas, darles mordiscos, arrancarles los músculos, sorberse hasta la medula. El priismo convertido en caníbal, transformado en devorador de las reglas, las leyes y las prácticas que han mantenido a las instituciones de pie. Los priistas llevan décadas debilitando o tergiversando su función, pero nunca habíamos presenciado este grado de rapiña, este nivel de comportamiento canibalístico que está acabando con lo que tomó años edificar.

"El Partido Revolucionario Institucional" dotó al país de organismos y organizaciones que aseguraron la gobernabilidad, aunque fuera autoritaria. Instituciones para recaudar los impuestos y asignar el gasto, como la SHCP. Instituciones para combatir la pobreza y luchar contra la desigualdad, como Sedesol. Instituciones para identificar delitos electorales y perseguirlos, como la Fepade. Instituciones de las que el PRI se vanagloriaba, se enorgullecía, hoy desprestigiadas. Antes al menos había ciertas normas, ciertos códigos, ciertas rayas que no se podían cruzar. Pero en el sexenio de Peña Nieto, la inmoralidad priista importada del Estado de México —sin decoro, sin recato, sin reparo por las consecuencias— empezó a devorar el andamiaje institucional. La antropogafia atlacomulquense ha ido comiéndose a hijos y a hermanos, pensando que sólo así lograría sobrevivir.

La SHCP, alguna vez poblada por la "aristocracia hacendaria", reducida a un manojo de mentirosos en torno al tema Chihuahua y la deuda y la inflación y tantos más. La PGR emitiendo un comunicado en el cual se avisaba de la multa impuesta al Fiscal de Chihuahua por combatir la corrupción, evidenciando así su partidización. La PGR usando su aparato persecutorio para ir tras Ricardo Anaya con la intención de descarrilar su candidatura presidencial. La Fiscalía para Delitos Electorales, acusando al gobernador Javier Corral de haber cometido uno al desviar recursos de su estado para la "Caravana de la Dignidad". Sedesol y Sedatu acusadas de desvíos multimillonarios. Ejemplo tras ejemplo de un fenómeno más extendido, más preocupante. Las instituciones puestas al servicio de las peores causas, y al aceptarlo, acabando con sí mismas. Las instituciones del Estado, subcontratadas para hacer el trabajo sucio al PRI, al gran depredador. El hambre priista por quedarse en Los Pinos ha sido tal que se aventó a dentelladas sobre Secretarías y las volvió pilas de cadáveres.

La política peñanietista se comió viva a la Secretaría de Hacienda. A mordidas le arrancó credibilidad, honorabilidad, reputación y expuso todo lo que hace fuera de la ley. Distribuir el gasto con fines políticos; financiar empresas fantasma como parte de la triangulación de recursos con fines electorales; usar el Ramo 23 —que en 2016 ejerció 74% más del presupuesto aprobado— para objetivos poco transparentes; perseguir metas poco claras como el otorgamiento de subsidios a gobiernos locales para financiar proyectos chuecos de "inversión física", como carreteras con socavones y puentes que acaban en ningún lado y recursos embolsados por el PRI o algún gobernador. El caso Chihuahua expuso el costo del canibalismo institucional, el precio de la antropofagia atlacomulquense, el error de seguir partidizando y politizando las decisiones económicas. Al denunciar públicamente el uso del presupuesto para castigar a enemigos políticos, Javier Corral reveló las prácticas culinarias del priato reciente: una gran comilona del andamiaje institucional, brazo por brazo, pierna por pierna.

El fracaso del PRI en el poder acelera la urgencia de cambios al régimen, a la arquitectura institucional, a la forma de hacer política, a la manera de vincular a los partidos con la sociedad, a la relación entre Estado y mercado. Esa recomposición entrañaría el fin de aquello que todos los partidos han vivido como la normalidad, lo que han aceptado. El fin del pacto de impunidad. El fin del pacto de rapacidad. El fin del saqueo sexenal. El fin de la rotación de élite impune. El fin de la militarización como estrategia de seguridad nacional. El fin del gobierno como sitio para el despojo partidista. El fin de la "República mafiosa". Y el principio de eso que todos los partidos sin excepción han resistido: la rendición de cuentas, la transparencia total, la recuperación de lo público desde la ciudadanía y para la ciudadanía. Esa agenda no será posible sin un rescate institucional de gran envergadura y una agenda de remodelación que vaya más allá de la atención centrada en los personajes, en cada ciclo electoral. Ellos y ellas deberían ofrecer más.

QUIENES NOS QUEDAN DEBIENDO

Cuando se anunció la candidatura presidencial de José Antonio Meade, ciertos sectores del empresariado y las clases acomodadas de México estuvieron a punto de erigirle una estatua. Estuvieron a un paso de vitorealo, cargarlo en hombros, bautizar un parque con su nombre. El hombre decente, el católico comprometido, el padre de familia. Como escribió Bloomberg sobre él: "Meade es un producto raro en los altos eslabones del gobierno mexicano, un hombre con una reputación de honestidad." Tecnócrata, trabajador, poco pretencioso. Decente. Ese perfil de priista potable abría la posibilidad para ciertos grupos de votar por el PRI sin remordimiento. Lo harían con la conciencia tranquila, persignándose porque no avalaron a un corrupto.

Pensaron que al menos llegaría a Los Pinos alguien con las manos limpias, la casa modesta, el Prius pequeño. En la perspectiva de sus adeptos eso bastaría para hacerlo presidenciable. Es uno de nosotros, pensaron algunos oligarcas empresariales. Protegería nuestros intereses, argumentaron algunos inversionistas internacionales. No es un ladrón, insisistieron algunos miembros de la clase media. Nos salvará de Andrés Manuel López Obrador, clamaron los que temen el venezolamiento de México. Y a todos los que celebraron su elección idónea se les olvidó lo evidente, lo obvio, lo que debió descalificarlo de entrada, o llevar a cuestionamientos indispensables. José Antonio Meade es un priista.

No con credencial, no con militancia, no con cargos de elección popular vía ese partido, incluso fue Secretario de Hacienda del panista Felipe Calderón. Es un priista de una forma más esencial, más fundacional. Su priismo es uno de porras, de lealtades, de genuflexión, de ADN, de hacer lo que su presidente le pida aunque vaya en contra de su entrenamiento como economista y su buen juicio como hombre honorable. Bastaba con ver su cuenta de Twitter, leer sus declaraciones, examinar sus comparecencias, ver la lista de miembros del PRI que avaló y defendió. Ahí no estaba el hombre honesto, el hombre honorable. Ahí estaba el funcionario priista que ocultó las cifras del endeudamiento, que encubrió la discrecionalidad presupuestaria de la SHCP, que no habló de las críticas de calificadoras como Standard and Poors, que guardó silencio ante el despilfarro del gasto corriente, que encubrió los desvíos multimillonarios de recursos gubernamentales con motivos políticos y electorales, que se prestó a manipular cifras y datos para que la gestión de Peña Nieto pareciera mejor de lo que fue.

Por eso afirmó sin el menor rubor que "México le debe mucho al PRI (…) y su participación activa para evitar pérdidas importantes". En esa defensa ahistórica de su partido, Meade borró las heridas infligidas por gobiernos priistas desde al menos 1976. El PRI culpable de crisis, creador de devaluaciones, responsable de sismos financieros sexenales, cómplice de saques sindicales, progenitor del capitalismo de cuates. México le debe al PRI la creación de instituciones y actualmente debería reclamarle cómo las pervirtió, hasta llegar a donde estamos. Con una corrupción que se come 9% del PIB. Con un andamiaje institucional que permite y crea incentivos para el enriquecimiento personal vía el erario público. Con un priismo que corrompe todo lo que toca, incluso a impolutos como Meade.

Porque pensar que un solo hombre bueno podía limpiar la estructura prevaleciente era ingenuo o intelectualmente deshonesto. Para desinfectar al gobierno se necesita acabar con lo queda del priismo en las venas, en los partidos, en la función pública, en el comportamiento institucional. Y Meade cerró los ojos ante el extravío de recursos por parte de gobernadores priistas. Se opuso al involucramiento internacional en el combate a la corrupción. No abrió los fideicomisos opacos que la Secretaría de Hacienda administra. Nunca aclaró lo que el portal *Animal Político* llamó "La Estafa Maestra": 192 millones de dólares canalizados a 11 dependencias federales que desaparecieron. No denunció los sobornos de Odebrecht y cómo investigar a los señalados, incluyendo Emilio Lozoya y el propio Peña Nieto. Dado que Meade no proveyó respuestas satisfactorias sobre estos temas definitorios, comprobó que lealtad política mata decencia. Y si parecía un pato, nadaba como un pato y graznaba como un pato, probablemente era un pato. Un pato priista que no pudo desconocer el lodazal donde se mantenía a flote.

De Ricardo Anaya nos enteramos que tocaba la guitarra. Nos enteramos que hablaba inglés. Supimos que llevaba a sus hijos a la escuela. Supimos que daba discursos políticos más parecidos a *Ted Talks* que a plataformas de gobierno. Demostró ser ágil y articulado, con talento político y eso explica su ascenso vertiginoso en la política y en el PAN. Lo acusaron de ser un lavador de dinero mediante negocios inmobiliarios poco transparentes. Eso es lo que fue posible discernir sobre Ricardo Anaya. Lo que no pudimos confirmar es si el "joven maravilla" es realmente quien ostentaba ser. Alguien con las agallas para trastocar al régimen prianista; alguien con la independencia para romper el pacto de impunidad; alguien capaz de ser líder audaz de un Frente que enfrentara y no sólo simulara hacerlo. Alguien desacreditado injustamente o alguien que por hacer negocios irregulares se lo buscó. Los mensajes fueron contradictorios. A ratos –como cuando ofrecía una Comisión de la Verdad con asistencia internacional– daban ganas de darle una palmada en la espalda, pero en otros momentos daban ganas de propinarle un puntapié. A veces parecía ser Ricardo corazón de león y a veces Ricardo corazón de ratón.

Sus logros son evidentes. Las múltiples victorias de su partido en la elección del 2015 y procesos de alternancia panista que han llevado a exponer la corrupción priista, como en Chihuahua. La construcción de un frente opositor entre adversarios ideológicamente disímiles, ostensiblemente diseñado para emular la experiencia chilena. La resiliencia demostrada ante la campaña gubernamental para acabar

con él. Cómo inicialmente tendió puentes y apoyó foros con miembros diversos de la sociedad civil para escuchar propuestas creativas
y reconocer diagnósticos críticos. Su propuesta en favor del Ingreso
Básico Universal y su apoyo a una Fiscalía General independiente,
autónoma, que sirva. Su anuncio de crear un mecanismo de justicia transcional, con apoyo y participación internacional. Eso llevó a
algunos a mirarlo dos veces, rascarse la cabeza, pensar si podría ser
una opción ante la continuidad corrupta con José Antonio Meade o
el aparente aval de la impunidad con AMLO, quien pareció sugerir
"borrón y cuenta nueva" ante la corrupción de Peña Nieto y los suyos.

Pero aún con el reconocimiento de cada acierto resultó imposible cerrar los ojos ante cada error. Equívocos reiterados y algunos
muy graves. Anaya no logró deshacerse del tufo de irregularidades
patrimoniales, financieras y de conflicto de interés que lo acompa-
ñaban. No logró refutar de manera categórica y documental las acusaciones lanzadas en su contra; algunas de mala fe y otras legítimas.
Sobre él se cernió la sospecha de tráfico de influencias y enriquecimiento siendo un político en funciones. No debió repetir la práctica
priista –utilizada por Diego Fernández de Cevallos– de hacer negocios millonarios siendo un político en activo. No debió comprar la
nave industrial que se volvió el epicentro de los ataques en su contra.
En una elección presidencial que giraba en torno a la honestidad
personal, Anaya salió debiendo.

Aunado al escepticismo en torno a su integridad personal, es cierto que también se dio una campaña gubernamental en su contra. Pero
más allá de la actitud porril de la PGR, hubo temas de los cuales Ricardo Anaya no se hizo cargo; temas que lo persiguieron y afectaron sus
aspiraciones políticas. Las decisiones tomadas dentro de su partido y
como candidato de un Frente que pareció más una alianza electoral
estrecha entre un manojo de líderes, que una coalición opositora con
metas comunes. Al Frente lo aquejó la lógica *cuatista* y *cuotista* con la
cual se definieron las candidaturas plurinominales de los partidos que
lo conformaron. A Ricardo Anaya lo envolvió un problema de percepción sobre su liderazgo: excluyente, soberbio, imponiendo amigos
en lugar de construir coaliciones y abrir espacios para refrescar la
representación. Deslegitimando los procesos internos de su partido

para someterlo. Emulando el control calderonista sobre el PAN que tanto daño hizo, que tantas divisiones provocó. Haciéndose de enemigos por doquier con tal de obtener la candidatura presidencial. Entre ellos, Margarita Zavala, que con su desprendimiento, terminó por restarle apoyos.

A eso habría que añadirle una acción emblemática que resucitó dudas preexistentes sobre el tenor anti-sistémico de Anaya: la inclusión de Josefina Vázquez Mota en el primer lugar de la lista plurinominal al Senado. Josefina, sí, ella, involucrada en un escándalo por la provisión de fondos gubernamentales para su fundación "Juntos Podemos". Ante ese acto de continuismo y compadrazgo, ¿Cómo creer en el compromiso de poner fin al pacto de impunidad? ¿Cómo creer que el Frente dejaría de proteger al país de privilegiados que viven al margen de la ley? Las mismas preguntas aplicaban para los vaivenes de Anaya y los panistas ante la Ley de Seguridad Interior y cómo optaron por hacerse occisos en vez de oponerse a ella. O el reciclaje de miembros del PAN y del PRD con perfiles deleznables. O el silencio sepulcral de los gobernadores panistas ante el chantaje gubernamental a Javier Corral y la militarización del país.

En temas definitorios para el combate al viejo régimen, Anaya optó por la estrategia ukelele. Tocar la guitarra antes que asumir los riesgos de una definición que lo colocaría como el catalizador del cambio, una posición que AMLO se expropió. Dar discursos al estilo de Steve Jobs, pero sin ofrecer productos innovadores, distintos. Un problema fundamental de Anaya no fue sólo armar un equipo, diseñar un programa de gobierno, convencer al voto útil del PRI y convertirse en el anti-AMLO versión domesticada. El reto más importante –que no supo cómo afrontar– fue dejar de ser el candidato de las penúltimas consecuencias; el que rompía con el PRIAN pero sólo a medias; el que en ocasiones rugía como león pero después se escabullía como ratón. No aseguró una sacudida al *statu quo* sino una "continuidad mejor" y por ello no conectó con los enojados, no emocionó a los desencantados.

De entrada, muchos de los candidatos, líderes y simpatizantes del Frente conformado por PAN, PRD y Movimiento Ciudadano fueron tachados en automático como vendidos, traidores, miembros de la mafia, chayoteros, funcionales al PRI o maquiladores maquiavélicos del mejor postor en su tiempo libre. El Frente se convirtió en Mordor o Slytherin; quienes lo lideraron se volvieron la nueva encarnación de Sauron y Voldemort. El Anillo del Mal. Y los frentistas se ganaron esa reputación al no construir un polo opositor genuino, capaz de catalizar el cambio transformativo y ser opción para millones de electores indecisos que no sabían por quién votar: los políticamente huérfanos atrapados entre la cleptocracia asegurada del PRI o el voluntarismo incierto de López Obrador. El Frente no logró presentarse como la fuerza que combatiría al enemigo fidedigno: el régimen político prista que la transición electoral no destruyó y el PRI, el PAN y el PRD emularon cuando llegaron al poder.

El Frente no supo articular de manera convincente que la transición se truncó, que la democracia se descarriló y todos los miembros de la clase política en los últimos veinte años son responsables de ello. Eso incluye al PAN-PRD-MC, que no supieron cómo ser oposición. No quisieron combatir la corrupción o reconstruir instituciones o empujar la autonomía judicial o ciudadanizar la política o rendir cuentas. Llegaron al poder no para confrontar al PRI sino para calcarlo. Arribaron a Los Pinos y a las gubernaturas no para desmantelar redes clientalares sino para montarse sobre ellas. El PAN desperdició el sexenio de Vicente Fox y desató la cruenta y contraproducente guerra contra las drogas; el PRD hizo negocios y enriqueció a sus dirigentes; Movimiento Ciudadano llevó a cabo alianzas inconfesables y pactos podridos.

Esos fueron los agravios que el Frente no logró explicar y por ello fue incapaz de ser genuinamente opositor y verdaderamente ciudadano. Pareció existir sólo para cazar votos, para argumentar que merecía el voto porque no era el PRI o AMLO. Como llegó de manera tardía e inconsistente a la oposición, no ofreció un plan programático audaz. En vez de pelear por candidaturas y prebendas y pedazos de poder, debió luchar por lo pendiente que la transición no tocó: instituciones podridas, reglas disfuncionales, ciudadanos exprimidos o maltratados. Como no lo hizo de manera consistente, dio la impresión de ser una impostura más; un muro al cual golpeamos con la esperanza inútil de que se conviertiera en una puerta.

Otra puerta que tampoco se abrió fue la de Margarita Zavala. Esposa discreta, esposa leal. "The Good Wife", como la serie de televisión del mismo nombre. Digna. Intachable. Irreprochable. Así fue Margarita Zavala como Primera dama durante el sexenio de Felipe Calderón. Siempre con la palabra precisa, el gesto perfecto, el tono adecuado. Siempre con la sensibilidad que parecía faltarle con frecuencia a su esposo. Por ello los aplausos merecidos y el respeto generado a lo largo del gobierno calderonista. Margarita tenía un lugar que se había ganado gracias a la discreción. Después de los excesos de Marta Sahagún, un papel acotado y recatado por parte de la pareja presidencial era justo lo que el país necesitaba. Margarita fue y ha sido eso: leal.

Pero esa postura de lealtad incondicional hacia su esposo fue lo que hizo inviable su candidatura presidencial. Por lo que sabía y calló. Por lo que permitió. Por el fracaso que fue la presidencia del panismo y no lo admite. Fue cómplice, colega, colaboradora, co-conspiradora de la administración de Calderón. Escuchó, aconsejó y aplaudió. No fue una simple espectadora; es demasiado inteligente para serlo. Pero al no serlo, le corresponden también los cuestionamientos y las críticas.

Desde una percha cercana presenció el inicio de la guerra contra el narcotráfico y el crímen organizado, así como la devastación que trajo consigo. Vio como su esposo —a pesar de lo que prometió en la campaña presidencial— avaló la impunidad para Mario Marín, el exgobernador de Puebla, porque necesitaba el apoyo priista en el Congreso. Vio la operación de Estado instrumentada en la Suprema Corte para salvarle el pellejo a Juan Molinar, luego de la responsabilidad política y administrativa que tuvo en la tragedia de la Guardería ABC. Vio como García Luna y Televisa montaron un montaje en el caso de Florence Cassez, violando todos los lineamientos del debido proceso. Vio como el gobierno de Calderón salió a la defensa del entonces Secretario de Gobernación, Juan Camilo Mouriño y negó el conflicto de interés en que incurrió cuando firmó contratos beneficiando a su familia siendo presidente de la Comisión de Energia. Vio como la alianza electoral y política con Elba Esther Gordillo empoderó a un sindicato rapaz, saboteando una reforma educativa que urgía. Vio todo esto y calló. La pregunta que nunca contestó es: ¿Guardó silencio por lealtad o estaba de acuerdo?

Si no estaba de acuerdo, tendría que haberse deslindado, independizado, marcado su propia posición y no sólo ser fotocopia de su cónyuge. Tendría que haber explicado por qué y para qué quería la presidencia. Al no definirse en torno a los grandes errores de Felipe Calderón, ofreció una candidatura facsimilar al gobierno de su marido. Al no decir con claridad aquello que retomaría y aquello que rechazaría del calderonismo, pareció una copia al carbón del gobierno de su esposo. Y recordémoslo: el de Calderón fue un gobierno cuyo descalabro quedó consagrado con la entrega de la banda presidencial al PRI, después de sólo doce años de panismo.

En el caso de Margarita no bastaron la prudencia ni la amabilidad, ni el tacto ni el rebozo, ni pedir perdón por las transgresiones éticas del panismo. A Margarita le hizo falta una visión de país que generara fuego en el vientre, indignación con el *statu quo*, confianza en políticas públicas capaces de sacudir al país desilusionado, desencantado, dividido. Eso no se alcanzó con lo que vimos de su campaña: propuestas pequeñas, poco audaces, poco imaginativas, continuistas. Si quería trascender, Margarita necesitaba aprender de Alicia Florrick, la protagonista de "The Good Wife". No le importó ser una buena esposa. Prefirió ganar.

Imposible hacerlo desde su candidatura "independiente", muy lejos de representar una opción construida fuera de los partidos, capaz de ofrecer opciones alternativas frente a su descrédito. En teoría, los independientes presionarían a las opciones existentes con rutas de representación distintas, tenderían nuevos puentes entre los ciudadanos y el poder. Ellos iban a encarar el déficit democrático y airear a la política. Eso pensábamos, lo creíamos hasta que personajes como "El Bronco" y "El Jaguar" distorsionaron el sentido de la ruta independiente, llenándola de lodo, tirando basura por doquier. Con su proceder mancharon fórmulas alternativas de participación que el país necesitaba. Ya no pueden ser considerados como baluartes del cambio quienes se transformaron en falsos profetas.

Falsos por la forma en la que armaron sus candidaturas, vendieron su imagen, reclutaron a sus seguidores, obtuvieron sus firmas.

Según el INE, Jaime Rodríguez recabó 2,034,403 firmas, pero sólo 835,511 fueron válidas, 59% inválidas. Armando Ríos Pitter recabó 1,765,599 firmas, pero sólo 252,646 fueron válidas, 86% inválidas; Margarita Zavala recabó 1,578,744 firmas, pero sólo 870,168 fueron válidas, 45% inválidas. El Bronco llegó a la boleta por la subyugación del Tribunal Electoral y ella pasó de refilón, apenas, argumentando irregularidades menores —432 firmas falsas— producidas por un infiltrado a su campaña. "Haiga sido como haiga sido", tanto el proceso como los resultados demostraron prácticas condenables de oportunistas disfrazados de autónomos, "ciudadanos" comprando firmas, falsificando credenciales, simulando apoyos.

Candidatos fariseos por los vicios de origen que cargaron desde el momento de anunciar sus candidaturas. Jaime Rodríguez, exprista, cuya entrada a la contienda fue impulsada desde Los Pinos para dividir el voto opositor. Armando Ríos Pitter, experredista, emulando la misma estrategia. Margarita Zavala, expanista, militante toda la vida de un partido del cual se salió cuando no le permitieron contender por la candidatura presidencial. Con estos incentivos y estos antecedentes, difícil creer que iban a convertirse en un correctivo a partidos que han perdido el rumbo, que han dejado de ser puente, que han privilegiado la lógica patrimonial por encima de la función representativa. Con estas trayectorias y formas de actuar, imposible creer que iban a ser una amenaza permanente a partidos divorciados de una ciudadanía desilusionada con ellos. Independientes adulterados, independientes ficticios, independientes impostores. Tenían y tienen poco que ofrecer más allá de la marca "independiente" que ya ensuciaron.

Pero también parte de la culpa recae en la pésima legislación que les dio vida. Con los requisitos que exigió el INE, es más fácil lograr la paz en Medio Oriente que ser candidato independiente a la presidencia. Los umbrales de apoyo son excesivos, las barreras de entrada son demasiado altas, como lo demostró el caso de Marichuy, con 94.5% de firmas válidas pero aún así insuficientes. A través de estas reglas no se incentiva a los verdaderamente independientes, sino a los que tienen acceso a estructuras cuasi partidistas o historias de participación en un partido. Mediante estas normas se abre la ambigüedad para determinar quién puede o no estar en la boleta, para decidir arbitrariamente cuándo un candidato que viola la ley —mucho o sólo un poquito— puede estar en la boleta, como fue el caso del Bronco y Margarita Zavala.

Más valor y reconocimiento y felicitación entonces a quienes sí lograron remontar los obstáculos para ser independientes y lo hicieron limpiamente; firma legítima tras firma legítima. Pedro Kumamoto y Manuel Clouthier y Carlos Brito, ejemplos a seguir, portavoces de lo posible. Ojalá la encarnación de fuerzas, perfiles y anhelos que los partidos acaparan o sofocan. Ojalá introduzcan más ideas, más debate, más atención a los temas álgidos que los partidos no quieren tocar, como la reducción al financiamiento público y la vinculación de ese financiamiento al voto efectivo, no al padrón electoral. Ojalá su participación demuestre por qué los partidos no deben tener el monopolio de la participación en la esfera pública. Ojalá modifiquemos la regulación exigida a los verdaderos independientes para que sea posible facilitar su presencia e impedir la llegada de más simuladores.

Y finalmente, en la lista de personajes y perfiles que han definido nuestros tiempos: Andrés Manuel López Obrador. El que responde a las expectativas de los hastiados con el panismo ineficaz y el priismo corrupto. AMLO, ayudado por la victoria de Donald Trump y la satanización de un país que el tabasqueño defiende envuelto en la bandera nacional. AMLO, impulsado por los ánimos nacionalistas que resucitan ante una globalización cuestionada. AMLO, potenciado por su defensa del petróleo ante una reforma petrolera exitosa pero quizás sólo para los mismos de siempre. Ante el *bully* estadounidense resurge el juarista nacionalista; ante reformas estructurales viciadas resurge la promesa de acabar con ellas; ante la corrupción extendida resurge el adalid de la austeridad. Para unos, lobo en piel de cordero. Para otros, la salvación.

Retratado escrupulosamente en el libro coordinado por Jorge Zepeda Patterson, *Los suspirantes*, con un perfil que ayuda a desentrañar el fenómeno político y social que prometió modificar el rumbo de México. El niño de Macuspana que creció en un ambiente bucólico y paradisiaco, nadando, pescando. El adolescente que vio morir a su hermano en un accidente. El estudiante de la UNAM y el delegado del

Instituto Nacional Indigenista. El que desde joven mostró una clara fascinación por los actos públicos de pueblo en pueblo. El priista reconvertido en perredista y luego en morenista. El activista, organizador social, esposo, padre, viudo, auténticamente frugal. El político a veces sagaz, a veces torpe, a menudo obcecado, siempre aguerrido. Siempre peleando, siempre creyéndose poseedor de una moralidad superior. Siempre enarbolando tesis nacionalistas y banderas populares. Siempre febril e hiperactivo. A veces admirable, a veces incongruente. Tomando decisiones sin explicar, rijoso para descalificar, inflexible con sus propuestas, poco sensible a las ideas de quienes discrepan con él.

López Obrador ha transitado de la República rencorosa a la República amorosa. Del puño alzado a la mano extendida. Del "Mesías tropical" al moderado presidencial. Así intentó reinventarse, posicionarse, venderse, ya no como el provocador que iba a incendiar la pradera sino como el político que aseguraba apagarla. Por eso anunció que buscaría la revisión de la reforma educativa, mas no su derogación. Por eso llegó a darle un espaldarazo a Enrique Peña Nieto, pues quería ocupar su puesto. Al abrir las puertas a miembros de partidos como el PRI, el PAN y el PRD, demostró que el purismo ha sido reemplazado por el pragmatismo. El predicador ha cedido el paso al conciliador. El líder social busca convertirse en político profesional. Quien fuera visto en 2006 como un peligro para México trata de erigirse en el único que puede salvarlo, apaciguarlo, reconciliarlo. Ayudado por Enrique Peña Nieto y la corrupción que no quiso combatir. Ayudado por quienes odian al priismo, desconfían del calderonismo y parecen estar dispuesto a darle una oportunidad al lopezobradorismo.

López Obrador ha buscado deslizarse hacia el centro del espectro político para encabezar una transformación desde allí, pero con preguntas que lo acompañan desde 2006 y no han dejado de hacerle sombra desde entonces: ¿Provocador del odio o promotor de la democracia? ¿Populista irresponsable o luchador social incansable? ¿Mal perdedor de elecciones o el único que ha criticado su podredumbre? Estas son las interrogantes que suscita alguien que algunos condenan y otros idolatran. AMLO polariza. AMLO divide. AMLO enciende pasiones entre quienes lo consideran un héroe y quienes lo califican como un peligro. Y aunque no hay una decantación definitiva sobre el personaje, queda claro su peso en la geografía política del país.

Hay mucho qué agradecerle. La demanda de aclarar y limpiar elecciones en las que ha participado como candidato desde 1988. La concientización sobre lo que significa la compra y la coacción del voto. La manipulación cotidiana de las televisoras y cómo han contribuido a definir o destruir candidaturas. La partidización que demuestran el INE y el TEPJF y cómo eso afecta su credibilidad. La triangulación de presupuestos estatales y cómo se destinan con fines electorales. El uso de tarjetas Monex y Soriana por los operadores del PRI en 2012. La corrupción incesante, la pobreza dolorosa. AMLO ha evidenciado una lista de prácticas arraigadas y condenables, visibles y cuantificables.

El sistema político le confirma todos los días que sólo él puede ser el auténtico antisistémico, cada vez que deja de perseguir a un corrupto, o sabotea la entrada en vigor del Sistema Nacional Anticorrupción, o nombra a un cuate para auto-investigarse. Cuando la clase política no se reforma a sí misma, da pie a un líder providencial que ofrece hacerlo. Cuando los ciudadanos no logran limpiar la purulencia, López Obrador reafirma que se necesita un líder moral para barrer las escaleras de arriba a abajo. Mientras más disfuncionales son las instituciones, más argumentos le dan a AMLO para llamar a desconocerlas. Mientras más irreformable es la cúpula empresarial, más argumentos le regala a AMLO para lanzarse en su contra. La mezquindad y el cortoplacismo de partidos que no intentan cambiar tienen un beneficiario: quien no quiere remodelar la democracia disfuncional sino sustituirla con la centralización unipersonal.

Muchos han apoyado a López Obrador porque lo perciben como la auténtica oposición. El que no ha formado parte de la burda coalición de expoliadores, corruptores, plenipotenciarios del país de privilegios, beneficiarios de la República rentista. Ven a alguien que en lo personal no ha participado en los moches y en los repartos y el pudrimiento político que ha tocado a todos los partidos, incluyendo el PAN y el PRD. Para al menos 40% de la población representa la esperanza de cambio profundo, de transformación radical, de rompimiento con el *ancien regime*. Porque su diagnóstico es y siempre ha sido el correcto. La mafia del poder existe. El PRIAN existe. El gobierno sí opera como en un paraje patrimonialista.

Pero al lado del diagnóstico certero coexiste el personaje con claroscuros. Un político selectivamente progresista, con una visión del mundo y unos códigos personales "más cerca de sus antecedentes campiranos que de las agendas de la nueva izquierda urbana", escribe Jorge Zepeda. Lejos de la izquierda civilista y democrática que no se siente representada por él y desconfía de sus tintes populistas. Lejos de políticas públicas que buscan el rescate o la maduración de instituciones veraderamente democráticas. Lejos de las luchas cívicas que han marcado los últimos años como la Ley 3de3, la despenalización del aborto, la construcción del Sistema Nacional Anticorrupción, el establecimiento de una Fiscalía General indepediente del poder político, el cuestionamiento a una Ley de Seguridad Interior que perpetuaría al Ejército en las calles sin controles democráticos.

A la vez demasiado cerca de personajes y prácticas que alguna vez cuestionó: oligarcas y empresarios rentistas y televisos y priistas recién morenizados como Napoléon Gómez Urrutia o Germán Martínez Cáceres o Gabriela Cuevas. Antes despreciados, hoy amados; antes satanizados, hoy perdonados. La República amorosa ahora poblada por expanistas, experredistas, miembros de la mafia en el poder. Sólo que han sido purificados para participar en un proyecto construido sobre una decena de ideas básicas, algunas aplaudibles, otras cuestionables; algunas viables, otras pueriles. El pueblo. La injusticia social. La austeridad, la perversidad de los poderosos. El Estado benefactor. La honradez personal. El nacionalismo. Ni más, ni menos. AMLO amado y a la vez tan limitado. AMLO fascinante y a la vez terrible. El inevitable que podría mejorar a México o regresarlo a lo peor de su pasado. López Obrador representa hoy a una peculiar constelación de izquierdas mexicanas: la que tiene el diagnóstico correcto pero con frecuencia brinda la receta equivocada; la que enarbola una crítica acertada pero aún no encuentra soluciones adecuadas; la que adopta una postura moral encomiable pero promete un proyecto de gobierno indefinido, cambiante.

En 2006, el proyecto de nación que AMLO ofreció era demasiado estrecho, demasiado excluyente, demasiado monocromático. El resultado de esa contienda y la coalición angosta que construyó demostraron que no basta ser el avatar de los pobres; además de aliviar la pobreza deberá explicar cómo va a crear riqueza. Cómo atenderá las exigencias de las clases medias y fomentará su expansion. Cómo transformará el agravio histórico en propuesta práctica. Cómo traducirá el resentimiento en planteamiento. Cómo promoverá el combate a la desigualdad con medidas también para asegurar la prosperidad. Antes, López Obrador no había querido o no había podido pensar de esa manera; había insistido en hacer historia en lugar de hacer política pública de izquierda progresista. Y eso entrañaría promover la movilidad social entre los pobres, combinar crecimiento con equidad, defender a los consumidores de los monopolios, liderar la lucha por los derechos civiles, expandir derechos fundamentales y construir ciudadanos plenos.

La capacidad de AMLO para impulsar una agenda genuinamente progresista ha sido cuestionada por tres tipos de dudas: 1) Sobre su congruencia; 2) Sobre su temperamento; 3) Sobre su compromiso para acabar con el pacto de impunidad y fomentar la democratización vía la transformación institucional. Las dudas sobre su congruencia crecen cuando Morena se alía con el Partido Encuentro Social; cuando Morena parece volverse el partido de los pepenadores, recogiendo el cascajo expriista y, en el caso de Chihuahua, defendiendo a Manlio Fabio Beltrones en lugar de apoyar a destapar la cloaca que acertadamente abrió Javier Corral; cuando Morena absorbe y absuelve a los expriistas y expanistas que históricamente han saboteado la posibilidad de cambio; cuando Morena le hace guiños al PRI y sugiere su intención de refundarlo con otro nombre.

Las dudas sobre el temperamento de AMLO surgen cuando cae en la rijosidad y el pugilismo que tanto le costaron en el pasado, lanzándose contra los "enemigos" designados. Su virulencia verbal y su descalificación personal contribuyen a crear una tensión social de la que no se hace cargo. Da licencia para descalificar, da permiso para agredir, y quienes se han vuelto sus seguidores incondicionales, lo hacen de manera rabiosa. El que sea atacado, una y otra vez, de manera mañosa e inmisericorde por el gobierno no justifica su reacción mimetizando a quienes lo odian o le temen. Cuando responde visceralmente, no desmonta argumentos; arremete, ataca. Actúa de formas que minan la deliberación, el diálogo y despiertan preocupación por el tipo de liderazgo que ejercería.

Las dudas sobre su compromiso con el cambio genuinamente opositor emergen cuando sugiere que todo se resolverá por su voluntad, por su decreto, por su ejemplo. "Se acabará la corrupción." "Habrá paz." "No habrá venganza, sino justicia." Para que todo ello ocurra, se requiere la remodelación institucional que ignora o quizá no le importe. En vez de sumarse al movimiento #FiscalíaQueSirva o #Reforma102 o #SeguridadSinGuerra, anuncia nombramientos que se encargarán de resolverlo todo, cuando el problema de México ha sido precisamente la apuesta por personas y no por instituciones, la ausencia de contrapesos sistémicos, la falta de transparencia. Urgen instituciones capaces de combatir la impunidad y garantizar el Estado de Derecho, no sólo funcionarios honestos. López Obrador aún no ofrece una rehabilitación indispensable de las instituciones; más bien sugiere pasar por encima de ellas, y de la Constitución.

¿Qué podría descarrilarlo? Sus propios errores, su propensión histórica a la radicalización cuando se siente atacado, su descuido de los ciudadanos moderados, su desprecio por "los pequeño-burgueses", su capacidad para ignorar el comportamiento corrupto de miembros de su propio equipo, su sentido de infalibilidad. Andrés Manuel está convencido de la justicia de su causa, la moralidad de su cruzada, la inevitabilidad de su liderazgo. Por ello no se centra en pequeños temas de política pública sino en grandes temas de justicia social. De pobreza y dignidad. De corrupción y complicidad. De privilegios y rapacidad. De los nudos históricos que han atado al sistema político mexicano y hoy lo estrangulan. No habla con más especificidad de políticas públicas porque se vería obligado a mostrar su lado más vulnerable. Su flanco más debil. Los temas espinosos y las posiciones cuestionables que ha asumido frente a ellos. Todo lo que tiene que ver con una economía y cómo funciona; todo lo que abarca el problema fiscal y cómo resolverlo; todo lo que se relaciona con los enclaves autoritarios en los sindicatos y cómo combatirlos; todo lo que entraña el sector energético y cómo modernizarlo; todo lo que se relaciona con la aministía prometida y quiénes serían los beneficiarios. Esos temas donde las propuestas de AMLO son poco viables o mal pensadas o inexistentes o forman parte de un modelo de industrialización que ya se agotó o reflejan un mapa mental con una visión limitada del país y sus retos. Esas cuestiones que no se resuelven con "lo que diga el pueblo" y "lo que quiera la gente". Esos dilemas prácticos que requieren definición.

Pero desde su perspectiva, delinear políticas públicas sería contraproducente, dado que López Obrador no ha cultivado la imagen de un simple político con algunas propuestas; se ha erigido a sí como un fenómeno. Alguien que trasciende categorías. Alguien que rechaza comparaciones. Alguien que se cuece aparte. Alguien que no es ni Lula ni Chávez ni González ni Bachelet. Un izquierdista "a la mexicana" que aspira a ser como los héroes históricos a los que admira y con quienes se identifica: Benito Juárez, Lázaro Cárdenas. Como esos "grandes hombres" con grandes certidumbres. Peleando batallas definitorias contra enemigos claros. Convencidos de la corrección de su causa. Pensando que ellos –y él– la personifican. Creyendo que ellos –y él– la encarnan. Diciendo "la política no debe ser maniquea" pero se dedica a volverla así.

Eso le permite separar a los buenos de los malos; a los santos de los pecadores; a los empresarios arrepentidos de los empresarios golosos; a los encuestadores confiables de los encuestadores vendidos; a los pillos de los hombres de bien. Le permite, como a Jesúcristo, bendecir a quienes no han visto aún las glorias del México por venir, pero creen en él. Le permite volar en las alturas de la aspiración sin aterrizar en el piso de la concreción. Le permite reiterar una y otra vez la palabra "confianza". Tiene "confianza" en que las cosas saldrán bien. Tiene "confianza" de que México tendrá un modelo alternativo mejor de los que existen en el mundo. Tiene "confianza" en que el fin de la corrupción traerá consigo el principio del crecimiento. Tiene "confianza" en la voluntad política que despliega para cambiar las cosas. Pero como no las explica a cabalidad, vuelve el apoyo a su causa un acto de fe. Basta con cerrar los ojos y persignarse.

Él dirá que su despliegue de certidumbre es justificado. Que el maniqueísmo moral es una forma de movilizar a la conciencia nacional. Que a la población no le importan las minucias programáticas sino las denuncias confrontacionales. Que cualquier líder diseña una estrategia para asegurar adhesiones y la suya ha rendido frutos, porque cuenta una y otra vez la narrativa fundacional contenida en los Libros de Texto Gratuito. Los de abajo contra los de arriba. Los que no tienen nada contra los que tienen demasiado. El hombre digno cerca del pueblo contra los que buscan exprimirlo. El profeta providencial armado con la certidumbre moral. Como su causa es justa, los resultados —sin duda— serán buenos.

Pero la certidumbre puede ser mala consejera. Aquellos que están plenamente seguros de algo, saben todo sobre el tema o nada sobre él. Y en asuntos de política pública, López Obrador demuestra más lo segundo que lo primero. Porque habla de crear empleos y educar a todos los jóvenes y acabar con la violencia y terminar con la corrupción. Pero eso no es un "modelo" alternativo y ojalá sus seguidores lo sepan. AMLO menciona a la industria de la construcción y nuevas refinerías como palanca de desarrollo. Pero esa no es una fórmula para crear empleo que elevará la competitividad del país y ojalá sus electores lo reconozcan. AMLO sugiere que el combate a la corrupción liberará los recursos necesarios para invertir en la nación. Pero esa no es una estrategia que reescriba el pacto fiscal con efectos redistributivos y ojalá su equipo lo entienda. AMLO reconoce la existencia de algunas causas ciudadanas, pero descalifica a la sociedad civil organizada, mientras ofrece una "Constitución moral" que dista de ser un programa de acción capaz de nutrir la ciudadanización.

La certidumbre de AMLO en una causa abstracta lo conduce a despreciar la necesidad de propuestas concretas. Por eso mucho de lo que propone parece tan poco práctico. Por eso mucho de lo que sugiere no refleja los imperativos de un mundo globalizado, de un México norteamericanizado, de una ciudadanía en ciernes pero exigente, de un país al cual se le está acabando el tiempo *vis a vis* otros mercados emergentes para hacer lo que debería. Eso es lo que produce el despliegue de convicciones por encima de la confrontación de propuestas de política pública. Un hombre cuyas certidumbres inevitablemente despiertan dudas.

De AMLO no hemos visto una posición consistente sobre la Ley de Seguridad Interior, sobre el papel del Ejército, sobre la profesionalización policial, sobre la despenalización de las drogas. Así como un día asume una posición, al siguiente la modifica. Eso lo sabemos de él desde hace años. La política pública no es su fuerte. Los detalles de la remodelación institucional no le interesan. Lo suyo es una narrativa de enojo, de agravio, de mafias del poder y cómo reemplazarlas. Lo suyo es capitalizar el descontento con la democracia, la falta de confianza en la justicia, el anhelo de cambio entre aquellos cansados de un sistema que los atropella. Lo suyo es remover cualquier obstáculo a la voluntad popular y colocar en una pira ceremonial a los traidores del pueblo. La culpa de los males de México la tienen élites antidemocráticas a las cuales hay que vencer, no convencer.

Para inspirar confianza, atemperar temores y pensar cómo atraer a quienes no lo apoyan, AMLO tendría que superar la narrativa de polarización que divide al país en el "pueblo" bueno y los "mirreyes" malos, los pobres y los ricos, los ciudadanos en los cuales desconfía y sus adeptos irreprochables. Le falta hacer política para el México del siglo XXI: escuchar y construir y tender puentes y modernizarse y pluralizarse y aprender de las mejores prácticas a nivel internacional. Eso implicaría pensar en un gobierno de los mejores y no sólo de los incondicionales. Implicaría mirar más allá del círculo cercano que lo rodea y está formado por muchos impresentables. Implicaría ofrecer recetas convincentes y no ocurrencias impulsivas. Implicaría persuadir y saber que no basta con existir.

Señalar estas dudas sobre López Obrador no implica sacralizar las instituciones existentes o negar su disfuncionalidad. Subrayar sus posturas, en ocasiones contradictorias, hacia el régimen no significa que en México funcionen bien. Lo que prende focos rojos no es que desdeñe a las instituciones o a la pseudodemocracia, sino que quiera saltárselas, pensando que basta la buena voluntad y no un cambio de las malas reglas. Preocupa que AMLO ofrezca "consultar a los ciudadanos" en temas "muy polémicos" como el derecho a decidir. Preocupa que López Obardor declare: "Legalizar aborto y matrimonios

gay, con respeto, no es tan importante..." Pues sí, no es tan importante si uno no es mujer o gay o minoría o progresista demócrata
que defiende los derechos humanos. No es tan importante promover
derechos fundamentales si lo que AMLO quiere es encabezar un movimiento cuya única propuesta es combatir la corrupción. No es tan
importante pensar en qué hace funcionar a la democracia incluyente,
liberal y representativa si uno no cree verdaderamente en ella.

Al no enarbolar las banderas de los derechos civiles e insistir en
someterlos a referendum, al movimiento que encabeza le resultará
difícil quitarse la etiqueta de "populismo conservador" que le coloca
Roger Bartra, el sociólogo de izquierda. Populista porque su base es la
relación del jefe con "su pueblo", al margen de las instituciones de representación. Conservador porque preserva o restaura formas e ideas
propias del nacionalismo revolucionario, apoyado por una densa red
clientelar de mediaciones que construyó el PRI. Y esa propensión
conservadora de AMLO en ciertos temas permanecerá si quienes lo
miran de manera acrítica, esquivan la mirada cuando se posiciona
de manera iliberal. Si quienes deberían exigirle compromisos progresistas, guardan silencio ante posturas poco modernas de quien
promete un proyecto de izquierda. Hay que celebrar la preocupación
de Morena por lo que Gerardo Esquivel llama "la cuestión social": la
preocupación por la pérdida de bienestar económico, las propuestas
de inversión en infraestructura y desarrollo regional equilibrado, el
enfoque en la desigualdad y la pobreza, la atención a los jóvenes y
cómo incorporarlos. Todo eso habla de un programa de izquierda
que debería generar optimismo.

Pero una cosa es el programa y otra la forma de llevarlo a cabo.
Ojalá quienes apuntalan a Andrés Manuel de manera incuestionable
recordaran las palabras de Nietzsche: "Quien pelea contra monstruos debe tener cuidado de no convertirse en monstruo." Están fa-
bricando un liderazgo que se ha vuelto de teflón, en el cual los errores
se resbalan, las falencias se perdonan, los equívocos no hacen mella. Hay quienes han envuelto a AMLO en en una capa de infalibilidad impenetrable: haga lo que haga, diga lo que diga mantendrá el
apoyo de ciertos seguidores *ad infinitum*. Los tropiezos serán ignorados
y las ocurrencias serán racionalizadas. La conexión emocional de

un político que capitaliza el enojo del "pueblo" persistirá incólume. Para quienes apuestan por un líder inmaculado que los representa, no preocupa el "qué" sino el "quién". No importan las posiciones de política pública sino la persona que las ofrece. No importan las posturas específicas sino la personalidad de quien las enarbola. Hoy a Andrés Manuel López Obrador parece que todo se le resbala, parece que todo se le perdona.

Para sus partidarios, la oferta de amnistía fue aplaudible. Necesaria. Fundamental para abrir el debate sobre un nuevo paradigma de seguridad nacional. Lo más fascinante de la declaración al vuelo de AMLO no fue que la hiciera, sino la reacción que generó. Una buena parte de la intelectualidad de izquierda pasó días explicándonos lo que en realidad López Obrador quiso decir. Sus cuatro oraciones al respecto se volvieron –en la pluma y la mente de sus cicerones– un planteamiento sofisticado. Una propuesta coherente, basada en experiencias internacionales que sería necesario rescatar. Algunas de las mejores mentes de México se convirtieron en Cyranos de Bergerac; intérpretes articulados de alguien con planteamientos mayoritariamente simplistas y artesanales en temas de seguridad pública. Y lo mismo ha ocurrido con la propuesta de una Constitución moral, o el congelamiento del precio de las gasolinas o los precios de garantía. AMLO plantea una propuesta sin gran elaboración y su equipo después tiene que explicarla, o matizarla, o contradecirla.

La izquierda deja de ser progresista cuando defiende verdades absolutas, rechaza la autocrítica, coloca su destino en manos de un solo hombre –por más incorruptible que sea– y piensa que los contrapesos no son necesarios. Cuando descalifica y lincha en vez de debatir ideas y reformas, proyectos y políticas públicas, medios y fines, instituciones y cómo remodelarlas. Cuando se pelea con el mercado, le apuesta demasiado a la benevolencia del Estado y se muestra incapaz de articular cómo va a crear riqueza para después repartirla mejor. Cuando defiende la alianza con un partido homofóbico como lo es el Partido Encuentro Social, en aras de la "pluralidad" y la "inclusión". Cuando a veces justifica lo injustificable. Hoy, en un mundo globalizado, interconectado, con competencia feroz en los mercados globales, con retos de productividad y competitividad, con retos educativos tan importantes, con derechos incompletos y libertades amenazadas, la izquierda necesita ofrecer soluciones innovadoras e imaginativas si llega al poder. No basta entonces la definición de AMLO cuando afirma: "Ser de izquierda significa dos cosas básicamente, o sea: ser honesto y tener buenos sentimientos." Para todos cuyo corazón late a la izquierda –como el mío– eso es y debería ser insuficiente.

"SHOCK" NECESARIO

Muchos mexicanos están atrapados en un terreno llano, yermo, desabrigado. Habitan un páramo habitado por los escépticos, los dudosos, los que no ven cómo ocurrirán los cambios que México necesita con sólo reemplazar un partido por otro. Viven en un sistema político inhóspito, poblado por candidatos plurinominales como Napoleón Gómez Urrutia y Josefina Vázquez Mota o morenistas de reciente adquisición como Gabriela Cuevas o Chema Martínez, o miembros del Partido Encuentro Social. Un sitio agreste, donde es difícil saber a dónde voltear, en quién creer, a quién dispensarle los errores o a quién resaltárselos. He ahí a una sociedad dividida, atrapada entre perredistas que se avientan sillas y lopezobradoristas liberales que aplauden constituciones morales y frentistas que critican la corrupción pero olvidan cúanto se beneficiaron de ella. Millones de mexicanos aprisionados en tierra de nadie porque no comparten las certezas de algún bando, de alguna coalición de algún frente, de algún movimiento.

La certidumbre –por ejemplo– de los seguidores de AMLO, que ante el imperativo de una sacudida al sistema actual, justifican contradicciones constantes, propuestas timoratas y el tufo del pragmatismo priista que despide su esfuerzo por convertir a Morena en un "catch all party". Para quienes lo siguen, cualquier medio justifica el fin de llegar al poder. Como AMLO será más sensible a la voluntad y a las necesidades de los de abajo, hay que apoyarlo, plantee lo que plantee. Como AMLO acabará con los usos y costumbres de la élite corrupta, hay que apuntalarlo, declare lo que declare. Aunque no dé detalles, aunque su propuesta sea irrealizable, aunque no haya pensado en las implicaciones de su posicionamiento, la consigna de encontrarle coartadas intelectuales persiste y crece. López Obrador, por ejemplo, no ha presentado un plan elaborado ni una explicación sustantiva sobre su concepto de "amnistía", pero la *intelligentsia* que lo apoya se encargó de intentarlo. Una ocurrencia menor fue convertida en una señal de inteligencia superior.

La amnistía intelectual que le otorgan a AMLO muchos miembros de la izquierda progresista es preocupante. Es una mala señal. Sugiere que quienes deberían ser contrapesos críticos renunciarán a ese papel. Coloca al país en una posición de "extremismo mayoritario" en el cual la democracia no es vista como un proceso negociado e incluyente, sino como una confrontación constante entre la voluntad popular y quienes se le oponen. Complicado ignorar la propensión lopezobradorista a percibir a las instituciones como obstáculos, la promesa de regresarle el poder al "pueblo", la vilificación de los medios que lo critican, la personalización del poder en alguien que debe ser encumbrado gracias a su rectitud moral y a pesar de su pobreza discursiva. Así como Trump dijo que podría matar a alguien en la Quinta Avenida y no ser condenado, así AMLO logra rehuir el escrutinio de los que confían en él sólo por ser él. Encima del planteamiento está la persona. El "quién" al que no le importa el "qué" y a sus incondicionales tampoco.

Algo similar ocurre con los frentistas que no denuncian la corrupción de sus miembros –panistas o perredistas– o los protegen vía un puesto plurinominal. El Frente afirma estar a favor de un cambio de régimen pero despliega incongruencias que minan su credibilidad: la presencia permanente de Diego Fernández de Cevallos, la incorporación de ex-foxistas que tuvieron la oportunidad de romper con el autoritarismo pero no lo hicieron, el silencio sobre los múltiples casos de corrupción en las entidades que han gobernado tanto el PAN como el PRD. Los líderes del Frente reiteran retóricamente el rompimiento que están dispuestos a llevar a cabo, pero en la práctica se contradicen. Brindan una continuidad acicalada que sólo significa el incrementalismo inercial, cuando el país require reformas institucionales de gran envergadura.

Finalmente persiste la certeza de los priistas, que con tal de mantener el *statu quo*, cierran los ojos ante desvíos, triangulaciones y persecuciones políticas de una PGR expedita para investigar a enemigos, pero inmóvil cuando se trata de limpiar la propia casa. Priistas dispuestos a seguir armando elecciones de Estado, emulando lo que hicieron en Edomex vía la compra del voto y la inyección ilegal de dinero y tarjetas rosas y despensas. Un PRI desesperado ante la pérdida del poder que hará todo lo posible para retenerlo, aunque ello entrañe violar la ley, o pactar a cambio de protección política. Si ese fuera el resultado, el priismo estaría fuera de Los Pinos pero seguiría vivo, extinguiendo la posibilidad de exorcizar la impunidad, postergando cambios imprescindibles.

No sorprende que la coyuntura produzca mexicanos enojados y también desconcertados ante lo que ven. Todos los miembros de la clase política acusándose entre sí, argumentando que el de al lado es peor, midiendo con raseros distintos. La descalificación crece entre los "chairos" y los "pejezombies" y los "fifís" y los miembros de la "mafia en el poder" y los "chayoteros" y los "vendidos" y "los traidores". Si no perteneces incondicionalmente a un bando o señalas la incongruencia o resaltas la contradicción, vas al paredón. Viene por ti la policía política y el escuadrón moral, cuando la crisis que atraviesa México exige auscultar, sopesar, debatir. Lo único que produce el clima actual, de enemigos enfrascados en una batalla frontal, es la polarización. Y la polarización extrema mata a la democracia. Está eviscerando lo que queda de ella −o saboteando la posibilidad de reformarla− al validar la demagogia de unos y de otros, las salidas falsas de unos y de otros, el deterioro institucional que algunos permiten y comportamientos anti-institucionales que muchos legitiman. De poco serviría un "cambio" si ese cambio equivale a una regresión o a una simulación. De nada serviría "rescatar" a la democracia de las manos del PRI, si se pretende continuar con el corporativismo y la impunidad que institucionalizó.

Antes pensaba que los principales retos tenían que ver con la concentración económica, la economía oligopolizada, la falta de competencia, el capitalismo de cuates. Antes creía que la explicación detrás de nuestro perenne subdesempeño yacía en el subsuelo, en la estructura económica. Bastaba entonces con alisar el campo de juego y contener privilegios y regular monopolios; crear las condiciones para un capitalismo de terreno nivelado. Ahora reconozco que eso ha sido insuficiente. De poco ayuda cambiar leyes si fracasa su instrumentación. De poco ayuda crear reguladores autónomos si terminan capturados. De poco ayuda emprender acciones pro competencia si acaban en las cortes, desechadas por jueces o ministros incompetentes o sobornados. La corrupción es sistémica, la impunidad está asegurada, las instituciones acaban manipuladas, el pacto tácito de protección permanece y todos los partidos lo suscriben.

Dado que la compostura de México pasa por instaurar el Estado de Derecho, combatir los abusos, los fraudes, los malos manejos, la triangulación de recursos y la judicialización de estos temas, será necesario lo que el politólogo Guillermo Trejo llama *"accountability shock"*: una sacudida institucional para atender la corrupción corrosiva y la criminalidad desbocada. Aquí van algunas ideas para impulsar el sismo necesario, exigible a quienes ocupan u ocuparán puestos de poder:

1) *El "shock" de la transparencia.* Que digan cómo cerrarán la llave abierta del Ramo 23, desde el cual se desvían fondos opacos a los gobiernos estatales. Que digan si están dispuestos a abrir al escrutinio público los documentos de la administración pública, la información del SAT, la información de los fideicomisos que administra la SHCP, la información de la Comisión Nacional Bancaria y de Valores, entre otras entidades. Que digan si están dispuestos a reducir 50% el presupuesto público a los partidos y vincular el financiamiento al voto efectivo y no al padrón. Que digan si se comprometen a reducir las asignaciones a grupos parlamentarios en el Congreso así como normar su uso y destino. Que digan cómo asegurarán que cada miembro de su gobierno y de su partido presente su declaración patrimonial, su declaración de impuestos y su declaración de conflicto de interés, para ser verificadas.

2) *El "shock" de la rendición de cuentas.* Que digan cómo cumplirán las observaciones de la Auditoría Superior de la Federación en materia de fiscalización. Que digan si están dispuestos a remover de sus cargos a miembros de su equipo que incurran en actos de corrupción. Que digan si apoyan al Sistema Nacional

Anticorrupción y manifiesten el compromiso de ceñirse a sus reglas, lineamientos y nombramientos. Que digan si están dispuestos a transparentar y racionalizar el ejercicio del gasto público y acompañar esa racionalización de una reforma que modifique nuestro pésimo pacto fiscal.

3) *El "shock" de la remodelación institucional.* Que digan cómo asegurarán una Fiscalía General independiente, autónoma, ajena a la voluntad del Presidente en turno. Que digan si apoyan la reforma al Artículo 102 constitucional para asegurar una refundación de la PGR y no un simple cambio de nombre. Que digan si están a favor de un nuevo pacto fiscal federal que remplace la centralización actual y corresponsabilice a los tres niveles de gobierno en la aplicación del gasto y el cobro de impuestos. Que digan si se comprometen a nuevos mecanismos de designación de los consejeros del INE, el INAI y otros organismos autónomos para prevenir su partidización. Que digan si están dispuestos a abrir un debate público encaminado a despenalizar las drogas y reorientar la estrategia de seguridad pública, con el objetivo de centrar los esfuerzos gubernamentales en el combate al secuestro, la extorsión, los homicidios, las desapariciones y otros ejemplos de criminalidad que asedian a la sociedad mexicana.

4) *El "shock" de los contrapesos.* Que digan cómo evitarían la lógica de cuotas y cuates que ha guiado los nombramientos en la Suprema Corte, la PGR y tantas instituciones que han sido capturadas por el gobierno y los partidos. Que digan si se comprometen a instaurar mecanismos de parlamento abierto –con la participación de organizaciones de la sociedad civil– en la elaboración de nuevas leyes y en la designación de Ministros de la Suprema Corte y Fiscales autónomos. Que digan cómo fortalecerán y asegurarán la autonomía de órganos reguladores como el Ifetel, la Cofece, la Cofemer, la Comisión Reguladora de Energía, para asegurar mercados competitivos y el combate a monopolios inhibidores del crecimiento económico y la innovación. Que digan cuáles estrategias promoverán para invertir en la creación de cuerpos policiales y procuradores capacitados a lo largo del país.

5) *El "shock" de los derechos.* Que digan si están dispuestos a apoyar acciones de inconstitucionalidad contra la Ley de Seguridad Interior por las implicaciones negativas que contiene y los derechos humanos que pone en peligro. Que digan si pugnarán por la protección de derechos constitucionales como el derecho a decidir y el matrimonio igualitario en entidades donde peligran o no son respetados. Que digan si aceptarán las recomendaciones de organismos internacionales en torno a la tortura, los feminicidios, la violencia contra periodistas y la violación a derechos humanos. Que digan si aceptarán asistencia internacional para crear mecanismos de justicia transicional y combate a la impunidad.

Estas no son propuestas exhaustivas ni cubren la totalidad de los temas que la transición trunca dejó sin atender. Pero constituyen un esbozo de exigencia que cada lector y cada ciudadano podrá usar como punto de partida para evaluar a candidatos, campañas, legisladores, funcionarios y propuestas de país, ahora y en el futuro. Enfrentamos muchas fallas, muchas carencias, muchos pendientes que requieren transformaciones sistémicas y no sólo una alternancia de presidentes o partidos. Habrá que encararlos de manera democrática, pensando más en las instituciones y menos en las personas; enfocándonos más en cómo solucionar algo en lugar de rechazarlo todo.

En el año 2000 celebramos el arribo de la democracia electoral; dos décadas después padecemos sus distorsiones y enfrentamos sus límites. Estamos casi al fin de una era inaugurada por las reformas electorales de 1994 y 1996, que sentaron las bases para la transición electoral y la competencia por el poder. Desde entonces, el rompimiento de acuerdos para asegurar la autonomía del IFE, el desafuero de AMLO, el inicio de la guerra contra las drogas y la antropofagia institucional han creado un contexto crítico. Ahora es tiempo de componer lo que echamos a perder y alcanzar lo que quedó como una simple aspiración: un sistema político que funcione para sus ciudadanos y no sólo para sus élites económicas y partidistas. Una economía donde haya más Estado y más mercado. Una estrategia de seguridad capaz de pacificar al país y no seguir incendiándolo.

El error sería deslegitimar la democracia en sí, por lo malograda que está en México. A lo largo del libro *How Democracies Die*, Stephen Levitsky y Daniel Ziblatt señalan los focos rojos que se prenden ante el debilitamiento y desmoronamiento democrático. Debemos preocuparnos cuando un candidato "rechaza, en palabras o acciones, las reglas del juego; niega la legitimidad del oponente: tolera o fomenta la violencia de cualquier tipo; indica la voluntad de cercenar las libertades civiles de sus oponentes, incluyendo la de los medios". Coloquemos cercos y vallas y obstáculos alrededor de cualquiera que se oponga a la transparencia, a la rendición de cuentas, a la remodelación institucional, a los pesos y contrapesos. Apoyemos a quien se comprometa con esos cimientos básicos y con una amplia coalición pro-democrática que encare los motivos reales de la polarización: la desigualdad creciente, la injusticia cotidiana, el resentimiento legítimo de quienes han sido ignorados, abusados, olvidados.

Esa es la única manera para salir del páramo y crear mejores políticos, mejores ofertas, mejores ciudadanos que exigen más y se conforman con menos. Juan Rulfo escribió: "Hacía tantos años que no alzaba la cara, que me olvidé del cielo." Si no volteamos hacia arriba, quienes aspiran a gobernarnos tampoco lo harán.

EPÍLOGO

MANIFIESTO PARA UN JOVEN MEXICANO

No te conozco pero sí te conozco. Eres la chica de Ecatepec a quien le atemoriza salir sola en las noches. Eres el joven de Jojutla, sobreviviente del terremoto, rodeado de las ruinas y el cascajo y los fantasmas que a pocos importan. Eres el universitario que enfrenta un futuro incierto porque no sabes cómo y dónde obtendrás un trabajo digno, un trampolín de movilidad social. Eres como los miles de alumnos que han pasado por mi salón de clase: algunos curiosos, algunos apáticos, algunos idealistas, algunos conformistas, la mayoría cargando preguntas. Estás ahí, contemplando la miríada de injusticias y desigualdades y decrepitudes del México nuestro. Quizás te indignen, quizás no; quizás te preocupen o quizás te resulten indiferentes. Pero estés donde estés, pienses lo que pienses, apelo a ti en busca de parentesco y comunidad. Busco en ti una voz inteligente, filosa y patriótica dispuesta a señalar, a hablar y exigir, una y otra vez. Te hago un llamado para que despliegues la honestidad brutal, imprescindible para convertirte en uno de los pensadores y activistas extraordinarios de tu generación.

Te ofrezco estas líneas, este libro que intenta contar dónde estamos como país y delinear la ruta para recuperar el rumbo perdido. Te doy estas palabras, llenas de rabia y enojo y amor perro por el país partido que debemos rescatar. Tú importas. No lo olvides, aunque a veces quienes te rodean parezcan sordos ante lo que verdaderamente piensas y quieres. Remover las aguas estancadas es algo loable, meritorio. Estamos aquí para removerlas juntos, escuchando historias, dibujando mapas de ruta, trazando un destino en el cual una madre no tenga que buscar a su hijo en una fosa, un padre no tenga que pagar el rescate de su hija secuestrada, una mujer no sea torturada por un policía, un joven no sea asesinado por cualquier banda criminal. Y ese México rescatado no se alcanzará si tú te desentiendes. Si tú crees que basta con ir a la urna, cruzar la boleta, votar por un candidato y regresar a casa. Vivimos engañados y engañándonos, pensando que la democracia electoral basta, cuando la historia de los últimos veinte años demuestra que no es así. Como dice José Merino, la transición democrática dejó sin tocar cosas relevantes que atañen a la corrupción. Dejó intacto un andamiaje institucional que la permitía. La dejaba pasar.

Habitamos un país donde el avance coexiste con la regresión, la esperanza con la desilusión. Sacamos al PRI del poder sólo para verlo regresar –vía las urnas– doce años después. Caminamos un metro para después retroceder tres, como Sísifo empujando la piedra cuesta arriba, sin llegar a la cúspide. Hay razones para estar enojados. Enojados con sueldos que no alcanzan para vivir; enojados con una cleptocracia rotativa que gobierna de manera impune; enojados con los privilegios inmerecidos que gozan los cómodamente sentados en la punta de la pirámide; enojados con una clase empresarial que no está dispuesta a renunciar a su enorme tajada del pastel; enojados porque la corrupción le cuesta 1.4 mil millones de pesos al año; enojados por síntomas semanales de descomposición como la Casa Blanca, la Línea 12, la Estela de Luz, la licitación del tren México-Querétaro, Ayotzinapa, el espionaje a periodistas, las empresas fantasma que recolectan recursos públicos. Ante ti está la dupla mortal de corrupción e impunidad, Malinalco y el tren chino, reformas mal instrumentadas y reformas teñidas. He allí Tanhuato, Apatzingán, Ayotzinapa, Tlatlaya, más lo que se acumule.

Todos nosotros soportando las consecuencias de un Estado de Derecho intermitente, irrisorio. Atrapados sin salida en lo que Héctor Aguilar Camín describe como "un proyecto de país de primer mundo, una capacidad de ejecución de gobierno de tercer mundo y un rechazo público de Estado o país fallido". Agravios del gobierno de Peña Nieto para los cuales las reformas estructurales no tuvieron respuesta. Agravios ante cúpulas partidistas anquilosadas, aisladas, alejadas de sus supuestos representados. Un PRD desfondado y a veces inútil; un lopezobradorismo estridente y a veces intolerante; un PAN cuya corriente calderonista apoyó las reformas de Peña Nieto a cambio de protección política para el ex-presidente en temas de violaciones a los derechos humanos y los costos de su guerra. Un gobierno priista que fue tapadera del anterior, con lo cual se apropió de todas las culpas y responsabilidades de su predecesor. El silencio sagrado, la protección asegurada, la *omertá* consagrada. La línea de continuidad entre un sexenio y otro que no se rompió. Mientras sigue la guerra, se violan los derechos humanos. Mientras personajes como César Duarte permanecen impunes, la impunidad se institucionaliza. Al institucionalizarse la impunidad, se extiende a otros rubros. Todo lo mancha, todo.

Por ello se explican el hartazgo ciudadano, la volcadura hacia la ira. Pero eso no significa que el 2018 sea un parteaguas de participación o rechazo partidista. De manera reiterada hemos visto la capacidad de la sociedad civil para neutralizarse votando por "el menos peor". Es tiempo de hacer un corte de caja de los últimos dieciocho años y pensar qué vamos a hacer. Es tiempo de proponer ideas fuera de las tribus y las corrientes y las bandas y las cúpulas. Algo verdaderamente ciudadano. Algo nuestro. Por todos los temas que los partidos no quieren tocar. La corrupción que comparten, la impunidad que toleran, los derechos humanos que ignoran, la defensa de las minorías que desdeñan, la expoliación a los consumidores que permiten.

La única manera de romper la inercia es con una agenda ciudadana que se centre en combatir la impunidad con un mecanismo internacional como la CICIG en Guatemala. Una exigencia radical, inaplazable y no negociable de derechos humanos. El ataque frontal a la corrupción con una contraloría completamente autónoma, con capacidad de acción penal. El cuestionamiento a la partidocracia y sus dineros desmantelando obstáculos a las candidaturas sin partido a nivel local, así como la reducción dramática de las prerrogativas partidistas. El impulso a la segunda vuelta electoral. La defensa del consumidor, expoliado en transacción tras transacción por un monoplio u otro. He allí un primer esbozo –valioso– de agenda, por nosotros, para nosotros.

Ojalá a ti te enfurezca la mendacidad de nuestros políticos. El horror de nuestras cárceles, pobladas de inocentes. La persecución pública de una joven que mata a su violador en un caso legítimo de defensa. La proliferación de reformas que no se traducen en beneficios para las grandes mayorías. Un país que se rehúsa a escrutinar el desempeño de sus maestros y la calidad de sus alumnos y la mala educación. El abuso habitual de las compañías de telecomunicaciones y el pésimo servicio que ofrecen. La voracidad de sindicatos que siguen protegiendo sus feudos y sus privilegios y sus contratos. Realidades ante las cuales unos reaccionan con apatía, otros con cinismo, unos con indolencia, otros con pasividad. Algunos con enojo justificable.

Pero el enojo no significa abdicar a la responsabilidad de pensar cuáles son las mejores propuestas y políticas públicas para encarar lo que nos aqueja. El enojo no debe dar permiso para subcontratar la política, de manera acrítica, a un hombre o a un partido o a un movimiento. Al contrario, el buen enojo es el que debería impulsarte a ti como ciudadano de cuerpo entero, a los miembros persistentes de la sociedad civil, a los medios vigilantes, a los jueces, a los Ministros de la Suprema Corte, a los periodistas independientes, a todos aquellos que asumen con responsabilidad el papel que les corresponde. Ser altavoces y contrapesos y vigías y vasos comunicantes. Habitar lugares incómodos, porque la defensa diaria de la libertad y la tolerancia y la diferencia y el disenso es un trabajo incómodo. Requiere una dosis de valentía diaria. Exige decisiones difíciles y acciones agotadoras. Ir a la marcha, recolectar las firmas, escuchar al adversario, debatir con quien te desprecia, cabildear en un Congreso repleto de personas que arribaron ahí para cobrar y no para representar. Cada vez que elijas el camino confortable, alguien pierde. Actúa o no, pero ambas opciones tienen consecuencias. Por el bien de México, el país de uno, ojalá actues.

Postúlate como candidato independiente, marcha, boicotea, escribe, usa los medios sociales, vincúlate via Twitter o YouTube o Facebook, organiza a otros, investiga, disemina, recolecta fondos, promueve acciones colectivas, empuja acciones de inconstitucionalidad *vis a vis* leyes que atentan contra nuestros derechos, inventa un mensaje de oposición, verifica lo que dicen los políticos y los funcionarios, arma una agenda de resistencia ante la opacidad o la incongruencia, rechaza los dogmas tanto de la derecha como de la izquierda, ríe en vez de agredir, critica los argumentos ilógicos y los raseros de medición a la medida. Edúcate, pues como escribe Fernando Savater, "la educación es lo más subversivo que hay". Sé un antídoto a cualquier posición anti democrática, provenga de donde provenga. Porque a veces el enemigo somos nosotros cuando dejamos de cuestionar. Cuando creemos que hay líderes infalibles o causas irreprochables. Cuando por lealtad a un paladín —el que sea— dejamos de ser inteligentes, precisos y lógicos y consecuentes y tolerantes y humanos. Un pueblo fuerte no necesita un hombre fuerte.

Quisiera que pensaras en cómo escribir un nuevo himno nacional que no apelara a los gritos o a la guerra sino a la celebración de nuestra multiplicidad. Que celebrara nuestro pluralismo a pesar de vivir en una era de confusion y polarización, a pesar de la amargura y el desencanto de tantos. En las redes y en el debate público rondan los demonios de la descalificación, las hienas de la histeria. La denostación —muchas veces escondida en el anonimato— es barata, mientras la valentía y la fuerza y la fe escasean. Nos divide el miedo; el miedo al otro, al que piensa distinto, al pejista o al frentista o al anulista o al que tiene dudas. Estas páginas son un llamado a contrarrestar la divisibilidad, el enojo, el prejuicio, e izar la bandera de la reflexión. Son una convocatoria a entender que la verdad no es tuya ni mía ni suya. Se encuentra en otro lado: en la realidad que se impone.

Vacúnate contra la demagogia que reduce temas complejos de política pública a identidades binarias: los buenos y los malos, los "conservadores" *versus* los "liberales". Rehuye el discurso que coloca toda la culpa por el atraso del país en un solo grupo, el de los que no piensan como tú. Recuerda que la demagogia polariza, reduce el mundo a "nosotros" contra los "otros", e insiste en que es innecesario evaluar la necesidad, la solvencia o la viablidad de una propuesta si las motivaciones de quien la presenta son nobles. Cuestiona a cualquiera que minimice la complejidad, el matiz o la importancia de la deliberación democrática para resolver un problema. Las visiones facciosas y polarizantes engendran demagogos de todo tipo, tanto de derecha como de izquierda. Parafraseando a Lillian Hellman, no recortes tu conciencia para ajustarla a la moda en boga. Rehusa aceptar o rechazar un argumento exclusivamente sobre la identidad de quien lo propone. Discute propuestas y no identidades priistas, frentistas, morenistas o zavalistas.

Sin duda, los últimos tiempos han resucitado temas difíciles y polarizantes: el autoritarismo resiliente y la democracia deficiente, el papel de la religión en la vida pública, la protección a minorías, qué constituye un acto de corrupción, la clase social, la pobreza y cómo dejar de disimularla, el papel del Estado y el papel del mercado. A pesar de ello, habrá que apostarle más a los puentes que a las brechas. Como aquello que nos unió entre los escombros y las losas apiladas y las varillas torcidas después de los sismos. Sobrevivimos por el brigadista que llegó, el voluntario que se presentó, el joven que participó, la perra Frida que olfateó, el equipo del centro Horizontal que verificó. Sobrevivimos por el puño alzado y el silencio de cientos, parados, entre los restos de hogares que ya no lo son. Sobrevivimos por las canciones que cantamos, por esos "Cielitos lindos" prendidos del corazón.

Sobrevivimos a pesar de un sistema político que nos confirma con brutal claridad lo poco que le importamos. En el multifamiliar en Tlalpan, en Jojutla, en Xochimilco, en Joquicingo, en la fábrica clandestina de costureras, en este México donde se hacen las paces con la corrupción y la devastación. Pero en medio de esas ruinas, también se edificó la dignidad, inquebrantable y monumental. Vi esa dignidad entre cientos de voluntarios tomando turnos para recoger piedras, pasarlas de mano en mano. Vi esa dignidad en la calle, frente a la universidad donde soy maestra, cuando mis alumnos se convirtieron en ciudadanos en medio de un febril centro de acopio. Vi nacer a hombres y mujeres libres en cada pasillo polvoso, agrietado, en cada albergue ruidoso, en cada letrero hecho a mano con los nombres de los sobrevivientes, en cada sitio donde había un edificio herido y alguien agonizando ahí mientras velábamos, rezábamos afuera. Ese septiembre patrio de 2017, repleto de muertes y renacimientos y nuevas constelaciones.

La palabra "desastre" proviene del latín "dis" que significa falta o ausencia, y "astro" que significa estrella o planeta. De pronto en nuestro firmamento —nublado, lluvioso, apagado, desastroso— aparecieron algunas estrellas. Mexicanos drenados, exhaustos, pero ahí. Un estudiante tecleando, tuiteando, consiguiendo motocicletas y bicicletas y camiones. Un Supercívico jocoso e indestructible, recorriendo la ciudad, su ciudad, señalando lo que urgía atender. Médicos y cineastas y taxistas y ferreteros y restauranteros, iluminando el férreo país que emergió entre los escombros. Unidos, todos, por la naturaleza de la opresión que hemos tolerado: gobierno tras gobierno inerte, ausente, incompetente. Los miembros de esa casta de connivencia a quienes en las semanas después del sismo les mostramos qué pasa cuando nosotros tenemos el poder. Poder para convocar, organizar, responder, cuidar y cuidarnos. Poder para decir y decirles, basta. Basta de spots publicitarios y carretadas de dinero y elecciones multimillonarias y partidos cartelizados y liderazgos iluminados. Basta de mexicanos atrapados, aplastados por la alcurnia política que cambia de nombre pero no de prácticas.

Insisto en ello. Habrá que reconocer lo que el terremoto evidenció junto a cada edificio caído: es enteramente inaceptable que los ciudadanos no tengan voz real y poder real y participación real y reconocimiento real en su propio país. Evoco de nuevo a José Emilio Pacheco, esta es la tarea para delante, para la brigada humana, para la brigada mexicana: con las piedras de las ruinas hacer otro país. Otra vida. Levantar y levantarnos. Como nos recuerda Savater, la democracia no es un régimen para estar quieto. Y la nuestra se encuentra tan descompuesta que urge estar atentos, vigilantes, prestos para intervenir y corregir y echar del puesto a quien te ha desilusionado. Participando en la plaza pública donde se lucha por ideas que nos gustan y se argumenta contra aquellas que no nos convencen.

La democracia no es un deporte de espectadores. Ojalá en vez de preguntar "¿Por qué alguien no hace algo?", preguntes: "¿Por qué no hago algo?" Hay mucho trabajo serio, difícil, noble, qué hacer. Cambiar lo que debe cambiarse. Estás aquí para ser —como escribió Aristóteles— un "animal político". Estás aquí para ser un ciudadanos efectivo en búsqueda de una democracia pluralista, liberal, anti-tribal. Porque tu país no puede esperar. Porque eres ciudadano de una democracia fallida e imperfecta, pero ciudadano al fin. Eso implica estar casados con lo político sin posibilidad de divorcio, como dice el dramaturgo Tony Kushner. No actuar es actuar. No votar es votar. Si te rehusas a actuar le abrirás la puerta al mal que se cuela; al mal que está muy contento con la impunidad y los feminicidios, las desapariciones y los homicidios y la violencia. Estos son tiempos montruosos de estudiantes calcinados y de mujeres golpeadas. Un México roto.

Por eso te conmino a vivir con un sentido de obligación moral. Con un sentido de responsabilidad hacia tu país y hacia tu mundo. Te llamo a que seas auténtico y audaz y agitador y abras los brazos a lo nuevo, lo inexplorado. Que combatas el sexismo y el racismo, el machismo y el populismo, y el militarismo y todos los "ismos" que aún nos aquejan. Que nunca sigas a los héroes decorados del fraude y la corrupción que encarnan las fallas de nuestro país y de nuestro tiempo. Ante estos días nublados, la esperanza que obsecadamente te transmito no es una elección, es una obligación. Aunque la esperanza a veces parezca ingenua, no lo es, pues todos los días lucha con la desesperanza. Todos los días gana cuando alguien es ferozmente independiente, ferozmente rebelde, ferozmente inconforme. Piensa en las palabras del poeta Czeslaw Milosz: "(…) el día se acerca a otro, haz lo que puedas." Haz lo que puedas.

Lee muchos libros y muchas revistas y muchos reportajes y muchas crónicas porque cuando leemos empezamos a vivir en los cuerpos de otros. Entre líneas de pronto eres la mano de una madre que busca desesperadamente a su hijo y no acepta el "ya supérenlo". O estás en los zapatos de un migrante que cruza la frontera y se juega la vida sólo para acabar empacando carne en una gélida fábrica en Dakota, atrapado en una jaula de oro. O eres la mujer encarcelada porque abortó, aunque su embarazo fue producto de una violación. Te vuelves uno de los que van de fosa en fosa, excavando, hurgando, llorando. Lee para que puedas engarzar la empatía con la compasión y con la acción transformadora.

Como dijera Martin Luther King, elige identificarte con el desposeído. Elige identificarte con el pobre. Elige hablar por los que tienen hambre o miedo, por los que dejaron fuera de la luz de la oportunidad. Elige estar para y con aquellos obligados a ver su vida como un largo y desolado corredor sin salida. Aunque esa ruta implique sufrir un poco, camina hacia allá. Aunque esa ruta signifique sacrificar algo, camina hacia allá. Ve hacia allá porque hay una voz, la mía y la de tantos, diciéndote: "Haz algo por los demás." Tal vez optar por la congruencia moral lleve a que en ocasiones te sientas solo o vituperado. Los fanáticos y los acólitos y los creyentes en una sola fe o en una sola persona a menudo te condenarán. El gobierno —cualquiera que sea su ideología— te llamará traidor. Las palabras que pronunciarás a veces no serán entendidas. Creerás que nada de lo que haces mediante tus palabras o tus acciones tendrán impacto. Estarás equivocado. Tu perseverante obstinación dejará una buena huella. Como dijo alguna vez Benjamin Franklin: "La humanidad está dividida en tres clases: los que son inamovibles, los que se pueden mover y los que se mueven." Muévete.

Tienes que ser tú el "hobbit" que movilice a los magos y a los elfos. Te pido que ante los retos extraordinarios que enfrentas en México y más allá, trates de restaurar algo de la belleza y la paz y la justicia que hemos perdido, así como lo hicieron los personajes disímiles de *El señor de los anillos*. Trata de conjugar esas palabras que comienzan con la letra "r": reformar, reinventar, reimaginar, reclamar. Conéctate de manera profunda con tu patria y con quienes la habitan. Recuerda aquello que cargas adentro para hacer cosas extraordinarias, milagros incluso. Eres mexicano.

Provienes de un país que es necrópolis de ausencias y causas perdidas y sepultados en vida. Pero aquí, entre tanta desolación, siempre queda algo edificante. Entre el desierto pardo y la barbarie que hemos creado por estupidez o abandono o codicia, hay fragmentos luminosos. Vías de escape. Alas y túneles. Las armas oxidadas de la esperanza, la ilusión del mañana, la fugaz creencia de que mejoraremos. Habrá legiones, huestes, tropas de asalto, cabalgatas, estampidas, polvorines empeñados en despetrificar, destapar, airear. Empeñados en que salgamos vivos del montón de ruinas, del tormento de escombros. Tú debes estar ahí, peleando contra lo que Jorge Hernández Campos llamó el poder, "… ese pétreo mascarón/

que resurge/ cada seis años/ siempre igual a sí mismo, siempre/ reiterativo, ambiguo, obtuso, laberíntico,/ siempre equivocado…". Tú debes estar ahí, construyendo ciudadelas, encontrando nuestra tierra, tierra firme. Este México que heredarás.

Y México es más que una rebanada de continente. México es un montón de fosas clandestinas y también una senda milagrosa. México es libertad amenazada y vuelo sin fin. México es polvo y brizna. México es la batalla diaria que no acepta tregua ni armisticio. México es lo inmortal, lo insaciable, lo imbatible. México es la valentía de hombres y mujeres que no tuvieron temor de escribir, hablar, marchar, asociarse, empuñar la pluma, alzar la azada y la espada, defender causas impopulares, ser voces solitarias en el griterío avasallador. México es la mano de una mujer que al dormir, posa su mano sobre su tierra, en un gesto de pertenencia. México es el sueño diferido de tantos en busca de justicia, en busca de paz. México es la esperanza que triunfa siempre contra la experiencia abrumadora. México es paloma con las dos alas cortadas y águila majestuosa, con cielo. México es oficio de tinieblas y también luz del día. México es sombra triste y cisterna de sol que viaja contigo. País quieto y país insurrecto. Pero más que nada, México es la voz de su gente. Es tú voz. Úsala para ayudar a que amanezca. Úsala.

AGRADECIMIENTOS

A quienes estuvieron a mi lado durante los últimos seis años, cuando atravesé todos los círculos del infierno, y me sacaron de ahí.

A mis amigos, por multiplicar el gozo y dividir las penas. Y por ser los jueces bondadosos –pero incorruptibles– de mis propios juicios.

Al Instituto Tecnológico Autónomo de México, en cuyas aulas y con sus alumnos, afiné los argumentos de este libro.

Al Centro de Estudios Latinoamericanos de la Universidad de California, en Berkeley, por darme un tiempo y un espacio –la "oficina Dresser"– para respirar.

Al periódico *Reforma* y la libertad semanal que me asegura.

A la revista *Proceso*, que me abrió la primera puerta y nunca la ha cerrado.

A Carmen Aristegui y mis compañeros de "Mesa política", por las batallas que dimos y seguiremos dando.

A Leo Zuckerman, Juan Pardinas y Foro TV, por las escaramuzas y los apretones de mano.

A Roberto Banchik, Ricardo Cayuela, David García y el equipo de Penguin Random House, por creer que podía escribir este libro, cuando había evidencia de lo contrario.

A mi asistente, Perla Catalán, porque todo lo arregla.

A Carlos Galina, por la consigna que compartimos: "Nolite Te Bastardes Carborundorum."

A Rapé, por seguirle, a pesar de nuestros desacuerdos.

A mis "haters" y trolls" en Twitter, por hacerme reír y hacerme pensar.

A los miembros del chat "Fiscal a secas", por las coincidencias y las divergencias.

A mis hijos: Julia, Samuel y Sebastián, por demostrar que en mi paso por el mundo, dejé una buena huella. Dejé seres de luz.

DISCLAIMER

Este libro es producto de una colaboración entre dos mentes libres: la politóloga Denise Dresser y el caricaturista Rapé. Y como toda colaboración entre personas independientes y creativas, no forzosamente comparten las opiniones del otro. Los une el sentido del humor, la capacidad crítica y la mirada original sobre nuestro maltrecho país, y discrepan sobre algunas de sus opiniones políticas. Qué mejor ejemplo de la capacidad de este *Manifiesto mexicano* que crece en la discrepancia interna y busca la convergencia entre diferentes, no la unanimidad gris y aburrida de los fieles y convencidos.

Manifiesto mexicano de Denise Dresser
se terminó de imprimir en junio de 2018
en los talleres de
Litográfica Ingramex, S.A. de C.V.
Centeno 162-1, Col. Granjas Esmeralda, C.P. 09810,
Ciudad de México.